王少舫与黄梅戏——

回望大師王少舫

安徽省文史馆 编纂

黄山书社

图书在版编目(CIP)数据

王少舫与黄梅戏:回望大师王少舫/安徽省文史馆编纂.—合肥:黄山书社,2018.12
ISBN 978-7-5461-8028-1

Ⅰ.①王… Ⅱ.①安… Ⅲ.①王少舫(1920-1986)-生平事迹 ②王少舫(1920-1986)-黄梅戏-表演艺术 Ⅳ.①K825.78②J825.54

中国版本图书馆 CIP 数据核字(2018)第 297932 号

责任编辑 石 松 金 红 李玲玲
装帧设计 尹 晨
出版发行 时代出版传媒股份有限公司(http://www.press-mart.com)
黄山书社(http://www.hspress.cn)
地址邮编 安徽省合肥市蜀山区翡翠路 1118 号出版传媒广场 7 层 230071
印 刷 安徽新华印刷股份有限公司
版 次 2018 年 12 月第 1 版
印 次 2020 年 10 月第 1 次印刷
开 本 710mm×1000mm 1/16
字 数 400 千字
印 张 20.5
书 号 ISBN 978-7-5461-8028-1
定 价 88.00 元

服务热线 0551-63533706
销售热线 0551-63533761
官方直营书店(https://hsss.tmall.com)

编委会名单

序

蓝　天

王少舫是黄梅戏著名的表演艺术家，是新中国成立后“梅开一度”的杰出代表，是黄梅戏由乡间小戏发展成为海内外享有盛誉的戏曲剧种的功臣。他在舞台与银幕上塑造的董永、李梦龙、王科举、刘文举、金牛星、黄丞相、唐德隆、包拯、王小六等一个个栩栩如生的艺术形象，深深地印记在人们的心中；他对黄梅戏艺术事业所做的辉煌贡献，将永远载入史册。

纵观中国戏曲史，有这样一条规律：当剧种走向成熟、走向高峰时，总会出现一些杰出的艺术家，史称“里程碑式的人物”。他们在前人和众人的基础上推陈出新，用自己的智慧和艺术才华将剧种提升到一个崭新的高度，开创出一番新天地，如京剧的程长庚和梅兰芳，一个使京剧走向规范化，一个使京剧走向了世界。在黄梅戏的发展史上，也有两位里程碑式的人物，那就是“黄梅戏的梅兰芳”严凤英和“黄梅戏的程长庚”王少舫。

为黄梅戏立新腔

黄梅戏过去只是职业或半职业班社在民间土台上以花腔小调演绎的雏形戏曲，在新中国成立以后才成为戏曲大家园中的一个年轻的剧种。它旋律优美，节奏活泼，贴近生活，朗朗上口，深受基层劳动人民欢迎。在20世纪二三十年代，人们称它为黄梅调，还处在较为原始的“三打七唱”草台班子演出状态，以演出生活小戏见长。唱腔是五声音阶，只有打击乐器伴奏，在唱句之间敲打锣鼓，锣鼓一停，演员开口即唱。这样的演出形式与发展成熟的剧种相比，在表现家国情怀的大题材上就显得力不从心了。

20世纪三四十年代，日军侵华，安庆沦陷，艺人们不得不“京黄合台”养家糊口。出生于梨园世家、自小学习京剧生行的王少舫与黄梅戏结缘，从此为黄梅戏的成长发展贡献了毕生心血。

在黄梅戏的音乐方面，王少舫先生有里程碑式的三大贡献。首先，他把黄梅戏原来以五声音阶花腔小调为基础的唱腔，进行了精心的策划与改良，使其角色的唱腔既不失黄梅戏的风格特色，又比以往的唱腔更优美动听，在演出中能更生动、准确地表现人物的内心世界。经过他改良的这些唱腔，得到了前辈与同行的赞赏和认可，于是大家跟随其后在舞台上都仿学跟唱，使黄梅戏的音乐丰富发展成为现如今的七声音阶声腔。

其次，他率先使用胡琴托腔，使黄梅戏走出了“三打七唱”原始的演出形态，有了丝弦乐器伴奏；他还与他的琴师共同研创各类唱腔不同的起板与每句间大、小“过门”。不仅如此，他还与琴师共商把一些曲牌体的花腔小调作为戏中的描写音乐，并把乐队的规模逐渐扩大，增加了吹、弹、拉多种民族乐器，这为黄梅戏从民间小戏变身大剧种奠定了坚实的基础。

其三，他丰富了黄梅戏的唱腔板式。最早的黄梅小戏板式比较简单，王少舫从塑造人物出发，在原始唱腔的基础上吸收了京剧的模式，创出了导板、落板、散板、紧打慢唱等新的板式，使黄梅戏的唱腔朝着成套完整的板腔体方向发展，这样既便于演员揭示人物的内心世界的节奏，又充实丰满了人物的形象表现。他的这些成功探索，极大地拓展了黄梅戏唱腔的空间与包容量，得到了黄梅戏前辈和同仁们的认可，也受到了广大观众的热烈欢迎。

王少舫先生对黄梅戏生角行当【平词】【彩腔】中的起板、行腔、迈腔、落板都创作和演唱出很多新鲜的乐句，他晚年还独创净行“黑头花脸腔”，这些精典唱段，至今脍炙人口，过耳不忘，奠定了黄梅戏男腔的演唱基础，已成为黄梅戏新的传统唱腔了。追求声腔创新发展一直贯穿他整个生命进程之中。黄梅戏界直至目前，虽然各种唱腔俱多，但万变不离其宗，男腔基本还是承袭着王少舫的衣钵，与承袭严凤英的女腔一起，支撑着黄梅戏百听不厌、经久不衰的火红局面。

为黄梅戏立形

中国戏曲有自己独特的表演形式：唱念做打、四功五法。而黄梅戏是个从民间花腔小调发展起来的年轻剧种，它最初的表演形态是“三小戏”“两小戏”，很难做到严谨和规范。

王少舫加入黄梅戏的阵营之后，以他深厚的京剧功底和在新中国成立初期学习苏联斯坦尼斯拉夫斯基的表演体系，大胆探索，从人物出发，开创了黄梅戏既重戏曲程式化的“表现”，又重斯坦尼的现实主义“体验”，二者相辅相成、贴近生活的独特的表演形式。

在外形上，他使用程式化的表演，靴子、扇子、水袖、一招一式，都是严谨规范地去“做”，而在人物内心，用斯坦尼的方法挖掘人物内在情感，讲究由内而外地抒发人物内心世界，再加之戏曲化的表现手段，达到渲染、突出、艺术化的效果，赢得了专家和观众的喜爱，同时也带动了身边的人都采用这样的表演形态，逐步形成并奠定了黄梅戏与其他剧种不同的、独树一帜的表演体系和风格。这种体系和风格一直延续到今天，既保持了黄梅戏从生活中来的泥土的芬芳，又有戏曲的虚拟、传神、美化的表现手段，使得黄梅戏带有强烈的时代特征，有别于昆曲、京剧等古老剧种。黄梅戏既保留传承了戏曲传统，又不拘泥于程式化，不仅能演历史题材传统戏，表现古人的喜怒哀乐，也能表现现代人灵活、丰富、多彩的生活。

我们编纂的这两本书里，有很多王少舫谈创作角色的体会，怎么唱，怎么演，他说得很详细，我就不一一重复了。他不是戏曲理论家，他是个有追求的表演艺术家，他的摸索、实践、总结、提高都是在舞台上进行的，观众和同行是检验他艺术创新的裁判。这套书里，有他自己创造角色的体会，也有同行对他的评说，我认为这是非常有意义、有价值的，比较全面地总结了他的艺术成就。当然，这还不够，还应该上升到理论的层面，把黄梅戏生行的表演体系形成和构成单独作为一门艺术学科来研究，把经验提炼成理论，找出规律性的东西，才能更好地推动黄梅戏普及和发展。

为黄梅戏奉献

在奠定了黄梅戏男腔生角表演体系的同时，王少舫先生在黄梅戏的剧目挖掘整理、创排新戏、移植其他剧种的工作中，不仅在唱腔表演上付出了心血，在舞美、服装、头饰、编导等方面也做出了很大的贡献。

黄梅戏的历史不算长，存有的剧目数量和质量远远比不上徽剧、京剧等成熟古老的剧种。在整理、挖掘、创排新戏的过程中，不仅要有技艺上的精心雕琢和反复推敲，还要有崇高的艺德——不计名利，乐于吃苦，甘于奉献。

众所周知，整理提高《夫妻观灯》《打猪草》《蓝桥会》《补背褡》等剧目时，王少舫不仅是剧本的修改和整理者，也是导演、演员和领头人。他服从组织决定，不计个人得失，立下汗马功劳。他配合领导劝说妹妹王少梅把《夫妻观灯》让给严凤英来表演，这在过去的梨园行是少有的。在拍电影《牛郎织女》时，导演决定起用青年演员，他只演了配角金牛星，但仍尽职尽责，把金牛星演得栩栩如生，给观众留下了深刻的印象。

王少舫先生在剧团一直是领导，20 世纪 50 年代初期他就悉心无私地培养黄梅戏男、女角接班人，他常在一些场合做示范教学的同时谆谆开导年轻演员："黄梅戏是一个整体艺术，仅有女角是不够的，还需要男演员'绿叶衬红花'，发扬中国戏曲演出的'一棵菜'精神，相辅相成，达到珠联璧合的艺术境界。对一个成熟的艺术家来说，从来没有小角色！"王少舫就是这样说也是这样做的，为黄梅戏的男角生行开了甘当绿叶的先河。

纵观戏剧史，特别是京剧走向顶峰时期，梅兰芳、程砚秋等艺术大师的身边都有北大清华的教授和京城里的文化人，跟艺术家们一起探索戏曲传承、创新、发展的路径，从理论上发力，使以演员为中心的戏曲表演艺术走向了顶峰，走向了世界。

黄梅戏有很多研究可以做。《王少舫与黄梅戏——王少舫谈黄梅戏》《王少舫与黄梅戏——回望大师王少舫》这两本书的整理出版，丰富了可供后人研究的资料，可喜可贺。我希望在此基础上，有更多人，包括大学教授、专家学者参与到黄梅戏的资料整理和学术研究中来，学习兄弟大剧种的成功经验，让黄梅戏保持旺盛的生命力，不断有新戏，不断出新人，发展得更好！

【作者简介】蓝天，曾任安徽省黄梅戏剧团团长、书记。安徽省戏剧家协会主席，安徽省文联副主席，安徽省黄梅戏基金会常务副会长，中国戏剧家协会理事。

目　　录

笔谈之二：表演篇

笔谈之三：声腔篇

笔谈之一：成就篇

BITAN ZHI YI CHENGJIUPIAN

架桥铺路育梅林

——王少舫与黄梅戏艺术发展速写

金　芝

生于1920年的王少舫先生，若还健在，正该我们为他做80大寿了。惜他于13年前骤然离去！那时他正在拙作《无事生非》中饰演唐侯，正当上海演出后与赴京演出前，他创造的最后一个成功形象却突然凋谢于梅林。记得《无》剧首演于安徽剧院之时，在后台他说："我怎么老演媒人？"我说："下一次我给你写个不是媒人的戏。"不想，这番私约，永远不能实现，只留在心头，萦萦绕绕，无尽无休……

少舫先生出身于京剧世家，幼习老生，13岁登台唱红。但由于他多在黄梅戏"戏窝子"安庆演出，为梅林芳香所醉，由热爱而"改嫁"，由串演黄梅戏而于1950年（即其"而立"之年）成为一名完全的黄梅戏演员。对于少舫先生与黄梅戏这份情缘，以及这份情缘开出了什么花，结出了什么果，我在1995年写过一篇文章《从京剧到黄梅戏——王少舫、黄新德现象的思考》（拙著《惜花·育花·品花》，中国戏剧出版社1999年第1版，第328页）中略有论述。少舫先生在我的脑际眼前，常常是这样一个形象：一个架桥铺路、树林育花人。

《无事生非》剧照，王少舫饰唐德龙、吴琼饰李海萝

他架起了京剧与黄梅之桥，铺开了一条黄梅戏生行艺术发展之路

黄梅戏是以生、旦为主的剧种，过去有过出色的生行演员，但历史不能抹杀的事实是王少舫的加盟，大大提高了生行的表演艺术，提升了生行舞台位置，扩大了生行的表演领域，从而使他成为黄梅戏生行的一代宗师。这其中一个重要的奥秘，也可说是一个可贵的艺术精神，就是他带着京剧的艺术精粹，默默地与黄梅戏的艺术风采糅合起来，凝铸起一座无缝的艺术桥梁。他带着京剧来，却未以京剧“改造”黄梅戏（戏改初期，确有些剧种只学京剧，失去了自己风格），而是打破了京剧的严格程式和行当，适应黄梅戏并丰富黄梅戏。他舍弃了自幼习演京剧中的许多东西，但没有舍弃就没有创造；他努力适应黄梅戏，但如果只有适

应也就没有创造。王少舫正是在这个主要问题上显出他的聪明与素养。他早期带有创造性的作品之一是《夫妻观灯》，他与王少梅（王少舫妹）一起，既借鉴京剧强化歌舞节奏来丰富表演，又不损害黄梅戏的民间风味、农民气象和生活芬芳。他把京剧的严格分行溶化开来，从小生到老生，从农民到书生到帝王将相，通演生行；但又总能看到那其中有京剧的艺术影子。我曾这样描述过看他演《女驸马》中刘文举的印象："总感到眼前晃动着京剧中乔国老一类人物的影子，但又不是。他把那一类人物的神韵融入新人物形象之中，创造了与黄梅戏艺术风格水乳交融的王侯将相。"（拙著《惜花·育花·品花》，中国戏剧出版社 1999 年第 1 版，第 332 页）他把京剧与黄梅戏的艺术精华融会在自己的艺术实践中，创造了一系列生动的艺术形象；他用京剧与黄梅戏的艺术神韵构筑起一座艺术桥梁，大大丰富与发展了黄梅戏的生行艺术。从这里，我们认识了一个独特的王少舫和王少舫的独特奉献。

他架起了继承与创新之桥，铺开了一条黄梅戏改革提高之路

少舫先生不是一个大喊大叫的改革者，而是一个默默开拓的实践家。他既看到黄梅戏的优势，又看到它的不足与局限：一是单薄了，再就是狭窄了。单薄了，主要是它的音乐，尤其是过去的黄梅戏，只是"三打七唱"，没有丝弦伴奏。他可能感到这既是对自己演唱的一种束缚，也是黄梅戏发展的一种局限，他要突破之。他先只是以京胡托腔，人称"京托子"；继而与王文治一起创造了黄梅戏的"过门"音乐。今天黄梅戏的伴奏已发展到大乐队的交响伴奏，但在当时，王少舫及其艺友的创造是具有开拓性的。狭窄了，主要是它的表现题材的局限。这可能也使他艺术创造的欲望受到抑制，也是黄梅戏发展成为一个大剧种的障碍，他又想突破之。主要的目标，当然是拓宽剧目题材和拓展黄梅戏生行的表演领域。于是，他乐于在《宝英传》中饰演太平天国名将石达开，向历史剧和历史人物进军，借

《宝英传》剧照，王少舫饰石达开

鉴京剧“武老生”的表现，在黄梅戏舞台上塑造了具有开拓意义的将帅形象。于是，他积极投入现代戏的演出，主角、配角、正面人物、反面人物都演，演来都很认真，同样反映出他要向现实生活这个无尽矿藏开掘的意愿。于是，他便在黄梅戏中开拓包公戏，在《陈州怨》和《包公赔情》中饰演起包公。这种尝试，当然不是想套用京剧行当，搞一个相似的“净行”，而是想突破黄梅戏“小生”为主的局限，把各色人物包容在“大生行”之中，以改变黄梅戏男角处于弱势的历史与现实。改革，从某种意义上来说，就是突破局限。少舫先生似乎对这个继承与创新关系的要领深有明察，而且又准确地抓住了黄梅戏上述两个真真实实存在的、至今仍要着重突破的问题作为重点，进行扎实、有效的改革，是具有很强的现实意义的。若再作深一层考察，少舫先生这种改革实践中正深藏着这样一种可贵的精神：他自然为开掘自己的艺术潜力、丰富自己的表演艺术而改革而实践而创造，但并不是为了突出自我、夸张自我。我觉得他有一种强烈的剧种意识和整体意识，不贪图轰动效应，只求默默耕耘，把自己溶化在黄梅戏中，溶化在剧目的整体之中。从艺术实践可以看到他大的思路，是以突破黄梅戏局限为出发点而又以发展黄梅戏艺术为

《罗帕记》剧照，王少舫饰王科举

归宿。从这里，我们又认识了一个独特的王少舫和王少舫的独特奉献。

他架起了一座传统与现代之桥，铺开了一条表演艺术深化之路

说到传统与现代的结合，我们常常从外部着眼，强化传统艺术的现代包装。这当然是重要的。但从最本质的意义上来说，还是在于其内在的联系，在于把握传统艺术的风骨而又善于借鉴、吸纳现代艺术风采，加以融合与创造。就一个演员来说，就是既要具有深厚的传统功底，又要具有现代艺术的素养，并在自己的艺术实践中不断进行融合与创造。少舫先生正是这样一位优秀演员。他从京剧到黄梅戏的一个转变，或曰一个超越，就是从以程式演人物到演人物化程式，善于吸纳与融会现代表演艺术而丰富与发展传统的表演艺术。其标志，就是生动而深刻地塑造人物；其奥秘，就是深入到人物的内心中去，探曲径而通幽。请允许我举一些大家都熟悉的例子，这样说来可能亲切些。他在《罗帕记》中饰演的王科举，没有沿袭“老戏老演”之法，而是细细揣摩人物的性格特点，深深探究人物的内心世界，把王科举既深受封建意识毒害、又以封建刀刃伤害爱妻的复杂性格和那“恨也深来爱也深”的极度矛盾的内心境界，自始至终表现得淋漓尽致。这个戏早先的第二场末尾，当王科举听到店主姐告知其妻以“罗帕”赠姜雄而结私情后，盛怒而归。一路上有一段几百字的内心独白，揭示了他的信与疑的矛盾心理。少舫先生把这一段说得非常动人，演得非常细腻，绝不亚于优秀话剧演员的表演，而且多了戏曲的节奏韵律和形体表演，给人的印象是极其深刻难忘的，突出地体现了少舫先生新的表演追求与要领。大家都熟知少舫先生在黄梅戏的艺术画廊中塑造了四个“媒人”，而且是“男媒人”的形象。《女驸马》中的刘文举，《龙女》中的黄丞相，《无事生非》中的唐侯，《牛郎织女》中的金牛星。尽管他后来有一点对屡演“媒人”的不快，但还是极其认真地演了。这四个“媒人”有其共性，少舫先生抓住人物所处的不同境遇，把他们一个一个演活了，不是“成批”推出，

而是个个精雕。刘文举与黄丞相，虽相近又不同；唐侯是大将，但他“一双破阵杀敌手，也爱月下牵红绳”，竟然设下“情计”，让一对誓不言爱的斗嘴冤家坠入情网，而后又对其弟计陷情人义愤填膺，再而私访破案，助有情人皆成眷属。少舫先生演得既具有大将风采，又有红娘心肠。《牛郎织女》中的金牛星，在各个剧种的舞台上，几乎算不得一个人物，而少舫先生的表演，却获得很高评价。有位欧阳芃先生在香港《大公报》上发表的评论中说：“腔调雄浑铿锵，声若洪钟的王少舫，这次饰演金牛星，是个耿直不阿、不肯阿谀谄媚的赤胆忠心之人……王少舫这个角色是很难演的，如果不是功力火候老到，他的戏就会给黄宗毅的牛郎抢去的。如今他在影片《牛郎织女》中，给观众心目中留下了难忘的印象。他那种为正义为真理誓死不辞的形象，从戏剧的感染力来说，和严凤英、黄宗毅的戏是相等的。这和演员的艺术修养，和剧本的结构严谨有着密切的关系。”可以说，少舫先生塑造的所有人物，既具有深厚的传统功力，又具有现代表演艺术风采，是这二者的融合，而不是拼合。从这里似乎可以窥视到少舫先生表演艺术深化之路和塑造舞台艺术形象的经验。他吸取现代表演艺术的优点，认识人物，揣摩性格，钻入人物的内心中，并从传统艺术的宝库中开掘潜力，从戏曲特有的表现功能，尤其是音乐的表现功能，润腔创腔，把人物演活，既提高了自己的表演艺术，也丰富了剧种的表演艺术。他重在从表演的力度和深度方面，把传统与现代的艺术精华结合起来，从而创造出既属于自己的、又属于黄梅戏

《牛郎织女》剧照，王少舫饰金牛星

的艺术形象，并通过不断积累从而不断丰富着黄梅戏艺术。这个经验是很可贵的。从这里，我们又认识了一个独特的王少舫和王少舫的独特奉献。

他架起了一座艺术与人才之桥，铺开了一条黄梅戏艺术传承之路

中国戏曲千年长寿，得力于它的独特的传承方式，既以课徒传艺且是整体留传，更以影响传艺，甚至影响到戏迷、票友，而且是人品兼技艺一同流传。可谓是身教重于言教，无声胜似有声。少舫先生似未做过专职教习；正式收徒，似亦无多。但其人品与艺术，在“身教”与“无声”中却广为流传，影响深远。以人品艺德而言，他有两点给人的印象是深刻的：一点是整体意识，大局为重。在任何戏中，他都找准了自己角色的位置，尽力演好自己的角色，戏不被人抢；也不以角儿欺人、处处求突出，从不抢人戏。做红花，尽展风采；为绿叶，甘作扶持。他把自己融在整体之中，为发展剧种艺术之大局，尽心尽力。另一点是“认真”二字。曾听马兰在一次发言中说：“过去看少舫先生扮好装后，默默无声，为怕戏装坐出皱褶，常常站着在后台候戏。”而现在的后台，抽烟、谈笑，甚至打闹成风。这种认真，当然更表现在演出上。少舫先生不论角色大小，演来都十分认真，他在我很不成熟的现代戏《袁璞和荆凤》中，饰演一个算是配角的“老校长”，演得是那样投入：当“老校长”再度被“造反派”赶下台，罚至校办豆腐坊中做豆腐，第一次担着豆腐担子上菜市，第一声喊出“买豆腐唻！”真好似从人物脏腑中冲出的一股火焰，使观众揪心抓肺。事隔20年了，那一声叫卖，还不时清晰地回响在我的耳畔。以艺术影响而言，一代宗师必开一代艺风。不仅在当代影响广泛，其经典创造还会几代流传。我曾这样猜想：“王少舫可能认为黄梅戏也应讲‘台步’，但又不愿拿来塞人，而是根据人物创造。于是，他在《天仙配》中就创造了一种独特的属于黄梅戏的董永‘台步’，后来的‘董永’，均相沿袭。”（拙著《惜花·育花·品花》，中国戏剧出版社1999年第1版，第332页）我的《刘铭传》导演金桐先生（他是京剧演

员出身），最近他在执导黄梅戏《斛擂》，我们又相聚芜湖。有一次他突然向我们提出这样一个问题："怎么黄梅戏的小生演员，都走着王少舫的董永台步？是不是都属'王派'？"我孤陋寡闻，也似乎未听少舫先生说过。但是，一种独特的艺术创作，常常是挡不住的诱惑。少舫先生创造的艺术形象和一些创意性的表演范例，要产生一定时段的影响，则是必然的艺术现象。优秀的表演艺术家，正是由此搭起了艺术与人才之桥。少舫先生自己是黄梅园林中的秀木奇葩，又为梅林培育了秀木繁花，造就了"无派之派"，成为非徒之师。从这里，我们再次认识了一个独特的王少舫和王少舫的独特奉献。

喜看今日黄梅戏，已成为一个誉满海内外的大剧种，我们不应忘记那些具有开拓性的搭桥、铺路、奠基之人，更应珍惜他们的艺术精神与艺术经验，为解脱面临的困境寻求启示与良策。

梅林今日花繁盛，应怜搭桥铺路人。

（1999 年 11 月 10 日于合肥）

【作者简介】金芝，安徽省艺术研究院一级编剧，享受国务院特殊津贴。在安徽地方戏剧创作、研究领域成果丰硕，曾荣获"五个一工程奖"、戏剧"文华奖"、"曹禺剧目奖"、电影"华表奖"、电视"飞天奖""金鹰奖"、理论研究"金菊奖"等 20 多个国家级和省级奖项。代表作：《罗帕记》《无事生非》《刘铭传》《生死擂》等。

演员的楷模

时白林

黄梅戏在20世纪40年代还是个名不见经传、不登大雅之堂的民间小戏。新中国成立后，由于政府的扶持和新老黄梅戏工作者的共同努力，黄梅戏的发展日新月异，原来鲜为人知的黄梅调很快就冲出安徽，走向全国，造就了两颗璀璨的明珠——严凤英、王少舫，他们是黄梅戏的一代天骄。王少舫是“十年动乱”的幸存者，一直不忘在有生之年多为人民做贡献，把十年中失去的时间夺回来。少舫同志正是基于这一认识，不顾病体和劳累，拼命地工作，致使多种隐疾综合爆发，67岁就不幸去世！他在逝世前两天，还在为北师大来访的学生们讲课呢！

与少舫在一起工作过的人，莫不为他严谨的工作作风、负责的态度和执着的求索精神所感动。艺术贵在创新。王少舫之所以能同严凤英一起名闻遐迩，享誉海内外，正是他在艺术上从不满足、多方吸取、大胆革新、锲而不舍的结果。如他在《夫妻观灯》中扮演的青年农民王小六热情粗犷，充满了浓郁的生活气息，而在《桃花扇》中扮演的文人侯朝宗则风流倜傥；在《天仙配》里扮演卖身为奴的董永憨厚老实，而在《罗帕记》里扮演小生王科举则嫉妒多疑；他在《女驸马》里扮演的老丞相刘文举世故圆滑，而在《南国烽烟》里扮演的何老爹则老成持重；

他在《宝英传》里扮演的太平天国名将石达开傲慢自负，而在朝鲜名剧《春香传》里扮演的书生李梦龙则洒脱笃情。临终前他又在莎翁的名剧《无事生非》里成功地塑造了唐德隆的形象，受到了中外戏剧专家的高度评价，给安徽、上海、杭州等地的观众留下了深刻的印象。以上只是他塑造的不同年龄、不同社会阶层和不同性格的角色的一部分，他在舞台和银幕上成功创造的其他角色就不再赘举了。

中国的戏剧虽然和西洋歌剧有着差别，但在以演唱艺术为主要手段来塑造人物、展现剧情方面则是相同的。黄梅戏无论是优秀传统剧目，还是移植、新编剧目，要想深刻地揭示人物内心世界，必须通过意境深邃的大段唱腔来表现。在王少舫创造的所有成功角色中，无一不是与此紧密相连。

王少舫的演唱以嗓音浑厚、洪亮、深沉、刚劲见长。他在青少年时期是一位京戏演员，在变声期的“倒仓”过程中，嗓子曾经产生病变。由于保护和治疗结合得当，以后又在老师的指导下，持之以恒地锻炼，终于练就了一副音色饱满（高音区 g^2—b^2）并带有金属铿锵声的好嗓子。他演唱的董永，时而朴实深情、悲凉自然，时而激情奔放、醇厚甘美。他在刘文举的声腔造型上则精于刻画，情趣盎然。黄梅戏的演唱艺术原本只注重悦耳动听，吐字清楚。王少舫唱过京戏，学过河北梆子，他把这两个剧种的力度型和节奏型的润腔手法吸收运用到黄梅戏的演唱中，从而丰富了黄梅戏的声腔艺术，王少舫也随之成为黄梅戏男演员们学习的楷模。

王少舫不光在表演、演唱方面有很高的造诣，他对黄梅戏的声腔发展也有着卓越的贡献。黄梅戏的主要腔调【平词】多为五声音阶，他首先将自然音阶中的偏音“**4**（fa）”用到【平词】中来，与著名琴师、黄梅戏作曲家王文治合作，创造了新的【平词迈腔】以及一些新的曲调，既保留了黄梅戏的音乐风格，又有了新的发展。他先后与几位作曲家在《罗帕记》《年青的一代》《箭杆河边》《陈州怨》等戏中合作，编创的新腔（见安徽人民出版社 1983 年出版的《黄梅戏新腔介绍》）都脍炙人口。

比较全面的艺术素养与知识结构，对一个艺术家来说是非常重要的。王少舫虽然没上过什么学，但他有着强烈的求知欲。他能数十年如一日，专心致志，勤

《箭杆河边》剧照，王少舫饰佟庆奎

奋努力，不断从生活、书本和同行的身上广采博取丰富提升自己。他还是一位非常称职的导演，他导演的生活小戏《夫妻观灯》《打猪草》《戏牡丹》，大戏《打金枝》《宝英传》《三里湾》《袁天成革命》等也为大家交口称赞。

少舫同志不仅是位好演员、好导演，在教学上也是一位深受大家尊敬的好老师。他在执教时，既严肃认真、一丝不苟，又循循善诱、爱徒如子。虽然他的嗓门大，但学生并无惧怕感。在排练场或家里，他常常为了一个程式动作的准确与生动，为了一段唱腔的风韵传神，对学生们不厌其烦地反复指导，累得满头大汗。

王少舫同志为人民做出了巨大的贡献，如果他不是这样劳累，就不会这样早早离开我们，他还会继续为人民做更多的贡献。他的去世不仅是黄梅戏一个剧种的损失，也是我国戏曲界、文艺界的一大损失。

（原载《严凤英、王少舫的艺术历程》2004.11）

【作者简介】时白林，著名黄梅戏作曲家。荣获戏曲音乐终身成就奖。曾任安徽省黄梅戏剧团副团长，安徽省艺术研究所音舞室主任，中国戏曲音乐学会会长，中国音协理事、安徽省音协主席。代表作：《天仙配》（合作）、《牛郎织女》（合作）、《女驸马》（合作）、《孟姜女》等。

王少舫与黄梅戏

杨 璞

王少舫在黄梅戏艺术事业上的成功，在戏曲界应当算是一个特例。其特有二：

地方性乃各剧种的生命之源。毫无疑问，对于地方性的把握，总是以土生土长的当地演员最为地道。而王少舫原是一位远离黄梅戏土壤（这里指的是语言、音乐以及风土人情、传统习俗等等）的外地人。那么多土生土长的黄梅戏从业人员，竟都心悦诚服地将他奉为黄梅戏的代表人物，此为“特”之一也。戏曲里的小生演员扮演的人物，不是豪门中的翩翩公子，便是寒窑内的贫穷秀才。或甜或酸的小白脸儿，带脂粉气，具女人味，呈阴柔之美。比如京、昆小生连说带唱都是半男半女的音色，更不用说越剧小生干脆就是一个真正的女人，“奶油小生”之谓，概源于此。王少舫魁梧壮硕，粗豪坦荡，是一位充满阳刚之气的男子汉，而且嗓音浑厚，老生花脸行皆可，唱小生，条件并不理想。然而结果是：黄梅戏演员中那么多面如敷粉、唇若涂丹的美男子，无不毕恭毕敬地尊他为小生泰斗，此为“特”之二也。

在两大不利条件下，能够获得如此大的成功，其原因何在？这很难用精练的语言来准确地概括，还是从王少舫的从艺经历中来寻求答案吧。

一

王少舫9岁被送到上海正式拜师学艺，但实际上连他自己也说不清是何时开始学戏的。因为他出身京剧世家，一门几代人都唱戏。他在上海学艺的四五年间，小小年纪，备尝疾苦，忍饥寒、挨打骂、做奴仆、当牛马，过着地狱般的生活。他凭着坚韧不拔的毅力，熬到了13岁，这一年，他终于有机会登台亮相，一炮打响成了角儿。王少舫的这个发轫之地就是安庆！

王少舫祖籍江苏泰州（后迁南京），出生地是武汉，籍贯随继父填在河北武清。这些地名仅具档案意义，对他一生的生活、事业具有重要意义的就是他的艺术发轫地——安庆。

安庆自有其不凡之处。首先，它是中国戏曲的摇篮地之一，京剧前身——徽剧老家就在此。如今它又是黄梅戏的发祥地。在这里，揭开了王少舫粉墨春秋的第一章。

1933年，安庆的“皖钟舞台”老板专程赴南京邀角，一个偶然的机会发现了少年王少舫。过去的前台老板大都是识才的行家，邀请王少舫到安庆“皖钟”唱戏，“包银”高得令全家人喜出望外。这个13岁的初生牛犊，初出茅庐，初登氍毹，便初展风采，初露锋芒，“打炮”戏《南阳关》获得了意外的成功。在沿江各地，“安庆的戏难唱”是有名的，谁能想到稚嫩的王少舫竟真的“拿下”了安庆城！其实是安庆城“拿下”了王少舫。因为除了初战告捷之外，此番的安庆之行使他初识了黄梅戏（当时称黄梅调）。

在安庆演出期间，一个女人的歌声时常回荡在他的住处——南洋旅馆的前前后后，时强时弱，时断时续，那迷人的曲调，带着忧伤，带着哀怨，飘进了少年“角儿”的耳朵。这是什么歌？这么好听！陌生又亲切，深沉而又流畅，不仅悦耳，而且动心，激起王少舫极大的兴趣。于是他打听到了这个唱歌的女人——洗衣大姐。这位大姐是邻近居民，每天到旅馆来收取客人的衣服回家洗涤，换取微薄的酬劳，维持生计。她成天乐呵呵的，黄梅调不离口，很得人缘。她唱的这“歌”是黄梅调传统的独角小戏《苦媳妇自叹》，叹的是在婆家的苦难生活。二十多分钟的戏，没有念白，【彩腔】一唱到底。【彩腔】是黄梅戏【彩腔】类中的主要腔调，旋律优美，表现力、可塑性极强，只要对其作恰当的改造，它就可以表现男女老幼各种性格人物（包括反面人物）的情绪和心态。正是这种神奇的唱腔，令王少舫这个敏感、好奇、求知欲极强的大小孩听得如醉如痴，决心一定要学会。当他跟着洗衣大姐学会完整的唱段后，他就不只是觉得悦耳动听，而是感到心灵受到了震动，感情产生了共鸣！

王少舫每每忆及此事都要说那洗衣大姐一唱“能把人的心都唱得拎起来”，意思是说他被洗衣大姐的唱震动了。这段唱勾起了他对往事的回忆，与“苦媳妇”产生了命运相同的情感共鸣，深深地烙在他的脑海里，并紧紧地缠住了他一生的命运。王少舫这段经历，让我联想到所有因缘际会若非人为便是巧合。

二

王少舫与黄梅戏的再相逢，那是在抗日战争时期。困在沦陷的安庆，过着牛马不如的日子，这使他更进一步加深了对这座城市的了解，他与这座城市有了更加深厚的感情，与许许多多的安庆人成为患难之交。至关重要的是：在这将近十年的时间里，受主、客观多方面原因的影响，他对黄梅戏的了解更多、更深，与黄梅戏的关系更密切了。和 1933 年相比，此时的王少舫已由少年步入青年，长期磨炼，艺事精进，各方面也都渐趋成熟。在当时，首要的问题是生存，更直接地说是要吃饭，吃戏饭的人不唱戏就没有饭吃。可此时安庆城里的京剧、黄梅调艺人均已星散难以成班，于是就尝试着两个剧种联合起来演出。这种形式在黄梅戏历史上称作“京黄合演”或“京徽合演”（以前，为了提高黄梅调的“身份”，曾将黄梅调称为徽剧、皖剧等）。就是在同一舞台上，两个剧种先后演出，一般“小戏”（黄梅调）开锣，“大戏”（京剧）压台。但安庆的观众只是来看丁老六（丁永泉）、丁翠霞、潘玉琴（潘泽海）的戏,所以前半场的黄梅戏一完，“池子”是纷纷“抽签”，等京剧登场,观众已寥寥无几了。于是不得不颠倒过来，“先京后黄”。合作时间长了，根据需要，还能打破界限，互相支援。磨合多了，彼此的戏也越来越熟，能上“开口活”了。黄梅调艺人唱几句【西皮】【二黄】，京剧艺人来一段【平词】【花腔】也都不在话下了。王少舫生平扮演的第一个黄梅戏角色是《天仙配》中的二姐，游鹊桥时唱了四句【仙腔】“打鱼之人莫慌忙”（那时大姐不唱），觉得非常有意思，兴奋不已。

王少舫青年时期照片

后来，为了更进一步适应安庆观众的口味，干脆把京剧改成黄梅调来唱，也就是将两个剧种相对的板腔进行置换。比如《梅龙镇》的【四平调】改唱黄梅调的【彩腔】，《坐宫》中的【西皮慢板】唱黄梅调的慢【平词】，其余如【二六】改【二行】，【快板】唱【火攻】等等。此举对于京、黄双方都有好处。用当时的话来说，叫“一个要补锅，一个要锅补”，用今天的话来说，叫“双赢”。

特别是丁、王两家（即黄梅调艺人丁永泉及其女儿丁翠霞、儿子丁紫臣，京剧艺人王明山夫妇及其儿子王少舫、儿媳雪寒梅、女儿王少梅）的深厚交情，对王少舫后来的人生抉择起了重要作用，自然对黄梅戏的发展也起了重要作用。

毋庸讳言，当时包括王少舫在内的京剧艺人，都把“京黄合作”（其实后来就是依附黄梅调）视为无奈之举，权宜之计。不过，王少舫是一位干什么都非常认真的人，即使是权宜之计，他也绝对不肯马虎半点，京剧是他心中的终身事业，但眼前的黄梅调他也唱得十分投入。他不仅在移植的京剧中担任主角，如皇帝、杨延辉等，还在一些传统的黄梅戏中担任主角，如小渔网、魏魁元等。后来演幕表戏（提纲戏）《合同记》《二度梅》《秦雪梅》等，其中的主要小生都是由他担任，已经俨然是黄梅调的一位领衔演员了。

像王少舫这样有思想、有抱负的青年京剧演员，唱黄梅戏绝不可能亦步亦趋地照黄梅调艺人的老样子走！他必然要在演出中对舞台艺术的各方面有所改进。可喜的是，不管是唱、做、念、舞，他的每一点革新和创造，都因他不狂妄，不粗暴，不逞能，不是为了改革而改革，是感到原来的不足，根据实际，因戏制宜，在尊重黄梅调传统的前提下，大胆而又谨慎地进行探索实验，故而总能做得恰到好处。丁永泉对此特别欣赏，打心眼里佩服王少舫的聪明才干。尽管如此，在王少舫的心里，京剧依然是第一位的，所以当日本人一投降，全家立即回到了京剧舞台。当时的社会环境，唱什么戏都不容易。抗日的烽烟才熄，内战的枪声又起，国民党统治下吏治腐败、国乱民穷、兵匪一家、贪贿成风，黎民百姓生活在水深火热之中。王少舫一家跟随着京剧漂泊、挣扎，于 1948 年辗转来到了合肥，在这里迎接了解放。

“天翻地覆”“万象更新”，这些词现在已成为被用滥了的套话，可是那时候，人们真切地感受着这些词语的含义和力度，令人振奋，令人激动，还令人感到滋润和甜蜜。生活在社会底层的“戏子”，简直不敢相信自己的眼睛和耳朵。那些头缠纱布，手持木棍，专干打砸抢的真、假伤兵们哪里去了？那歪戴黑礼帽、斜挎盒子炮、狗仗人势、敲诈勒索的特务狗腿子哪里去了？真的再也不用提心吊胆地过日子了吗？变化之大、之广，远远超出人们的想象。王少舫跟艺友们一起组织了自己的班子，自己当家做主，把来自老解放区的剧目《逼上梁山》《三打祝家庄》等搬上舞台。最令人兴奋的是他被选为合肥市人民代表，参加皖北人民代表大会，这是他做梦也没想到的，也令众艺人大受鼓舞，因为这不仅是他个人有了崇高的荣誉，也标志着戏曲艺人在政治上的大翻身。如今唱戏是神圣的革命事业，幸福感、成就感、责任感、使命感相伴而生。

在会议期间，王少舫遇见一个人，几番长谈之后，王少舫作出了一个重要决定，他要改唱黄梅戏了！来的这一位是他的父执，他唱黄梅戏的引路人（没有师父名义的师父），抗战时期共患难的著名黄梅调丁氏家族的掌门人丁老六（丁永泉），他作为安庆专区人民代表也来参加皖北人代会。此番的喜相逢与往昔的苦相逢不可同日而语，个中滋味有霄壤之别，两人都无比兴奋。

丁永泉是黄梅戏历史上一位非常重要的人物，他不仅戏唱得好，而且富有管理经验，他深谙人情世态，对艺术极有见地。特别是他有一双识人的慧眼，他对人对事的评论言简意赅，一语中的，面慈心善，人缘极佳，他动王少舫的心思已非一日。从前的相处、合作，彼此都留下了深刻的印象。丁永泉佩服王少舫艺术上的才华，更佩服他的敬业精神，特别是王少舫在艺术实践中的一些独到的举措和设想。丁老本人就是一位革新家，多年来，他对黄梅戏传统的演、唱多有改革，但因受基本功所限，许多东西他能想得到，却做不出。他看到王少舫的艺术革新,常有“彼之所作乃余之所想”的感觉。因而他认定：黄梅戏就需要王少舫这样的人。不过，当时黄梅戏自身都在风雨飘摇中苟延残喘,怎么能再去拉别人来“陪葬”呢？如今改天换地了，共产党大力扶持地方戏曲，丁永泉的底气足了，腰杆子硬了，他要让黄梅戏火起来，让民众

丁永泉（左一）与王少舫讲课

剧院红起来。民众剧院班底硬，行当全，兵强马壮，文武齐备，就缺一位领军人物。王少舫既是将才，又是帅才，既能冲锋陷阵，又能运筹帷幄。丁老此番来肥，除开会之外，就是请王少舫到安庆登台掌印，带领民众剧院，带领黄梅戏迈上征途！他把这当作一项重要的使命，可是，这又是一项多么艰难的使命！

丁永泉不擅言辞，毫无说客的本领，他是如何把正处在事业上扬时期、踌躇满志、志向坚定的王少舫说动了心，甘愿舍弃他心中神圣的京剧，改唱地方戏黄梅戏呢？其中情节我不得而知。我只能作这样的揣度：是王少舫心中深埋多年的黄梅戏种子，经丁永泉人格力量的感化，迅猛发芽，爆发出神奇的力量，促使王少舫毅然抉择，改弦更张，义无反顾，一往直前！丁老曾经跟我说过这样一段话，大意是："王少舫唱京剧是好角，但京剧里好角多啊！可是我们黄梅戏就只有王少舫一个啊！"我认为符合事实，且深具哲理。

有人或出于不了解，或出于故意贬低，说王少舫是因为唱京剧不行才改唱黄梅戏的，事实证明，此说大谬不然。就在王少舫离开合肥时，还有京剧界朋友邀他组班演出，他婉言谢绝了。到达安庆码头时，还遭到安庆京剧团的"绑架"，他们有十分把握将王少舫留下，因为他的妹妹王少梅正在该团挑大梁。后见王少舫决心已定，断难更改，只好请他帮忙排了几出新戏，约一个月后放行。从此王少舫彻底告别了京剧，来到了丁家班所在的民众剧场，开始了他毕生无悔的黄梅戏之旅。

三

纵观黄梅戏发展史，在新中国成立前那漫长的黑暗岁月里，黄梅戏只能在乡村的田间、场院、农舍演出，虽然深受农民欢迎，却不断受到各种恶势力的摧残迫害。整个剧种处在发展缓慢近乎停滞的状态。直到新中国成立后，才有令人振奋、影响整个剧种命运的重大喜事频频发生。首先，"新中国成立"本身就是一件划时代的重大历史事件，由于新中国成立，黄梅调才能在以安庆、池州为中心的长江两岸广大城乡蓬勃兴起，涌现了大批新生力量，为黄梅戏以后的发展备足了不可或缺的人才资源。接着便是1952年到上海，当时还只能算是“民间小戏”的黄梅戏，在上海这个全国的大舞台上正式亮相，初展风姿，获得了成功。再接着便是顺理成章成立了省级专业表演团体——安徽省黄梅戏剧团。这意味着黄梅调“民间小戏”的身份成为历史，黄梅戏大剧种的地位逐渐确立，为黄梅戏的未来展现了灿烂的前景。只有在这样一种全新的环境里，才有条件在1954年华东戏曲会演时呈现出一台有质量的大戏——《天仙配》，这是黄梅戏拍电影必不可少的一步，因为这一步，把《天仙配》搬上银幕便是水到渠成的事了，这件事的意义更是不可低估。银幕载着七仙女，驾祥云，乘仙风，唱着黄梅戏（特注：不是所谓“大黄梅戏”），“飘飘荡荡下凡来”。飘出地方，飘出省，飘出国，飘进千家万户。然后，难以计数的饱含热情赞美的信函雪片般地从国内外的工厂、农村、军营、学校、机关、商店，从千家万户飘向安徽省黄梅戏剧团的办公室，

《桃花扇》剧照，王少舫饰演侯朝宗

飘向严凤英、王少舫的案头。这标志着黄梅戏艺术事业已经跨进了一个崭新的历史时期。还要着重强调的是她不是说着普通话，而是操着安庆乡音，以地方戏的地域特色为优势，走出地方，成为既是安徽的、也是中国的黄梅戏艺术，为世界人民所欣赏。

黄梅戏历史上的大事，余之所悉，仅止于此。我认为应将王少舫“舍京入黄”列在这一串大事链之首，因为王少舫加入黄梅戏，对黄梅戏的发展起着极为重要的作用，绝对不应低估，更不应该有意无意地忘却或抹杀。

许多人是从舞台上来了解王少舫的，从其所塑造的众多艺术形象的成功来评价王少舫的，由此知道王少舫是黄梅戏头牌小生，是当之无愧的杰出表演艺术家，与严凤英俩人共同成为黄梅戏的代表人物。然而，这些都只能说明王少舫个人在艺术上的造诣高，声望影响大，都远不足以说明王少舫对黄梅戏是何等重要，丁永泉请来的绝不仅仅是一位小生。

一般说来，作为演员的王少舫对黄梅戏的改革、提高必然先从表演入手。但是王少舫的不凡之处就在于他视野开阔，思虑周全，不囿于自身。凭经验他懂得：不管是多么杰出的演员，多么精湛的表演技能，都不可能独秀于整体粗糙、品位低下的戏剧作品之中，而要提高整体艺术品位，则首先要提高从业人员的职业道德水准。鉴于此，他到民众剧院以后，就特别注重立正气，改变落后的生产方式，摒弃陈规陋习，发扬优良传统。首先，他摒弃了旧的戏班中只讲“台上见”而不重视甚至不屑于排练的懒散、自负、不尊重观众的工作态度。除熟稔的传统戏之外，所有新戏（包括连台戏）都要经过反复排练，方能演出。这样一来，虽然当时并没有专职导演，但他让大家见识了导演艺术的神奇魅力，懂得了导演工作在戏剧创作中不可替代、不可或缺的重要地位，由此而促使大家自觉地遵守排演制度和演出纪律。经过整顿，民众剧场风气大变、气象一新，排练场不见了迟到早退的现象，也没人敢在排练场做与排练无关的事，舞台上更没有人敢误场、笑场。大家生活在一种团结、严肃、紧张而又欢快的气氛之中。当年曾经与王少舫共事的老人们追忆往事时，仍然会沉浸在温馨快慰之中。

与此同时，在当时的条件下，他和他的同事们尽可能地调动各种艺术元素，丰富黄梅戏舞台艺术。

王少舫艺术积累丰富，但更重要的是他善用其积累的经验和知识。我们知道，京剧的艺术形式，多已趋于凝固，舞台调度、人物动作都有严格的限定，何处迈步，怎样转身，皆有固定的套路。许多原本鲜活动人的表演成了一种优化了的公式：该哭了，头一低，拿脸去就水袖，以示“揩眼泪”；该乐了，水袖一扬，起【叫头】，“哈哈！哈哈……”大笑三声，笑得你头发直竖，身上起鸡皮疙瘩，只闻其声，不见其情……凡此种种，王少舫概予弃之。他的一颦一笑，既求美，也要真。他大力丰富黄梅戏表演的艺术含量，改变以“仿生”为特点的纯自然主义的表演方法，同时又十分重视保持和发扬黄梅戏的地方风格和乡土韵味，避免地方戏京昆化。

《蓝桥会》是一出很平常的“两小（小生、小旦）戏”，除旦角的部分唱腔颇有特点、饶有趣味之外，余则【平词】到底，且从头唱到尾，没有一句念白，戏的节奏溪平流缓，给人以沉闷温冷之感。特别是小生魏魁元的形象模糊不清，很容易演成行为不端的轻薄子弟，或者是心术不正的渔色青年。我就没见过谁将这出戏演出光彩来。我也曾是演员，我就不愿演《蓝桥会》，不为别的，就因为自知演不好。我年轻时嗓子好，不怕唱，就是把握不住人物性格，在台上越唱越着急，巴不得早完事早下场。可是，看了王少舫的《蓝桥会》，真令我大开眼界。

在他身上，魏魁元的形象鲜亮生动、光彩夺目。一上场的那段【平词】唱得悠扬舒展，流畅清新。那兴奋的表情，儒雅的举止，优美的身段，悠闲的步履，看似不在意实则细心精密的组合。那神韵，那气质，把一个在外寄读、趁假期回家顺道游览蓝桥的青年学子那种如出樊笼、如翔天际的轻松快意表现得十分动人。当他通过唱、做来描摹蓝桥景致时，观众宛若跟随导游身历其境，跟魏魁元一同发出赞叹、产生共鸣。

他动作不多，重在传神，略展技艺，便收点睛之效。当他唱到“二来是回家转换洗蓝衫”时，稍一屈身用右手水袖轻拂左膝，然后再用左手水袖轻拂右膝，

《蓝桥会》剧照，王少舫饰魏魁元，严凤英饰蓝玉莲

这样两个毫无难度的简单动作，他做得飘洒柔媚，随意自如。当他唱到“这蓝桥造得好……”时，眼随手动，手到眼到，令观众能感到具象的存在。当他走上一井台讨水喝，乍见蓝玉莲的芳容时，那眸子突显奇亮。其实那是一双患有深度近视的眼睛，他是通过突然绷紧面部肌肉，身体随之一颤，神情为之一震……这一系列的动作在瞬间集中，造成了“目如闪电”的综合效果。有了这样的冲击，他在听完蓝玉莲叙述身世以后，便由一见钟情而倾心相爱、约会佳期。他从观赏蓝桥时的悠然自得到见蓝玉莲时的激情洋溢，感情的转换既出乎意料，也在情理之中，丝毫不显突兀。

这就是书卷气裹不住青春朝气，守礼法也张扬真性情。

过去人们将不受欢迎的戏谑称为“车前子”，“车前子”乃一味中草药，有利尿作用。每当这些戏上场，观众便纷纷离座，趁机会出去方便。《蓝桥会》也常被人当作“车前子”。这样一出催人小便的戏竟被王少舫、严凤英打造成为黄梅戏之艺术精品。只是可惜，随着二位的过世，这精品也殒灭了，《蓝桥会》从此成为绝唱！

王少舫善用道具，但他绝不游离于戏外，拿着道具在台上耍杂技。请看《路遇》中董永手中的那把雨伞，几乎成了他身体的一部分，不仅是手的延长，而且是内心世界的扩展。当他唱着“含悲忍泪往前走”偶遇七仙女挡路时，停步，退步，雨伞向上轻扬，来一个三百六十度“小花”，然后往身后一背，非常艺术化地表现了这个满怀凄苦、诚实憨厚的青年农民那错愕、惊慌的心态和感情。再往下看槐荫树开口说话以后，董永接唱“这件事儿真稀奇”时，左手握伞直指前方，右手挥长袖，脚下如飞的健步，车轮似的一个圆场。这一连串的动作组合成一段姿态优美、动感强烈的短舞，淋漓尽致地宣泄了董永激动的心情和飞扬的神采。当年，我是B角董永（B角七仙女是丁俊美），依样模仿他的表演，但总是相距甚远。后来还是他跟我说：“你不要照我这么做。”我问：“为什么？”他说：“你看看我多大个子，你多大个子？”是的，他属于彪形大汉，而我个子瘦小，条件不同，同样的动作，在他身上好看，在我身上难看。其实，本质的问题并不在此，而在于王少舫的戏是无法模仿的。这些年来，我记不清见过多少“董永”，包括我亲手导演过的几位“董永”。作为小生演员，论长相、身材、嗓音，几乎都比王少舫的条件好；作为“董永”，论表情、身段、唱功，特别是对角色性格、情感的表现，则鲜有得王少舫神韵之一二者。可以说，“董永”这个艺术形象已被王少舫塑造得定了型，别人模仿他，但超不过他；超不过他，观众就不承认。所以，我的结论是：《天仙配》中的董永，已被王少舫演绝了，不仅前无古人，恐怕也后无来者。

在我所知道的范围内，被王少舫演“绝”的角色，不止董永一个。不过，自1958年我们分手以后，我好像就再也没有直接看到他的舞台演出了。《女驸马》《牛郎织女》是拍成电影以后从银幕上看到的。他在这两部戏中饰演的刘大人和老牛，都是配角。即使是配角，他也演得流光溢彩，熠熠生辉。他将刘文举这个

电影《天仙配》剧照，王少舫饰董永

人物的性格挖掘得深刻，表演得细致。这个艺术形象的整体风格如同一幅泼墨画，笔触浓重。那里面还有工笔手法，细致入微地描摹、揭示人物的内心活动。你看：刘文举那善于察言观色的眼睛左顾右盼；那善于变易的面部表情随时准备适应眼前局面；他来回走动，左右逢源，三寸不烂的如簧巧舌在悬河中不停地搅动。他巧言令色，谄媚逢迎，在皇帝和公主面前奴颜婢膝，在民女面前狠毒凶残，地地道道一个老奸巨猾、老谋深算、老于世故还老脸皮厚的封建老官僚。在这个角色身上，最突出的是王少舫对水袖的运用。在“吹吹打打”后面的锣鼓过门中的表演是一个很好的范例。而最为精彩的是“你看这新科状元”后面的那一段唱念，从“眉清目秀美容貌”到“因此上不曾把驸马来招”，那水袖似飘浮的云彩，上下翻动，左右飞舞。与此同时，嘴里、身上、脚上，在强烈的节奏统一指挥下，组合成一段轻快风趣的舞蹈，为这位厚颜无耻的老滑头营造出欢娱喜庆的气氛，以改变他因失误而面临的难堪局面，王少舫真可谓独具匠心。

另外，王少舫在《牛郎织女》中创造的艺术形象——老牛给人印象深刻。除了勤勤恳恳、任劳任怨的天性之外，其天真、善良、宽厚、乐观的性格感人至深，令全剧生色。

舞蹈方面王少舫也为充实黄梅戏艺术元素做出了重要贡献。

不仅是黄梅戏，许多地方剧种都“患”有“舞蹈缺失症”。这大概有两种可能，一是戏曲在长期发展过程中，故事越来越精彩，情节越来越吸引人，为抒情而作舞则往往阻滞情节的进展，这对急于知道人物命运、故事结局的观众来说，无疑是一大妨碍。于是，舞蹈便不得不从戏曲中渐渐淡出了。另一种可能则是有些剧种的“舞蹈缺失症”是先天性的，其生成原本就跟舞蹈无关，这也就是说，歌舞并非戏曲唯一的源头。黄梅戏在王少舫“入黄”之前，舞蹈艺术一直是空白的。

京剧演员，一般都受过专业训练，王少舫是这方面的大家。王少舫的表演不单是动作、身段、台步，他的每一段唱腔，每一句念白，乃至一个表情，一个眼神，那鲜明的节奏，无不赋予舞蹈的韵律，展现了一种雅致、抒情的风格，令人赏心悦目。特别是王少舫开创了小戏歌舞化的表演形式。

黄梅戏有很多小戏，以反映青年男女爱情为内容者居多（其中有不少是反映偷情的，颇具冲破旧礼教的勇气和乐趣）。总体说来应是健康的，至少是无害的，有较强的娱乐性。但在后期演出中，一些艺人（主要是丑角演员）为了创造哄笑效应，迎合部分观众的低级趣味，使这些地方戏都不同程度地存在着糟粕，俚语粗话、下流动作充斥其中。就连《打猪草》这样反映农村儿童生活的小戏，也有“荤打素猜”的谜语和“素话荤话”的双关语。王少舫和同事们选取了比较容易“清洗”，内容也较简单有趣的小戏《打猪草》、《闹花灯》（后改名《夫妻观灯》），由郑立松执笔，进行去芜存菁的整理，舞台表现则由王少舫与其妹王少梅设计编排。后来严凤英、潘璟琍、丁紫臣也一同参与，经过共同的努力，使这两出不起眼的小戏，成为黄梅戏破天荒的载歌载舞的小型歌舞剧。

上述种种，都是王少舫1954年以前在安庆的业绩，已是50年前的往事了。忆前人创业之艰难，看今日黄梅戏之盛状，令人百感交集，思绪万千。唯愿后来同仁，珍惜传统，继往开来，与时俱进，使黄梅戏艺术事业得以发展与繁荣。

（原载《严凤英、王少舫的艺术历程》2004.11）

【作者简介】杨璞，资深黄梅戏艺术家，精通黄梅戏编剧、导演、作曲。曾任安徽省电台文艺记者，在20世纪50年代录制王少舫、严凤英的黄梅戏唱腔，扩大了黄梅戏的影响。后在马鞍山从事黄梅戏编剧、导演、作曲和资料研究工作。

王少舫与黄梅戏走出安庆

林　青

35 年前（1952 年）11 月的上海，已经进入寒冬季节，就在这个月的 4 号，从它的西方吹来一股强劲的热风，这股热流席卷了整个大上海，使冷风嗖嗖的上海一时变得热气腾腾。尽管事隔 35 年，但凡是上了点年纪的人，提起这件事仍记忆犹新，津津乐道。那是什么呢？是一股令人痴迷的“黄梅戏热”。后来的几十年里，黄梅戏也曾数次赴沪演出，但是上海人总感到那第一次的印象最深，最迷人。后来《天仙配》《女驸马》等剧目拍成电影，更扩大和加深了黄梅戏的影响，但播下了爱的种子却是这一次的安徽省黄梅戏赴华东观摩演出。

这次演出是新中国成立后黄梅戏第一次在上海这样的大城市登台献艺，这次演出班子是以安庆“民众剧院”为基础，吸收了安庆另一剧团“胜利”的部分演员联合组成（见《安徽日报》1952 年 12 月 16 日徐风《黄梅戏、泗州戏在上海受观众热烈欢迎》一文）。这次演出所取得的巨大成功，也可以说与王少舫同志自 1950 年以来对“民众”所做的创造性的工作是分不开的。对这一段历史，我认为应该充分认识并予以高度评价。

提起新中国成立初期王少舫对黄梅戏所做的重大贡献，这就必须谈到他在“民众”期间所做的工作以及1952年以“民众”为基础赴华东演出的盛况。我想借纪念少舫同志逝世周年之际，通过这篇短文，献上一点微薄的心意。

王少舫同志是1950年参加安庆民众剧院的，是当时“民众”的主任委员兼导演（副主委是丁永泉、潘泽海）。在新中国成立初期，黄梅戏不再像之前那样遭到禁演，然而她却未能彻底摆脱受歧视的处境，甚至有一些外来的土政策——不让解放军去看黄梅戏，某些政府干部内心也抱着不齿的态度，羞于踏进黄梅戏的门槛，剧院真是“门庭冷落车马稀”！

电影《红霞万朵》剧照，王少舫饰演青山伯

少舫同志进团后，看到这种境况，心里很着急。新中国成立后的翻身感鼓舞着他，对黄梅戏事业的雄心壮志激励着他，一种强烈的竞争意识催促着他，带领着全团演职员，以不到一年的短短时间，就改变了这种落后局面。

少舫同志一开始便大刀阔斧地对剧院进行了全面的艺术改革，使之由原来的旧戏班变成了一个具有新的内容和形式的新型艺术剧院。

他的做法是排新戏，育新人，全面地提高艺术质量。

排　新　戏

结合新中国成立初期的土改、抗美援朝、“三反”“五反”、婚姻法宣传等各项运动，剧院排练了一大批现代戏，如《打灶王》《父子争先》《劝夫上堤》《海上渔歌》《糖衣炮弹》《大家进步》《小二黑结婚》《小女婿》《仇深似海》《新事新办》……一大批新剧目的排演，使黄梅戏展现了新面貌，赢得了新观众，并为黄梅戏能够表现现代生活，开拓了一条宽广的道路，为此后赴华东演出时排演现代戏《柳树井》《新事新办》做了舆论和艺术准备。老“民众”的同志们深有感触地说：“王老对黄梅戏演现代戏，真是立了一大功啊！”

在排演大批现代戏的同时，他还移植了兄弟剧种的优秀剧目，并且自编了一些连台本戏如《白蛇传》《梁山伯与祝英台》《宝莲灯》《西厢记》《王华买父》《二度梅》《唐伯虎点秋香》《昭君和番》《玉堂春》《诸葛亮招亲》《石头人招亲》等来丰富上演剧目，改变了过去只演三十六本老戏的情况，当时的“民众”老戏只在白天日场演，演出时也尽可能地剔除了其中的糟粕。他演《渔网会母》《小辞店》只演其中精华的一折，而夜场全是面貌一新的新戏了。

加强演员队伍的建设

剧院在推出一大批新戏的同时，也培育了一批批青少年演员。少舫的办法是大胆提拔使用，把他们推到第一线，潘璟琍当时只有十五六岁，少舫便让她担任了很多戏的主角，挑起了大梁。彭玉兰演古装戏时反映一般，经过少舫的帮助，在现代戏里显示了她的聪明才智。张砚芳原来演戏反响平平，少舫发现她好学、用功，便让她担任了《西厢记》中的红娘，谁知红娘真让她唱红了，从此改变了她在观众心目中的形象。更为可贵的是，少舫同志对他们的培养是无私的。他自己演小生，可他从不独霸小生戏，而是把其他演小生的年轻演员尽量推上去。有时让他们演主角，他自己甘当配角，如《小二黑结婚》中他就让罗爱文演小二黑，自己扮演二孔明；有时戏重，就让他们演一出戏的前半场，自己演后半场，等他们能胜任后，才把全本戏交给他们。当这些青年演员在演出时，他总是悄悄躲到一个地方看戏，然后再把演出中所发现的问题向他们指出，使成批的青少年演员——罗爱文、罗爱祥、潘璟琍、张砚芳、彭玉兰、丁俊美、陈月环等在他的指导下一个个脱颖而出，赢得了观众的欢迎。

当年王少舫同志在“民众”培养起来的青年演员，如今大部分都是文艺战线上的骨干。他们有的成为剧院导演，有的是文化部门负责人，有的在艺校任教，为培养下一代演员而贡献着自己的力量。这些活跃在各自岗位上的同志，忘不了曾经培育和浇灌他们这些花朵而化作春泥的老师、挚友——王少舫同志，正像黄梅戏著名演员潘璟琍在她病床上讲的：“没有王少舫，就没有我啊。”

正因为他能够主动让戏并善于发现人才、培养人才，他在1954年调往省团后，“民众”虽经受不了这么大的波折而一度消沉，但不久便又振作起来，坚持下去，并继续发展。

坚持改革，大抓艺术质量

王少舫的老搭档、音乐设计、琴师王文治说：“少舫是不安于现状的。”真是一语中的。不安现状，要求变革，这种精神贯穿于他的一生。他对剧场艺术进行全面革新，从服装、化妆到音乐设计、舞台布景，再到演出作风和演出态度，无一不是要求严格而又别出心裁。他自己以身作则，为演职员树立了榜样。特别是在音乐改革上，从“民众”开始直到一生，他对黄梅戏声腔发展的贡献是不可磨灭的。

黄梅戏在新中国成立前后没有胡琴，是用锣鼓伴奏，一场戏下来，头都震昏了。后来虽然增加了一把胡琴，也是“跟腔托唱”，也就是演员怎么唱，胡琴怎么跟，于是出现了每个演员一个调门，一台戏各唱各的调，很不协调。少舫进团后，觉得这样不行，就和琴师王文治、司鼓饶广胜研究。改革的步子是缓慢的、艰巨的。一开始先将“平词”唱腔中间的锣鼓“二槌”改成$\underline{0\ \dot{1}}\ \underline{5\ 6}\ \underline{\dot{1}\ 6}$的小过门，等逐渐习惯后，又在“平词”的起板“夺头”上改成大过门；在排演新戏时创造了个别段子的新腔，如《白蛇传》中的“西湖山水”调就是新腔，受到观众热烈欢迎，当时小字辈的演员都能接受，一些老演员却接受不了，个别比较保守的人不仅不接受，还坚决反对。遇到困难和阻力，少舫和他的伙伴并未退缩，他们商量，在排新戏时用胡琴过门，老戏还是用锣鼓。改革后的音乐比原来好，愈来愈深入人心，获得了广大观众的欢迎和支持，最保守的人也改变了态度。为此，少舫真是煞费苦心。

《春香传》舞台剧照，王少舫饰演李梦龙

黄梅戏过去的服装、化妆都很简单，适应不了新时代的要求。少舫 1951 年到上海观摩话剧、越剧，回来后就吸取了兄弟剧种的特长，改变了过去只是红、白两色的化妆。

演现代戏的服装尽量向生活靠拢，舞台上从一桌两椅开始用了一些写实布景。为此，剧院吸收了大量的专业人才，如裁缝、漆匠、扎匠、木匠等，各部门都有专人负责，使之为提高舞台艺术的综合性提供了条件。

为提高艺术质量，他建立了严格的排演制度和演出制度。大家在他的带领下都能自觉遵守。过去的“民众”也像许多私营剧团一样，不设导演，演出只是“台上见”，这种“台上见”的作风，至多只能展示演员个人的演技，却看不到作为一个艺术品的整体魅力。要建立导演排戏制度，那就需要时间。演职员的生活要依靠演戏的收入维持，因此一天两场戏就得雷打不动；新中国成立后的大好形势又在催着他义无反顾，一往直前，哪能像过去那样粗制滥造？另外和安庆另一剧场“胜利”的艺术竞争也不允许他停步，于是就抢时间：上午不演出就用上午排戏，有时时间不够就在晚场戏散戏后，大家只要“水牌”上写着“今晚排戏”几个字，就不会有一人离开，也从未听到有人发过怨言，这样，一直持续到深夜两点，有时甚至到凌晨。“民众”的周九龄、丁紫臣等老同志回忆说：“那时的劲头真不知从哪来的！”

在演出上，少舫要求非常严格，不允许演员在台上有半点马虎、错误、笑场。如发现这类情况，下来后就要开会批评。演员进入后台，边化妆边默戏，没有人嬉笑打骂。罗爱文等同志感叹道：“那时的后台规矩不得了，谁敢随随便便！”

王少舫同志在“民众”，不只是排了一批戏，培养了一批演员，艺术上进行了一系列的改革，而是造成了一种风气、一种气氛、一种精神，他使剧院的每个成员爱团如家。在困难的时候（如发大水），少舫从自己家里把做好的饭菜拿到剧院来分给大家吃；在需要的时候，剧院成员用自己的钱做团服，盖新剧场，招收学员，大家情愿只拿最低的生活费；他们还准备自己集资数万元来为演职员盖宿舍，少舫自己带了头，他拿出的钱最多。

几年来，观众由少到多，有时剧场内“连竹篙子都插不进”（安庆俗话形容人多的意思），演员的收入由入不敷出到成倍增长，一个刚进去不久的学员，每天都能分到两三元钱。安徽省艺校老教师、原“民众”时期的学员彭玉兰说：“过去一天拿两毛都高兴，拿七角更高兴，拿到两元，妈妈都高兴死了！”部队由不给看黄梅戏到把黄梅戏“请”到部队内部去演出，少舫为黄梅戏的发展所做的贡献是全面的、巨大的。难怪“民众”时期的老同志谈论起“民众”的往事无不佩服，感叹！

正是由于黄梅戏在安庆的影响日益扩大，被当时华东文化部派来作调查的新文艺工作者所欣赏、所赞佩，回去后推荐，华东文化部发出邀请，这才有了1952年11月的黄梅戏赴华东演出。

1952年秋，有关部门为了提高艺术质量，打响新中国成立后黄梅戏走出安庆的第一炮，决定以私营的“民众剧院”为基础，吸收安庆“胜利剧院”的主要演员严凤英等，还配备了新文艺工作者，组成了赴华东观摩演出的班子，他们为这次演出贡献了力量，增加了光彩。

这次黄梅戏赴华东演出的剧目有现代戏《柳树井》《新事新办》；传统戏《打猪草》、《蓝桥会》、《路遇》（《天仙配》中一折）、《补背褡》。整个演出受到了上海人民热烈的欢迎，并给予高度的评价，轰动了上海文艺界。各大报纸纷纷发表评论文章，一致认为演出很成功。各文艺单位争相学习、录音。无论走到哪里，广播喇叭都在放着“小女子本姓陶，呀子依子呀”（《打猪草》）和“含悲忍泪往前走——”（《路遇》）。华东歌剧院和上海音乐学院把学习这些优美动人的戏曲曾当作是自己的“方向”。

最受欢迎的小戏《打猪草》，原是精华与糟粕并存的戏，正是通过王少舫同志亲自参加改编并执导，由著名黄梅戏演员严凤英、丁紫臣主演后，才变得那么精练、淳朴、优美，才显示出她那独特的动人光彩。

少舫同志在这次观摩演出中，除了执导《打猪草》《新事新办》外，还与严凤英合演了《蓝桥会》，与潘璟琍合演了《路遇》，与王少梅等合作演出了《新

《风尘女画家》（林青编剧）中王少舫饰演老年潘赞化

事新办》。

总之，这次的演出，获得了上海人民对一个剧种所能给予的最高赞誉和最热烈的欢迎。华东文化部还为他们召开了华东文艺界、戏曲界的座谈会，座谈会上大家一致赞扬了这次演出。

与此同时，上海的这股热流通过电波传到了安徽省省会合肥，《安徽日报》及时转载了上海各报的一部分评论文章。于是由省文化局到省委，由文艺界到广大人民，无不为本省拥有黄梅戏这么美丽的戏曲之花而惊喜、兴奋和鼓舞。也就在这几天，黄梅戏回省作汇报演出的决定在安徽省最高决策机构定了下来。

黄梅戏演出代表团结束了上海的演出后，于 11 月 25 日回到合肥，27 日起至 12 月 6 日便在合肥向安徽省委、省文化局和广大人民作了汇报演出。《安徽日报》连日发表彭拜等同志的评论文章。这次演出的节目，除在上海的几出戏以外，又增加了由王少舫同志亲自参加改编和执导的《闹花灯》（后改名《夫妻观灯》）。《闹花灯》与《打猪草》一直受到各界人士的热烈欢迎，演出多年，经久不衰，以致有“天天《打猪草》，夜夜《闹花灯》”之说。

黄梅戏回合肥汇报演出，使黄梅戏在本省也赢得了声誉。1952 年 12 月 6 日，安徽省文化局、《安徽日报》社、省文联筹委会等单位联合召开了座谈会，座谈会由《安徽日报》社副社长欧远方主持，参加这次座谈会的除了黄梅戏主要演员王少舫、严凤英、丁永泉等外，还有文艺界知名人士以及党政部门的负责人。少舫同志在会上谈到：“过去认为【花腔】戏没有【平词】有劲，当作开锣戏唱，现在已发觉这种看法是错误的，‘两小戏’‘三小戏’形式活泼，很受群众欢迎，我们已经注意大量采用，并不断在原有形式上提高。”少舫同志的发言正是他在上海演出的深切体会，正因为这个原因他才会在从上海回合肥的火车上，请几位老艺人“报”出了《闹花灯》的老本子，回肥后即匆忙边排边改参加了合肥的汇报演出。这次会议后，仅仅半年时间，于 1953 年 4 月，安徽省黄梅戏剧团筹建起来了。省团的建立，集中了全省各地新老文艺工作者数十人，从此，在黄梅戏的发展史上，开始了一个新的里程，王少舫同志所经营的“民众剧院”，为省团的建立提供了组织准备和艺术准备。由于“民众”一时还离不开他，他于1954年才调来省团。可他在这之前为建立省团所做的一切，应该说在黄梅戏的发展历史上，奠定了他自己无可替代的地位。

（原载中国戏剧家协会安徽分会出版《戏剧》1987年第2期）

【作者简介】林青，著名黄梅戏编剧。毕业于中央戏剧学院，被黄梅戏吸引，从上海歌剧院来到安徽省黄梅戏剧团，由歌剧改唱黄梅戏，也因黄梅戏结缘，与剧作家陆洪非结为夫妇。“文革”后，林青由表演转为创作。《风尘女画家》是她为黄梅戏奉献的又一部经典作品，是黄梅戏“梅开二度”的代表剧目，其中“海滩别”是黄梅戏继“夫妻双双把家还”后广为传唱的男女二重唱。此外，她写了不少回忆文章，为后人研究黄梅戏提供了宝贵的资料。

王少舫与雪寒梅

陆洪非　林　青

王少舫匆匆离去，黄梅戏失去了又一根顶梁柱，雪寒梅失去了相依为命的伴侣，儿女们失去了关心和爱护他们的父亲，刚刚懂事的孙辈失去了疼他们爱他们的好爷爷……

黄梅戏还有自己的新秀。

儿女们还有自己的事业。

孙辈们还有自己的未来。

雪寒梅呢？她再也听不到那每天早上的呼唤："老太婆嗳！茶沏好了，快来喝茶！"尽管有儿女陪伴，可她的心空了，家里不想待了，于是像影子般从我们住处的窗外轻轻走过，头上长久地戴着一朵寄托哀思的白花。走到环城路上，树荫丛里，坐下来，她把所有的时间用来对亲人回忆……

从结婚开始，她便为丈夫分担着家庭的一切苦难，从衣食住行的操持到新中国成立后放弃自己的艺术生命为丈夫撑起一片蓝色的天，铺上一块绿色的地，使他有了施展才华、展现风采的空间，把黄梅戏这朵花培育得鲜活娇艳，谁能想到，雪寒梅，她的默默奉献？！

雪寒梅，1921 年出生在浙江湖州南浔的一个孙姓蚕农家庭，小名阿三。天堂般的富庶之地并未给它的儿女以神仙的生活，父亲在阿三出世之前便死了，做蚕农的母亲养不活自己第三个孩子，狠狠心，把她送到了育婴堂。姨母知道后，又从育婴堂把她接了出来，从此，就算是姨母的孩子。姨母虽然把阿三抱回家，却没有奶给她吃，于是仍然送她自己母亲那里吃奶，每月给她生母一点糖、纸和2元钱。就这样，阿三在自己生母家过的却是寄养的生活。

到了七八岁稍稍懂事，姨母便将她领回。姨父是唱戏的，叫董志奎，阿三领回不到一年，姨父做主便将阿三“写”给旁人做唱戏的学徒了，师傅名叫花美玉，在杭州、嘉兴、湖州、苏州等地都很受观众欢迎。纸上写的是学徒十年里，帮师一年，总共十一年，师傅给阿三起名筱美玉。

无独有偶，恰在此时，王少舫也由父母做主写给了鲍筱麟为徒，两个相隔不远，一个在苏州，一个在上海，同样受着学徒生涯的熬煎。

两位师傅在京剧界都小有名气，他们对徒弟也认真负责，不仅自己教授，还请了武功、文戏教师在家传授。王少舫和筱美玉在各自的师傅那里进步很快，学会了不少戏，打下了戏曲基本功的基础。筱美玉学了不到一年，就上台演戏了。

王少舫好景不长，师傅鲍筱麟在一次外出演戏时，突遭横祸，从此戏班散去。

筱美玉的师傅花美玉也因在外地演出时，遭到有妇之夫潘某的欺骗，一气之下，自杀身亡。

命运之神竟为他们安排了如此相似的遭遇。

王少舫在师母家当上了小伙计，师母人称“母老虎”，小小的少舫尝尽了人间冷暖和艰辛。有一次，少舫在街上卖糖果，偶然碰见了母亲的熟人。熟人设法把少舫的情况告诉了他母亲，一家人才知道少舫在外受苦。于是千方百计，东挪西借，凑了300元钱才把他赎了回去。

筱美玉的师傅死后，姨妈也想接她回家，但因姓潘的出来阻拦，后来闹到警察局，才讨回公道，把她接了回去。

王少舫回来后跟继父王明山学艺，整天板子、皮鞭不离身。

筱美玉回来跟姨父唱戏，更是常常遍体鳞伤，体无完肤。

王少舫虽然皮肉受点苦，但能学到东西，想起在师母那里受苦受气、不给学戏的情景，心里虽苦犹甜。

筱美玉的姨父却不同，除了唱戏，就叫她在家做家务。美玉在台上唱戏，他就在门后看着，稍有不慎，便被打得皮开肉绽。年复一年，美玉已长到十七八岁，艺龄也有七八年，在杭、嘉、湖一带已经唱出了名。在大地方算作二三路，小地方她也能挑梁挂头牌了。尽管如此，还是弄得衣不蔽体、食不果腹，挣来的钱不少，都被二姐（姨父的女儿）和姐夫（抽鸦片）拿去，美玉只好将冬天罩棉袍的大褂改一改，夏天做单衣穿。

岁月流逝，到了 1938 年冬天，筱美玉随姨父流动演出到了安庆。王少舫一家此时也正在安庆华林剧场演出，他们终于有了相逢的机会。

"华林"在钱牌楼，离此不远的任家坡还有一家唱京戏的新亚剧场，后台老板是日伪组织的一个搞宣传的家伙。演员大多是从杭、嘉、湖地区来的，以武生周麟昆为主，主要旦角是筱美玉，但没有过硬的生角演员。"新亚"老板看上了"华林"的王少舫，就软硬兼施把他和少娟、少梅一齐"挖"过来了。

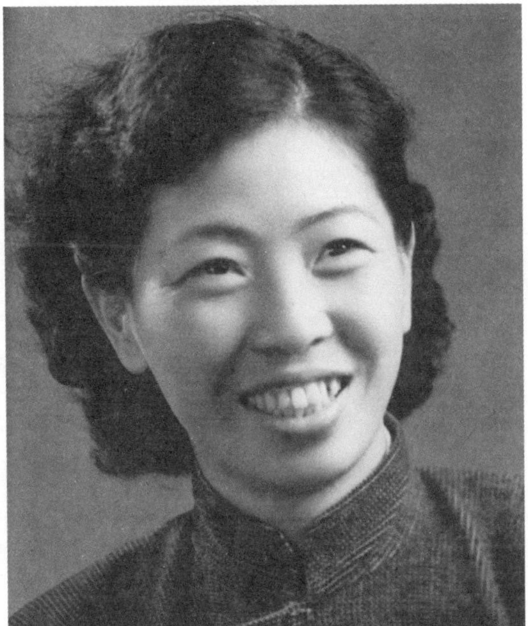

王少舫夫人雪寒梅年轻时照片

王少舫（当时名王少芳）与筱美玉见面了，同台了，但开始并未奏出琴瑟和谐的美妙乐曲，因为分属于两个家门——王家与董家。为了争取观众，提高身份，两家人都在动脑筋想办法。王少舫的继父王明山知道少舫曾反串过旦角，要他再试试。王少舫觉得这主意不错，安庆观众看惯了他的生角形象，一旦看他改唱旦角，说不定会有一种新鲜感，或许能招徕观众也未可知，于是他便临时学了一些旦角戏。由于他聪明好学，又总能想出些新花样，果然他一反串，观众蜂拥而来，一时间把生意搞得很兴旺、红火。这样一来，却有人欢喜有人愁。美玉的二姐不高兴了，说你唱好了，我们吃什么？不服气，少舫的妈妈就跟美玉的二姐骂起来了，这种吵架往往是阵垒分明的，因为它牵涉两个阵营的切身利益，当然会像挖地瓜般的一连一串。

筱美玉这时心情是复杂的，虽然知道王少舫这样做不是为了和她抢戏，但眼睁睁看着几乎所有的文戏都被他演了去，自己只能演武戏，自己头牌花旦的宝座就这么轻易让掉，心里也是不甘，于是在化妆室里也就叽叽咕咕说起了难听话。恰好两人的化妆镜对面放，王少舫在自己镜子里正好看到筱美玉镜子里的脸，筱美玉在镜子里也看到了王少舫的脸，两个人酸溜溜地也就骂上了。由于他俩的个性都不是那种泼辣的，相反王少舫却天生腼腆、害羞，又碰上这么一个正值青春的同行，太难听的话也骂不出口，筱美玉更是生就的受气媳妇样，也不过就是嘴里咕噜几下，而且坐的位置是背靠背，若不仔细推敲，很难发现他们是在说谁和说的是什么，倘若被那种多心的人听去，说不定还能嗅出一丝连他们自己都不清楚的话外之音呢。

当时的王少舫二十出头，浓眉大眼，风度翩翩，戏又演得好，已成为一些小花旦追逐的目标；而筱美玉年方十八，一副“我见犹怜”的模样，在小城镇也是名噪一时，王少舫虽然过去未见过，但此前就听说杭、嘉、湖一带有个文武花旦筱美玉，戏唱得不错。

在“新亚”，筱美玉的戏是大轴子、压台戏，王少舫的戏排在倒数第二，仅次于压台戏。但王少舫在安庆有群众，所以他上场时台下捧场的多，敲锣送匾，隔一天送一次，搞得热火朝天。待他唱完下场，剧场骤然冷清，筱美玉的压台戏就很难压得住台，往往乱哄哄收场。美玉心里憋气，嘴里又说不出什么，毕竟这种捧角现象在旧社会并未被明令禁止，她只好哑巴吃黄连，有苦说不出。何况她的内心对他也是很钦慕的呢！

平常在一个舞台演出，尽管不讲话，但接触的机会总是有的，他们也一块演过一些对子戏，如《宝莲灯》《武家坡》《汾河湾》等，虽然老戏各唱各的，但也难免要在一起走走场子。早起练功是过去艺人们必不可少的功课，练功只有一个舞台，大家都在那儿练，自然而然就会见面。大家聚在一起时，王少舫和筱美玉也会凑向前去，别人讲话，他们也会插上几句，但他们之间，却不好意思直接交谈，好像他俩和别人有什么不同似的。

《北地王》剧照，雪寒梅（左一）、王少舫（左二）

筱美玉经常会为了一点小事挨姨父打骂，以前没有人可以诉苦，现在她就向少舫的两个妹妹倾诉，她们总是报以极大的同情，少舫的妹妹少娟曾劝过她："你这样多可怜，不如出来嫁个人倒好些，这样受罪受到哪一年哪？！"经她这样天天在耳边吹风，筱美玉的思想渐渐活动，想想，他又不是自己的亲生老子，为什么非要受他的气呢？可是，讲是这么讲，自己对外面的世道一点不知，出来，又怎么个出来法呢？到哪里去呢？筱美玉自己问自己，总是得不到回答。少娟有时回家，也对家里人讲，引起了少舫妈妈的同情，有次少娟对她妈说："我看美玉不错，倒不如娶回来给我当嫂子！"她妈说："你这丫头，这话可不能乱说，还不知你哥是什么意思呢。"少舫把她们的话早已听在了耳朵里，这时就半开玩笑半认真地说："只要你们愿意，我就娶她嘛！"他妈妈笑了，说："你这是什么话！是你娶媳妇，怎么说我们同意？"一家人说笑了一会，心里都像是有了件什么事放不下去。

第二天练功时，少娟看到筱美玉，悄悄跟她讲："我哥哥讲娶你！"美玉一听，脸顿时红了。她自小受苦受罪，哪曾听过这样的话？她从来也没想到自己该有一个家，更没想到为自己的幸福去争取点什么，她认为这一切都是自己的命，连亲生母亲都不要她，何况是毫无关系的姨父呢？从她听了少娟的话以后，新的思想在她心中开始萌芽，她的心再也不能像过去那样平静了。

自从那以后，筱美玉对王少舫陡然感到亲近了许多，只要看到他在什么地方，便身不由己地向他那儿靠近，只是不好意思主动搭话。少舫虽然腼腆，毕竟是男人，当他看到美玉和两个妹妹在一起时，也会过去搭搭话，言语中表示了对筱美玉的同情和对她姨父的痛恨，筱美玉感到了一种从未有过的温暖和安慰，好像自己挨了打也值得。有的时候，她来到练功场，见了少梅，会情不自禁地脱口问道："你哥哥没来？"少梅就跟她开玩笑说："我弟弟没来呀！"于是哈哈大笑，弄得美玉无地自容。

一个偶然的机会，美玉认了一个干妈。美玉有一次演了一个现代戏，戴上一副眼镜，人们都说她很像常来看戏的一位中年妇女，人家称她大妈，于是这位戏迷大妈就认她做了干女儿，有了一些来往。有一天干妈和人打牌，把美玉叫去陪她，两圈过后，干妈出去有事，叫美玉先替她抓牌。美玉刚坐在位子上，姨父就闯进来了，见美玉与男人对坐打牌，脸色很难看。美玉马上站起准备离去，干妈要留她吃饭，她心里知道要出事，哪里敢留，就跟着姨父回去了。美玉提心吊胆过了一夜，谁知姨父这一夜并未碰她。天快亮时，她刚蒙眬睡去，就听门“砰”的一声被踢开了，姨父手提湿了水的捆行李的绳子 ，拉开美玉的被子，劈头盖脸地打了下来，这一顿直打得天昏地暗，美玉身上已遍体伤痕。皮鞭声，哭喊声，惊动了打外面走过的少娟，少娟把这一切看在眼里，赶紧跑到剧场，跟人说筱美玉又被打了，有人就去找到美玉的侄子董小毛，小毛又去鸦片馆里找到美玉的二姐。二姐回来后，跪在地上求父亲不要打了，姨父不听，直到干妈闻讯赶来，警告他：“再打就叫警察把你捉起来！”姨父怕见官，这才住了手。

少娟、少梅把美玉接到家中，想给她贴点膏药。拉开衣服，身上连一块好肉都没有，膏药也无处可贴了。少娟妈妈也是个软心肠的人，见美玉被打成这样，不免伤心，心想：“她也姓孙，我也姓孙，我们孙家人咋就这么苦哇！”下决心要救救这孩子。

几个月的耳闻目见，少舫妈觉得美玉不是那种争强好胜的人，真娶她过来，婆媳之间不难相处；再看儿子，虽然没有什么明显的表示，可也从未说过半句美玉的坏话，她知道儿子不会反对；至于两个

王少舫与雪寒梅合影

女儿，对美玉更像一家人样的亲热。她想好以后，先找了个媒人叫张景和的过去通通气，还得看人家董志奎的态度呢！那人可不是省油的灯。

媒人来了，媒人又走了，筱美玉正想躲开，见姨父板着个脸叫住了她，未曾说话先冷笑一声，用手指着她的脸说："你想要嫁人哪？你休想！老子把你卖到芜湖的窑子里去！"接下去又骂了一大堆美玉从未听过的难听话。

这样一来，两边的关系弄得十分尴尬，已经是没法再在一起唱戏了，再加日伪时期生意萧条，剧场难以维持，戏园关门了。

眼看着要各奔东西，这时少舫和美玉不得不面对现实，他们见面了。少舫问美玉："你怎么办？"美玉说："还不是跟他们走。"少舫说："那我们俩的事呢？""我也不知道嗳！"美玉无可奈何地说。少舫看她那副可怜样子，实在于心不忍，又说："不如我们两人到警察局去，就讲你要嫁我，我要娶你！""我……"美玉却不敢这样做，她还迈不出这一步，她下不了决心。正犹豫，姨父在喊了："阿三，还不快收拾东西，马上城门关上，想走走不掉，哪个管你吃？"美玉看了少舫一眼，只能走了。

美玉磨磨蹭蹭地跟着姨父走到城门口，边走边想，这一下和王少舫的关系算完了，又要回到过去的日子里。那样暗无天日的生活她再也不愿过了，怎么办呢？她得想个办法。突然她想到城门口住着的干妈是鼎鼎有名的人物，跟警察都有来往，说不定能帮她，她心里燃起一线希望。

快到城门口，她说要和干妈打个招呼，姨父没有理由不让她去，只叫她"快去快回"！

到了干妈家，干妈见面就问她和少舫的事怎么样了。美玉把经过简单地讲了一遍，就说："干妈，你看我怎么办？姨父要带我走，我怕他真的送我去窑子……""他敢！"干妈一听气炸了，拉着美玉说："你放心！我不会让他把你带走！你现在先慢慢跟他磨着，我这就去找人。"干妈又在美玉耳边轻声交代了一些事，美玉脸上有点紧张，又有点高兴，连连点头。

美玉有了干妈做主，心里不那么害怕了，心想：我今天得横下心来，我不能再怕他，我一定要跟王少舫，我一定要……她边走边给自己打气。见了姨父，她就说：“我不走了。”“为什么不走？”姨父问她。“不想走了。”姨父一见她今天的样子，不由怒从心头起，真想揍她，可他一看周围，不远处就有警察在看城门，他天不怕地不怕，就怕警察。他是吃过官司的，不能吃眼前亏，只得压一压怒气，说：“好好好，不想走就回去。”“也不跟你回去。”美玉的声音又干又硬。姨父有点吃惊，想：她今天吃了豹子胆了？“那你想干什么？”姨父说着话一只手就举了起来。筱美玉心一横，把头一伸说：“你打吧打吧！今天打死也不走了！”姨父见状，把举起的手慢慢放下，却顺势去拽美玉的衣袖，硬拉她往前走。美玉下劲把手臂一抽，虽然姨父是武生出身，而美玉也是唱武旦的，真发起狠来，一把劲也够厉害的。姨父因使着暗劲，被美玉一拉，不由向前一个趔趄，站住后退两步又上前去抓她衣服，他想：不打她，抓她衣服不犯法。美玉伸出另一只手把衣服一扯，姨父又抓住她那只伸来的手，就这样像戏台上武打般地一来一往拉扯开了，正不可开交时，那边城门口的警察过来了。警察已经受了美玉干妈的委托，只听他咋呼道：“你这人好大胆！竟敢在我们眼皮底下抢劫良家妇女！”姨父一见警察过来，先软了三分，赶紧解释：“老总误会了，我是她姨父，我们是出来唱戏的，现在戏园生意不好，我只好带她回家，跟抢劫无关。”警察假装问美玉：“他说的可真？”“不是的，他说要把我卖到窑子里去。”“那只是一句气话，她能唱戏，能挣钱，我把她卖掉，我不犯傻吗？”姨父说完又想来拉美玉，警察见状喊道：“住手！你这人，还没给你们谈好，你又来拉她！实话跟你讲，今天你想走是走不掉的，我先带你们到城门楼里去，请我们长官来给你们解决。”

警察领了美玉和她姨父走进城门楼，警察班长出面，又传来了王少舫和她一家，左讲右讲，从 800 元身价银降到 300 元，姨父算是把美玉卖了。若不是干妈帮忙，300 元姨父是不会答应的，因为当时美玉唱戏的月包银就已拿到 200 元了。他怕万一弄僵，美玉出走或者寻死，自己落个人财两空，说不定还得坐班房，眼见警察明显偏向美玉，也只好认了。

王少舫和筱美玉的亲事是警察和干妈帮的忙，终于在安庆城的城门楼里定下来了，王少舫一家回去凑钱迎亲，美玉却没了地方去。作为娘家的姨父家，她不愿去也不敢去，她怕姨父会把她打死，还没结婚，王少舫那边又不能去，最后她自己要求，去了警察局，因为那儿等于保了险，姨父不敢到警察局去闹事。于是她结婚之前在警察局的牢房里待了几天，这几天有少舫家保姆送饭给她吃，一个看过她的戏的戏迷也天天来给她送饭。美玉在等待做新娘的最后日子，是在警察局的监牢里度过的，在这里虽然受一点苦，但是她已经胜利了，心情是舒畅的。她知道，300元钱在当时并不是个小数目，他们需要一个筹集借贷的时间，她不急，她耐心地等待着，她喜欢这样的等待。

少舫在安庆各行各业有一些朋友，他们听说少舫要结婚，大家不仅凑齐了300元钱的聘礼，还为他准备了结婚酒宴，不到一周时间，就把美玉从警察局接出来，热热闹闹地举行了婚礼。从此筱美玉便成了王少舫的夫人，他们家庭的一个成员，也开始了她那无私奉献的一生。

婚后的生活并非一帆风顺，也不如想象的那么美满、顺心。老婆婆是封建脑筋，相信“三朝的媳妇月子的伢”，媳妇不打不行。结婚三天就叫少舫打她，骂少舫“娶了媳妇忘了娘”，王少舫夹在婆媳中受气。姑嫂之间远不如结婚以前那么和谐，产生了一些矛盾，总是做媳妇的受气，做娘的总是向着女儿。幸好，夫妻感情还是好的，往往夜深人静时，少舫会轻声安慰妻子：“慢慢熬吧，总有一天会熬出来的。”

最难受的是婚后七年不让筱美玉上台唱戏，一来美玉在结婚时唱戏的“行头”全部被姨父拿走了，旧社会艺人没有行头就唱不成戏，要重新置办齐全也不是容易事，又加外面谣传说：“王少舫嗓子哑了，把筱美玉搞回去当个摇钱树。”一气之下，就不让她唱戏了。这七年中，她生了两个孩子，做家务，教小姑子练功，眼看着自己的业务一天天荒废，还看着少舫他们兄妹一家在台上唱得热热火火，心里那种滋味别提多难受了。

当回忆起那一段日子，筱美玉最感安慰的是：“他在外面没有做什么对不起人的事。”少舫戏唱得红，人又生得风度不俗，在旧社会，往往会有一些人找上门来，每逢这种时候，少舫总拿美玉做挡箭牌，说：“美玉，是找你的！”他把来人推给妻子，自己却借有事扬长而去。大姑少梅曾说他：“谁不知你们是先结婚，后恋爱！”

当然啰，夫妻之间再好，也有个风吹草动的时候，也会有吵架斗嘴的时候，但是最终他们仍然是互相谅解，白头到老。

筱美玉在家待到抗战胜利。

从抗战胜利到新中国成立，王少舫和筱美玉带着他们的两个女儿（大号、二号）和一个保姆辗转在庐江、三河、无为、大通这一带打游击似的演出谋生。地头蛇、警察、从前线下来的伤兵，稍稍接待不周，就被他们把演出打散，一个地方演不到两场就被迫离开，常常是疲于奔命仍然入不敷出，过着混一天是一天的日子。1947 年，他们从三河到无为，又从无为到了芜湖，住在芜湖娱乐场。这里已经聚集了一些京戏演员，有唱小生的王同路，唱武生的胡金桃，老板为了赚钱，没有招待伤兵，伤兵一下冲进去，胡乱打砸，并且开枪，把一个小姑娘打死了，就这样临时凑起来的班子又被打散了，少舫、美玉到处躲藏，先逃过性命再作生计。

王少舫与夫人雪寒梅合影

就在芜湖娱乐场，他们初识严凤英。当时年仅 18 岁的她只身流落于此，为求生存，冒充记者，身上挂满“记者证”，曾数次登门造访少舫一家。据说她曾在一个叫“清乐茶馆”的地方卖过唱，十八花季，在今人看来，不过是一个不谙世事的高中生，可是严凤英却经历了太多的人生磨难，孤身一人，江湖飘零，其情其景，也够凄凉的。后来少舫携家离开芜湖，他们就断了联系。

少舫、美玉离开芜湖后，躲藏在一个偏僻的旅馆里，但是吃饭问题不能解决，只得又与几个唱戏的一起去了当涂，在当涂唱了一阵，仍是没有生意。

到了 1948 年春，合肥来邀人，少舫和美玉带着孩子又到了合肥，住在新民剧场。此时筱美玉正怀着第三个孩子依红，已经五个多月了。他们在新民剧场演了三四个月，因剧场要翻盖，别人都走了，美玉大肚子没走。他们只得留在旅馆。

依红生下来后，少舫恰在这时害了伤寒病，一家人要吃饭，美玉坐月子该休息、调养，少舫要看病，日子真是艰难。万般无奈，美玉在月子里就出来唱戏，以维持一家的生计。演到 11 月，天冷了，不能演了，有的人对共产党不了解，稀里糊涂往外跑，少舫他们没法跑，只有在合肥待着，不久迎来了新中国成立。

1949 年 12 月，《皖北日报》公布皖北各界人民代表名单，其中文化教育界代表 35 人，合肥市 3 人中有王少舫。

1950 年春，王少舫准备到江西演出，路过安庆去拜访老朋友——黄梅戏名旦丁永泉，丁老劝他留下改唱黄梅戏。当时安庆文联主席刘芳松先生也为此事做了工作。

1950 年，王少舫全家由京转黄，在安庆民众剧场撑起了半边天，筱美玉此时已改名雪寒梅，随丈夫一道转入黄梅戏。但不久，她就渐渐由台上转入台下，由幕前转入幕后，做了一个默默无闻的护花者。他们全家彻底摆脱了旧社会几十年来的颠沛流离、朝不保夕的生活，像芝麻开花节节高，逐渐走向艺术生命的高潮。

民众剧院，是当年安庆两个黄梅戏剧院之一（另一个是胜利剧场），它集演出团体和剧场为一体，王少舫任主委兼导演、演员。在“民众”，他以排新戏为纲，带动了剧院整体的全面革新。排新戏，首先要依靠新人，于是招收了一批又一批新学员，这些新学员在王少舫、雪寒梅的辅导帮助下，很快成长为顶梁柱。

他们以教、带、放为三步：先是手把手一招一式地“教”，教会后就上台演出。开始前半段由新学员担任，后半段自己扮演，这样“带”一段时间后，当学员得到了锻炼，观众也逐步接受了他们时，便全部“放”手交给他们去演，而少舫自己在戏里配一个小角色。就这样，一批一批的新学员成长起来了，不仅使整个“民众”呈现一派欣欣向荣景象，还为后来的黄梅戏造就了众多的骨干人才。排新戏，又对老唱腔和音乐、锣鼓、服装、化装、布景提出了新的要求，对舞台艺术的全面改革创新在“民众”轰轰烈烈地展开了，随之而来的是招收了有关舞台艺术各方面的人才：木工、裁缝、漆匠、扎匠……凡是戏剧综合艺术所需的各类人才应有尽有，无不具备，从而使舞台上服装、化装、布景、灯光、音乐全方位焕然一新。在两个剧院的激烈竞争中，“民众”毫无愧色地站到了主角的位置上，观众如潮涌来，剧场内经常挤得水泄不通。演员的收入也随之成倍地提高。与此同时，“胜利”的日子就不好过了，天天换戏，也招徕不了观众，不得不想办法。这为后来严凤英的再次出台从客观上造成了一个机遇。如果没有这种你死我活的激烈竞争，“胜利”也就不会挖空心思去想找一个人，这个人要能起死回生，要能力挽狂澜，要能压得住“民众”的整个气势。这个人，舍严凤英又是谁呢？

严凤英终于为“胜利”的来人盛情所感，离开了甘律之，从南京返回安庆。严凤英到“胜利”后，的确使“胜利”的营业有了很大改善，只要有严凤英挂牌，哪怕只是一出小戏，当晚剧场必定客满。但是，个人的影响毕竟难抵集体的力量，在两个剧院上演同一出新戏时，观众便毅然选择了“民众”的集体艺术，割舍了明星领衔的胜利剧场。

演员们回忆起那一段在“民众”的艰苦创业的历程，他们忘不了那个起着“铺路砖、垫脚石”作用的雪寒梅老师，他们记得在排演过程中遇到了困难，王少舫常跟他们说的一句话是：“去找你雪妈妈去！”短短一句话，包含着多少信任！多少依靠！多少深情！雪寒梅没有辜负少舫对她的信任，她尽了力、尽了心，一点一滴、一招一式地把自己半辈子吃苦受罪学来的“本事”毫无保留地教给了那些年轻女孩子们，使她们一个个成长为黄梅戏舞台上担纲、唱角儿的演员。潘璟琍病危时曾经回忆她年幼时扮演《唐明皇游月宫》的情景。她扮演的是杨贵妃，需要戴凤冠，可她当时本人太小，又从来没戴过，雪寒梅亲手为她绣制了改良小凤冠，使她能顺利登台。当她们雏凤初飞之时，雪寒梅曾为她们配演过《梁山伯与祝英台》里的《化蝶》，《白蛇传》里的《水斗》《盗草》，直到她们羽翼丰满，她欣慰地看着她们展翅高飞……少舫知道妻子所付出的代价，他清楚地记得，筱美玉唱头牌、压轴戏，自己只唱倒数第二出戏时的情景，他掂得出妻子牺牲的分量，他用了一生专一的爱奉献给妻子作为回报。

有一年安庆发大水，王少舫和主要演员带头不分“厘账”。不仅如此，雪寒梅还在家里煮了稀饭、买了大饼送到后台与演职员们共渡难关。在他们的精神鼓舞下，“民众”形成了一个团结的战斗集体，这在当时的职业剧团中，不能不说是凤毛麟角，难能可贵！

一批批年轻演员成了被观众捧的“角”，但他们在雪老师面前永远是徒弟。他们知道比起雪寒梅几十年来舞台上锻炼出来的“道行”，他们还差得远，直到她们自己年纪也大了，为人师表时，仍然忘不了雪寒梅的那种“垫脚石”精神，那是永远学不尽的精神财富。

1954 年以后，王少舫、雪寒梅、王少梅举家被调到合肥安徽省黄梅戏剧团。消息传来，“民众”的人塌了天，大家抱头痛哭，王少舫一家也舍不得“民众”的兄弟姊妹们。幸好无论剧目积累、演员培养等各方面都打下了全面的基础，他们走后，还不至于完全垮掉。虽然如此，在力量上和情绪上都是一个极大打击。全团笼罩在一片灰溜溜的气氛里，久久振作不起来。直到 1955 年到省里学回了《春香传》，才渐渐恢复了一点生气。

1954 年至“文化大革命”开始前的这十几年，是黄梅戏大发展的时期，也是王少舫舞台生涯的蓬勃兴旺时期。有了省一级的剧团，有了各方面调集来的较高水平的人才，有了正规的导演，还有了严凤英这样的相得益彰的好搭档，这一切，使王少舫如鱼得水，创作欲望空前高涨。董永、刘大人、郭暖、李梦龙等一系列的舞台艺术形象构筑了他在艺术创造上的一个又一个丰碑。

这时的雪寒梅却没有王少舫那么顺利，“改行”对她来说并不那么轻而易举，由唱京剧花旦的“小嗓”转变成唱黄梅戏的“本嗓”，她失去了唱腔上的优势，但作为演员，也曾排演过一些戏，如《御河桥》的柯夫人，《庵堂认母》的王素贞，《北地王》的崔氏，《打金枝》的皇后，《天仙配》的大姐，《跪池》的柳氏，《借粮》的董妻，这些戏大部分进行过演出，但终因嗓子问题不能发挥所长，而渐渐地退出了舞台。

老年王少舫夫妇合影

这一时期安徽省黄梅戏剧团排了大量的剧目，其中有整理改编，有移植兄弟剧种，还有新编现代戏或历史剧。凡是团里重点剧目，无不由严凤英、王少舫主演，由于他俩在舞台上的巨大魅力，形成了不可替代的最佳搭档，两颗超级巨星的相互辉映，使黄梅戏这块园地更加光彩夺目，使越来越多的观众为之魂牵梦萦，海内外有多少人为之倾倒。严凤英、王少舫，他们的名字连在一起，从家里到排演场，从剧团到剧场，他们在一起的时间太多了，难怪剧团出发到外地演出，经常有些观众会找到剧团的同志证实一下他们从不知哪里听来的有关他俩的传闻。

说来也巧，严凤英和王少舫正好住在同一座楼的同一门洞，严凤英在三楼，王少舫在二楼，因而严凤英每天出去排戏、演出总是下楼便邀了王少舫一道。排戏、演出归来自然也一起回来，王少舫上二楼，严凤英再上三楼。“一块来去”，这已成为他们的习惯。

把这一切看在眼里的雪寒梅又能说什么呢？这一切都是自然的呀！如果说，一个从三楼下来，过门不理，到了楼下再一前一后互不搭腔，那不是不正常么？但是雪寒梅心里总有点不对劲。有很少的时候，王少舫和雪寒梅在一起走，路上碰到严凤英，雪寒梅感到严凤英向她投来的目光是她难以忍受的。雪寒梅想，这不是怪事吗？你和他走路，我都没表示什么，我和他走路，你有什么意见？王少舫虽然发现了妻子脸上突然不好看，但没发现她为什么，问她时，总是说没什么。

有一年在上海拍电影，一次王少舫陪严凤英上街买东西，回来后，严凤英跟

王少舫的五个子女（一排右一：大姐王皖英；一排左一：二姐王皖燕；二排右一：三姐王依红；二排左一：四姐王小晴；二排中：五弟王毛代）

雪寒梅说："嫂子嫂子嗳！上街到哪买东西，人家都喊我王太太、王太太！"雪寒梅说："那蛮好嘛！那不省了我的事情？！"一口气憋在心里出不去，心想你当我面说这话，不是欺侮我老实吗？晚上回来，越想心里越气，又不能和她吵，于是就拿少舫出气，说了句从来也没说过的话："不照，我俩离婚！"少舫说："我跟你讲，不许你提离婚这两个字！我两个是怎么来的？是不容易来的！你为我也坐了牢，下次你再提这两个字我就对你不起！"一席话说得雪寒梅哑口无言，心里酸酸的，心想：少舫也没做过什么对不起自己的事，就是一阵来一阵去，这也是常事嘛！都怪自己心眼小。从此也就不吵了，少舫和严凤英仍旧一如既往。雪寒梅回想起结婚初期在安庆，两人从来没一起走过路，那是少舫害羞，真正和自己最亲的人，不好意思在一起走，反而和自己不相干的人，倒能一路说笑，岂不是反过来证明了在一起走路不一定会有什么不可告人的事吗？这么一想，她觉得少舫心是坦荡的，她谅解了少舫，体贴得更周到了。

雪寒梅还有另外的苦恼，小时候吃那么多苦，在安庆唱戏也红了些时，结婚后也继续唱了些时，为什么现在什么协会呀，老艺人集会呀，全都没她的份。那些比她还差得多的人都是会员、老艺人，偏偏自己什么都不是。她也曾对少舫发过牢骚，少舫说："怎么搞呢？我又不能向人家去要。"雪寒梅说："是的呀！你现在只要自己上去就照了，你还能管到我？""话不能这样讲"，少舫说，"我两个总有一个牺牲，我两个都上去怎么办呢？家哪个管呢？要不你上去我就在家里蹲着。"雪寒梅说："那我可不行。"再想，自己嘴巴也不会讲，出去开会，写了个稿子，看了半天，一句也讲不出来，在家就在家吧！索性好好地照顾少舫、抚养儿孙，少舫谈到"牺牲"二字，这也就是对她最大的安慰了。他承认了她是为他和全家牺牲。其实，少舫从言语和行动中对妻子的感激之情又哪里是自今日始呢？

"文化大革命"以后，他们经历了那么多的折腾、磨难，风吹云散，黄梅戏面临着重整旗鼓的巨大使命，新的一代青年演员出世了，需要老的传、帮、带，少舫义无反顾，全身心地投入进去。但是，正当他收拾起旧的伤痕，打算为黄梅戏再尽余力之时，不知从何处吹来的一股腥风把他击倒了。听来叫人毛骨悚然的传闻向王少舫和他全家劈头盖脸袭来，虽经组织一再出面辟谣、平反，但王少舫的身心所遭受的摧残却是永久的，无可弥补的。这种打击使他们一家陷入痛苦之中。少舫像一只正欲展翅飞翔的雄鹰，现在只能梳理着自己受伤的羽毛，扑闪着折断的翅膀，勉强地带领着那一班尚待哺育、正在成长的雏雁，进行着生命的最后冲刺。

这一段日子，对王少舫一家是十分难熬的，雪寒梅和儿女们竭尽力量来安慰他、开导他。早上，雪寒梅陪他一起出去散步，白天几个孙女在他跟前打闹戏耍，一家人会暂时忘却一切，尽情享受着天伦之乐。当身体好些时，他也帮家里做做菜、浇浇花，给孙女梳小辫子，整天忙个不停。

随着年龄的增加，少舫常感力不从心，病也加重了些。但他始终不愿离开舞台，哪怕只有短短十几分钟的小戏《夫妻观灯》，他也竭尽全力，把松弛的脸皮

王少舫全家福

粘紧，用绑带把肚子束小，对自己身体毫不吝惜，他是不惜皮肉千般苦，为求舞台形象新。雪寒梅看在眼里，疼在心头，常常劝他：“何必呢，退下来算了，身体又不好，在家休息休息，苦了一辈子，到晚年该享享福了。”王少舫却听不进去，他要把毕生的精力全部献给黄梅戏，他曾说：“我要死在舞台上。”他实践了自己的诺言。

王少舫逝世10年后，雪寒梅也随他而去，他们永远相伴长眠在合肥美丽的小蜀山下。

他们的三女儿王依红、四女婿刘光荣都是黄梅戏演员，三女婿陈精根为安徽省黄梅戏剧院的一级作曲，他们的女儿、女婿们继承了父辈的遗愿，在他们播种过的园地里继续辛勤地耕耘着……

（此文作于1998年12月23日，原载《皖戏丛谈》2003.6）

【作者简介】陆洪非，安徽省艺术研究所一级编剧，著名黄梅戏剧作家，享受国务院特殊津贴。曾任中国戏剧家协会理事、中国戏曲学会理事、黄梅戏研究会副会长。代表作：《天仙配》（合作）、《女驸马》（合作）、《牛郎织女》（合作）等。

王少舫同志对黄梅戏的历史贡献

——谈少舫同志办团艺术思想

潘忠仁

著名黄梅戏表演艺术家王少舫老师，1951年参加原安庆民众剧院，到1955年，从事黄梅戏工作前后共4年时间。他集编、导、演于一身，因工作需要，群众推举他为剧团团长，执事几年时间，勇于开拓，为黄梅戏艺术发展，为剧团建设、人才培养等，做出了历史性的贡献。同老前辈朝夕相处的我，现将感受很深的几件往事写出来，供有关同仁研究。

黄梅戏的第一个现代戏《全家福》

新中国成立后，剧团艺人政治上翻了身，虽是民间剧团性质，但艺人们政治热情很高，主动接受政府主管部门的领导，无论是土改、镇反、宣传婚姻法等各项政治运动，剧团都积极参加。然而剧团每天上演的都是老戏，如何为政治服务？身为团长的王少舫老师，思想十分敏锐，萌发出黄梅戏反映现实生活，既能演古装戏，又能演现代戏，努力宣传党的方针政策教育群众、服务群众这一重大课题。当时剧团演职员都是从旧社会过来的老艺人，几十年演的都是传统老戏，一切生活来源都是靠演戏的收入。艺人们担心要是排演现代戏，群众不来看戏，影响每个人的经济收入，那问题就大了，身为一团之长，他不能不考虑。经过再三思考，他把我们小学员召集起来，亲自给我们排练《全家福》这出小戏。当时我们年龄小，根本不懂什么古装戏、现代戏，只要王老师给我们排戏，我们就感到高兴。《全家福》剧情反映的是翻身后的农民一家过上了幸福生活，新年之际，全家欢乐。这是一出以展现新思想、新风尚、新观念为内容的小戏。王老师教我们读剧本，教我们表演，又请来音乐工作者为我们定腔定调，学员们排练热情很高，几天时间就把戏排出来了，安排在新年演大戏前加演。演出那天，王老师比台上演员还紧张，时而在台下看戏，时而又在后台指点，忙得满头大汗。有谁能体会到，我们的演出，关系到王老师指导思想的体现，关系到黄梅戏能不能演现代戏这样一件大事？局外人是很难体会到的。

演出获得了意外成功，小学员们高兴，王老师更激动，他亲自买来练习本和笔发给每一个学员，鼓励我们要好好学习。小戏《全家福》被观众认可后，王老师信心百倍，事实证明了黄梅戏既能演古装戏，也能演现代戏，解除了一些人的疑虑。打这以后，王老师相继组织排演了配合镇反的大戏《三世仇》，配合宣传婚姻法的《小二黑结婚》。记得《三世仇》在广场演出时，上万人前来看戏。阶级仇、民族恨极大地感染了现场群众，看到舞台上坏人作威作福，他们不但高喊口号，并且还朝台上摔石头，演狗腿子的刘正庭老师，耳朵都被砸破了，叫苦不迭。演出情景令人至今难忘。

黄梅戏舞台第一次有了灯光布景

1952年，王老师亲自执导并主演的新戏《白蛇传》《梁山伯与祝英台》在安庆民众剧院上演，真可谓空前盛况。观众整天排成长队，在票房等候买票，周围县区的观众买不到当天戏票，有的在安庆住下旅馆，有的带来棉被睡地铺，等候购买隔天戏票。两出戏前后演了40多天，场场爆满，演出不但震动了安庆地区，也在全省引起了很大反响。芜湖市大华影剧院还专门派人来安庆邀请我们去芜湖演出，王老师非常重视这次演出，各部门也都做了充分准备。王老师可能受部队文工团影响，标新立异给每个演职员做了一套中山装的棉袄裤，腰扎皮带，穿起来十分精神，真有点革命文艺团体的样子。我们剧团60余人浩浩荡荡乘船来到芜湖，剧场用洋鼓洋号欢迎我们。我们第一次见到这样的场面，感到十分新鲜，到芜湖后我们这些小演员总想到街上好好地玩一下。可我们王老师想的是如何把戏演好，他多方打听，请来了越剧团的三位灯光师、绘景师来团助阵，对舞台演出样式进行重新考虑。《白蛇传》舞台上出现了“真蛇”格斗；“游湖”一场戏，舞台上顿时大雨倾盆；一声炸响，雷峰塔倾倒。《梁祝》演出“化蝶”一场，天空横贯一道彩虹。这些灯光布景的运用，彻底改变一桌二椅的传统程式，大大增强了舞台演出效果。回安庆演出，每当舞台上出现奇幻变化时，观众总是报以热烈的掌声，有的观众反映说：“真好看，像活的一样。”现在看起来没有什么，在当时可是一件了不起的艺术突破，可以说，起到了推动黄梅戏发展的作用。王老师的魄力很大，果断地作出决定，把上述三位专业师傅留下来，使他们正式成为本剧团成员。由于他们的参加，在以后的舞台艺术方面发挥了重要作用，同时为安庆市培养了一批舞台艺术骨干，很长一段时间凡活跃在安庆市灯光、绘景、制作领域的人才都是他们培养出来的。这其中无不渗透了王老师的心血和他在艺术上的真知灼见。

黄梅戏“武戏”由此而来

由于我们剧团的不断发展，先后有一些京剧武行演员加入到我们黄梅戏剧团来。有次王老师演大诗人李太白，在奉召上殿的前面有个过场戏，需要有马童引他上场，当时剧团还没有人练功。我在武功教师周培义教授下，先是练会了简单的翻扑动作，谁知王老师叫我扮演马童，伴他演出。学员伴名演员演出，难免心慌，加上自己掌握的基本功又不过硬，伴砸了怎么办？可王老师鼓励我不要怕，有什么就翻什么，我就这样糊涂胆大扮起戏来。我出场翻的是三个“虎跳”，一个“加官”（应该是“虎跳前扑”或“小翻倒空”），“亮相”，然后接着“旋子扑虎”在王老师身上翻过，因为我翻得不高，王老师总是顺着我的式子来安排他的动作，最后总算把戏演下来了。殊不知，可委屈了王老师，有些技术动作使他不能更好地发挥，这种前辈提携后辈的艺术品德对我教育极深，使我终生难忘。后半部戏有开打场面，有罗爱文同志参加，他武功扎实，如“春秋大刀”“小快枪”之类的打法，逐渐搬上黄梅戏舞台，使黄梅戏从没有武戏发展到有文有武，并由简单到复杂。尤其是王老师执导并主演的神话剧《宝莲灯》，他扮演沉香，在“劈山救母”一场中，王老师充分运用耍大斧技巧，连闯三关，下场花样式各不相同，黄梅戏从此不仅有了小型开打场面，单项技巧也开始在黄梅戏舞台出现。后来由于老艺人张传宏同志参加剧团演出，更使黄梅戏武戏进入了一个崭新的发展时期，开始有了自己的武戏。原胜利剧院严凤英同志调省团后，以老艺人陈炳炎为首演出了大量的武戏，如《三姐下凡》《金鳞记》《武松》等剧目，武戏成了剧团演出特色，同样为发展黄梅戏做出了积极贡献。后来安徽黄梅戏学校学生演出的《杨门女将》《虹桥赠珠》中的武戏，更有了较大发展。可惜，黄梅戏多年来逐步形成的武戏优势，现在已散失殆尽，黄梅戏的舞台上很难看到武戏了。究竟黄梅戏要不要武戏，这是个学术问题，我认为，有比没有好。没有扎实的基本功，反过来文戏也演不好。

王少舫、雪寒梅共跳西洋舞

过去剧团都要演节令戏，如三月三演《游春》，端午节演《白蛇传》，中秋节演《唐明皇游月宫》，春节前夕，还要演出别开生面的“封箱”戏。这时剧团主要演员反其道而行之，来个大反串：花旦演花脸，花脸演小生，平时不露面的藏身绝活都各展风采。台上尽兴表演，台下笑声不断（有的观众深谙其道，特意赶来助兴），在热热闹闹的气氛中，演员同观众互相道别，共贺新年来到。正月初一，迎来新年大喜，又演“开箱戏”，一时鞭炮齐鸣，锣鼓喧天。我特别爱看王老师扮演的武财神，翩翩起舞，舞蹈动作特别优美好看。观众来看戏的目的就是瞧热闹。为丰富群众文化生活，剧团演职员自做“花挑子”“旱船”等各种表演道具，活跃在大街小巷，与民同乐。为助兴，演员临时编出新唱词，逗得大家捧腹大笑。那时观众熟悉演员，演员了解观众，两者感情融洽，关系甚为密切，观众还自发将大包小包的红绸、大糕等物送到剧团，慰劳演员，按现在的话说，也是剧团一笔可观的小费。

《游春》剧照，王少舫饰吴三保、严凤英饰赵翠花

《唐明皇游月宫》的结尾戏很精彩，大将陈玄礼逼迫皇上处死爱妃杨贵妃，皇上无奈，只得让贵妃死去(当时演的是“提纲”戏，唱的是“水词”，历史的真实性没有考证）。杨贵妃死后，唐明皇整日心情郁闷，日有所思，夜有所梦，舞台上也出现了梦境场

面，在梦中让皇帝游月宫，同贵妃在月中相会，月宫中通过两只白兔上蹿下跳，以烘托热闹气氛。王老师前面扮演李太白，后面扮演月宫男白兔，女白兔由王老师夫人雪寒梅扮演。男白兔身穿白灯笼衫裤，脚穿白力士鞋，头上戴着经过美化的兔帽；女白兔下身穿白短裙（近似20世纪90年代超短裙样式）。戏中有单人舞、双人舞，中间还穿插哑剧表演互相打闹的逗趣情节。两人跳的舞蹈，说不出什么名称，好像在外国电影中见过，我们就叫“西洋舞”，形式非常活泼，把这样一个“西洋舞蹈”放在老戏当中演，风格虽然不统一，但观众还是喜欢看，现在分析，王老师可能是从下面两点考虑的：

一是为了迎合观众需要，使观众产生好奇感，增加票房价值。

二是自觉不自觉的大胆创新精神促使他这样做，戏中既是梦境，就可以展开想象的翅膀来它个中西合璧。我认为这样的创新精神及王老师本人所掌握的丰富多彩的艺术手段，艺术上虽不统一，但从历史角度看，仍是值得我们学习的。

以上四点，是我有幸学习王老师艺术的点滴回忆。我认为王老师在安庆任剧团团长期间最大的贡献是培养了一批人才，本人将反复思考，继续进行这方面的探讨。

【作者简介】潘忠仁，黄梅戏表演艺术家。曾任安庆市黄梅戏剧团团长、文化局副局长，安徽黄梅戏学校校长。出身黄梅戏世家，从小随父（潘泽海）学艺并于1952年进入安庆民众剧院，舞台生涯40余年。曾演出《孝子冤》《蔡文姬》《挡马》等大、小戏几十本；导演了《红霞万朵》《慈母泪》《孟丽君》等40多部大、小戏。

深情缅怀王少舫老师的成就与贡献

朱玉白

时值黄梅戏表演艺术大师王少舫90诞辰的日子，我作为曾经“写过师徒纸”——拜他为师的学生来说，由于半途改业，不免愧意多多，感慨万千。

这个月来我查找了中国戏曲发展史有关资料，我发现：黄梅戏是发展速度最

王少舫与朱玉白合影

快的一个剧种。仅仅60年，黄梅戏从民间小戏的草台班子，发展成国家级著名的大剧种，这是其他剧种所没有的速度，是安徽其他地方戏曲所不能比拟的。这是什么原因？除了党和国家戏剧改革政策的英明作用之外，最重要的原因之一，就是黄梅戏出了一批编、导、演和戏曲音乐等精英人才；其中尤为重要的是出了两位天才而又奋进的旗帜性人物——王少舫、严凤英。我们无法否认：在王少舫和严凤英生前的时代里，黄梅戏风靡全国的每一个角落及全世界，不管是在舞台上、银幕上，还是在社会人群中，王少舫和严凤英的魅力及其创造的艺术形象，征服了大江南北和全国各地的亿万观众，给我们留下了难以忘怀的盛况和景象。今天，当我们纪念王少舫艺术大师90诞辰的时候，我们回忆到：王少舫老师的许多地方值得我们学习，其中最值得我们永远学习的是他的成就和他的无私奉献的创业精神。

王少舫“舍京入黄”的历史意义

众所周知，王少舫是京戏科班出身，又是在京艺之家的环境里长大，他完全知道京戏在他从业的那个年代里是何等的令人注目，可以说出入于官府，表演于殿堂。多少富少、阔佬、雅士为之倾倒，多少文人墨客、公子、小姐为之入迷。社会各界公认京戏为高端“大戏”，角儿们走到哪里红到哪里，常常骚动成千上万戏迷们的心。若与那个时代的乡间地方小戏、草台班子黄梅调相比，简直是妍花与微草之别。那时的黄梅调是没有资格入城的，只能在村头、庙会、祠堂和稻场唱之而已，哪里会有京戏角儿来光顾什么黄梅小调。然而令人震惊的是：已经成为“角儿”的京剧演员王少舫于1948年到了合肥后，在一个人民代表会议上遇上了黄梅调班主丁永泉，经丁永泉和有关领导劝谈之后，王少舫毅然地背着“欺师灭祖”的骂名“舍京入黄”了。这一令人敬佩的勇敢而又超常的决策，表现出王少舫对黄梅戏艺术的洞察力以及他所具有的高度智慧与高尚的艺术观。他曾跟人说：“当我第一次听到一个洗衣大姐唱黄梅调《苦媳妇自叹》，那歌声的忧伤、哀怨与动情腔调，把人的心都拎起来了。”可见，王少舫舍京入黄，首先由于王少舫的心灵爱上了贴近生活、贴近人情、具有生气的他心中的艺术——黄梅戏，他看到了黄梅戏未来发展的光辉前景。因此，他的事业心、他的创业精神让他与黄梅戏结下了生死之缘。伟大的世界戏剧大师斯坦尼斯拉夫斯基说过：“演员要酷爱自己心中的艺术，切莫去爱艺术中的我。”就是说：作为一个演员是爱心中的艺术并去为之而奋斗还是去爱艺术中的我，去为我钻营，其内涵和结果大不一样。打开戏剧艺术史可以见证，所有取得伟大成就的戏剧艺术家，都是热爱心中艺术的人，那种只热爱艺术中的我的演员，很少能获得大的成就。正因为王少舫老师热爱上心中的黄梅戏，所以他对黄梅戏的发展具有强烈的责任心和事业心。他一心一意创造最好的艺术为观众服务。他的“舍京入黄”决策，不仅影响和提高了黄梅调的地位，更重要的是：他开始成就了黄梅戏的高端地位，成就了他自己终生的戏曲艺术事业。

王少舫成功打造了民众剧院，在安庆市竖起了一面旗帜，这是王少舫创业精神的重大成就

王少舫入黄后，他始终怀着深厚情感和无限的爱心融入黄梅戏事业，他竭忠尽智地在表演、导演、声腔、音乐、服装、化妆等各个方面精心探索，大胆革新。他要让他“心中的艺术”黄梅戏开出更美的花朵，结出更甜的果实。为了满足社会广大观众的需求，他积极地配合土改和婚姻法宣传，勇敢选择了《仇深似海》《贪官与恶霸》《小二黑结婚》《父子争先》《新事新办》等现代戏和新主题的戏剧排练上演。其结果受到广大群众的热烈欢迎，也受到了党和政府的高度重视。当时安庆领导张伟群给王少舫和剧院写了一封热情洋溢的表扬信，大大地提高了黄梅戏的地位和威望，大大增添了黄梅戏的光彩。然而对于王少舫来说并不满足，他在实践中觉得民众剧院的演出水平亟待提高。于是他在民众剧院开展了一系列的改革创新工作：他改变了黄梅调草台班子不练功、

不排练、“台上见”的旧有陋习，他开拓性地建立了导演制度，实行排练、舞台监督、练功制。他严格要求演员的演出质量，注重和培养演员的表演技术和水平。他还建立了以二胡、琵琶、笛子、三弦等管弦乐和锣鼓协调伴奏的演出乐队，将原始的“三打七唱”提高到一个整体的演出院团水平。在新中国成立后的几年内，他和严凤英两人为了安徽整个黄梅戏的形象，在安庆竖起了“民众剧院”和“胜利剧院”两面旗帜，特别是民众剧院显著地培训出一批优秀的戏剧人才。正是这两面旗帜，为省委成立省黄梅戏剧院打下了人才基础和组织基础。在1953年成立的省黄梅戏剧团里，民众剧院就有潘璟琍、张云风、雪寒梅、王文龙、王少童、王少梅、王文治、丁永泉、潘泽海、丁紫臣等十余人调入省团，成为省团的骨干力量。即便是没有调入省团的罗爱文、罗爱祥、斯淑娴，也都是“民众剧院”的佼佼者，成了“民众剧院”的优秀骨干。王少舫这一显著的奉献与成就，在黄梅戏发展的历史丰碑上会永远铭记。

王少舫调入省黄梅戏剧团之后的成就与贡献

王少舫调入省团后，他深深理解全省人民和观众对他的期待，更加理解全省人民和观众对他所热爱的黄梅戏的期待，他的积极性更高了。为了满足人民和观众的期待，他忘我地工作，他潜心地研究和实践表演艺术的方法。通过长期的成功实践，他经典地提出了“内在体验和外在表现相结合”的黄梅戏表演方法。他曾不止一次地跟我说过——后来他在省艺校毕业班授课时，又正式说了这样的精彩论断，他说：“有人说‘你们戏曲只要夸张手法表现就够了’，那要看是什么剧种，我们黄梅戏要强调‘内在’，要抓住内在的感情线，再运用戏曲的一些程式手法，把两者有机地融合起来表演，来塑造人物。”他的这一论断正是他艺术实践的深刻体验。他把国际表演大师斯坦尼斯拉夫斯基的“体验”艺术与戏曲表现艺术相结合，创造出了黄梅戏的表演方法，这是黄梅戏界任何人都没有提出过的一种创新。因此，他与众不同地创造出了经典的、光辉的、无人超越的《天仙配》董永、《牛郎织女》金牛星、《女驸马》刘大人、《夫妻观灯》王小六、《陈州怨》包公、《罗帕记》王科举等动人而令人永远难忘的艺术形象。他的这一表演方法不仅成就了他艺术大师的地位，更重要的是他对黄梅戏做出了里程碑式的贡献，而且一定会在今后黄梅戏发展中，成就更多的未来表演艺术家。

王少舫在省团对黄梅戏的艺术贡献是全方位、立体性的。他除了在表演方面独树一帜之外，他还对黄梅戏音乐、黄梅戏的改革方针以及演员的敬业精神等，都做出了榜样性的贡献。例如他创新和发展了黄梅戏唱腔音乐，他扩大了【平词】【彩腔】的音域，将传统的八度唱腔和十度音域扩展到十三度。他还规范了唱腔导板、摇板、快板等多种板式节奏与套路，大大丰富和充实了黄梅戏声腔的节奏

刘伯承接见王少舫、严凤英、潘璟琍

形态。他还探索了黄梅戏花脸行当——包公脸谱和包公唱腔鼻音的运用，进行了成功的改革与创新。更为重要的是由于酷爱他心中的黄梅戏艺术，他对黄梅戏的改革创新的“路子”十分关注。他主张一定要在黄梅戏传统基础上进行改革创新，提出“吸收、融化、出新”的六字方针，他坚决反对“加法式的吸收、替代式的出新”。对此，王少舫大师于1981年在铜陵演出时，跟我严肃地说：“不能把京戏里的东西原样‘用’到黄梅戏里，那样就是原封不动地把京戏程式搬到黄梅戏里来了，那不就是京戏加黄梅戏了嘛！要把京戏的表演程式和演唱方法‘融化’到黄梅戏里来，让人看不出听不出京戏的痕迹。”王少舫老师接着说：“比如我唱《天仙配》董永一角，‘含悲忍泪往前走’唱句时我改变了老的唱法，将‘悲’字音放长，将‘前’字音起伏颤行，将‘走’字音行腔，这就把京戏的唱法与黄梅戏唱法相融化，达到了表现董永悲痛心境的很好效果。”王少舫的这些关于黄梅戏的革新论断，是他常年实践中领悟到的经验论断，更是他维护广大观众需求和期待的黄梅戏发展规律的论断。为了观众的喜爱，他提出：“黄梅戏只能发展，不能变味。”

王少舫大师最令人尊敬的地方是他的一切为了观众的服务精神。我拜他为师相处七年，从未听他谈过对自己的待遇、奖励、地位等个人利益方面的要求；从未见过他对角色有过什么选择，他什么角色都演，要他演什么他就演什么；从来没有听他讲过累讲过苦。他跟我话题最多的是“观众”两个字，诸如“要对得起观众”“要看观众答应不答应”“观众认可才能算数”“你唬观众，观众就会唬你”等。王少舫老师对观众的忠心，对观众的尊重，对观众意见的满足程度，在我见到的演员中是很少有的。他为了满足观众的意愿，在年过半百的时候，一只眼睛将近失明而另一只眼睛高度近视情况下，还那么执着、认真、积极地为观众演出，而观众竟然丝毫看不出来他那传神的眼睛有毛病。他在一次巡回演出时发烧病倒在床上，都不愿辜负观众的期望，领导要他休息，他对领导说：“观众是冲着我来的，不能让观众失望，我会坚持把戏演下来的。”在他的心目中，观众是真正的“上帝”，比父母还重！为什么他把观众看得那么重？他的回答是：“没

《罗帕记》剧照，王少舫饰王科举

有观众就没有我王少舫，我得为观众演一辈子戏。”是的，没有观众就没有他王少舫，也就没有黄梅戏曲艺术；没有观众，黄梅戏艺术就失去了它存在的意义；没有观众就没有任何戏曲艺术的存在，古今中外无一例外。任何戏剧艺术团体，不管你的戏剧是义演还是售票，你总得要吸引观众来看，总得要围绕观众去思考创作什么样的戏，怎样排练和表演这个戏，怎样才能获得观众认可。所以，王少舫如此看重观众，正是他高天资、高悟性的结果，正是他无私无我的创业精神的动人表现。

综上所述，我们可以从中看出除了对党和政府的爱之外，王少舫的一生中还有两个“深深的爱”。他一是深深爱着黄梅戏，二是深深爱着观众。他的“两个爱”，构成了他“一切为了观众”和服务于观众的人生艺术观。他对党和人民的贡献将永远铭记在黄梅戏艺术的丰碑上。

王少舫老师，我诚挚地向您致敬。

（2010年10月初于安徽省民政厅）

【作者简介】朱玉白，曾于20世纪50年代初由组织安排拜王少舫为师，1960年调离省黄梅戏剧团。1984年调安徽省民政厅，现已退休。

王少舫与民众剧院

陆洪非　林　青

由京剧到黄梅戏

1949年10月，王少舫携全家从合肥返回安庆——他的第二故乡。

一下船，迎头碰上了安庆京剧团的同志，就好像他们原本就在这儿“接站”似的，顺理成章地就把王少舫一家邀去了安庆京剧团。

作为一个京剧演员的王少舫，被邀加盟本来就熟悉的安庆京剧团，应是理所当然的事。但与丁永泉有约在先，不能失言。京剧团的盛情难却，只得实话实说：“黄梅戏那边早就同我说过；实在对不起，在你们这只能待一个月。”

开始人们并未将他的话当真。现在新中国成立了，可以正正规规地唱戏了。又不是过去战争年代，今天唱这，明天唱那，那是为了混碗饭吃。现在哪能还像过去那样呢？可王少舫说得清楚，他这次唱黄梅戏不是像新中国成立前那样“玩票”，这次是要“下海”了，一辈子改唱黄梅戏了。人们一愣，才知道他是动“真格儿”的了。于是各种风言风语都朝他刮过来了，京剧同行说他“欺师灭祖”。有些京剧爱好者也找到他说：“少舫，你还是唱京剧好，你唱京剧已经闯出了牌子，丢了多可惜！我们都喜欢看你的京戏呢。”但喜欢看黄梅戏的人说：“少舫，你唱京戏唱得再好，还能超过那些名角儿去？你唱黄梅戏才有前途，我们看你唱的黄梅戏比看你唱的京戏过瘾。”任人怎么说，王少舫一笑处之。有的人拿话刺激他说：“王少舫你真没出息，你演京戏的为什么去演小戏？你是从米箩跳到糠箩里，自讨苦吃！”王少舫听不得这些话，不客气地说：“不管什么戏，都是在共产党的领导下，都是为人民服务，吃糠也好，咽菜也罢，是我自己情愿的。”

当然，作为一个唱了近20年京剧、30年来一直泡在京剧圈子里的王少舫，一时改变自己的艺术道路，确曾有过矛盾和斗争。1949年老友丁永泉来合肥找他，他也曾犹豫过，但最终还是下决心改唱黄梅戏，却不是一时冲动。中央于1950年5月下发的关于要重视地方戏尤其是民间小戏的指示，王少舫曾经学习过，但他不是见风转舵，投机取巧。他之立志改唱黄梅戏，是出于一种由感性到理性的认识，从觉得这种民间小戏好听好看到深深认识到这个小戏所具有的特殊魅力，经过了从1939—1949年漫长时间的接触、投入、融汇，心中埋下的这颗种子从发芽成长到开花结果，经过了这样一个完整的过程，因此他改唱黄梅戏是瓜熟蒂落，水到渠成。从他一生的成就来看，王少舫学京剧、唱京剧，不过是为他唱黄梅戏打基础、做准备而已。

1949年11月，王少舫毅然弃京投黄，转入当时的民众剧院。

新中国成立初期的民众剧院

旧社会的艺人们，经过了抗日战争、解放战争的连年战乱，元气几乎丧失殆尽。人常说“家徒四壁”，艺人们连一个“四壁”的家都没有。他们四处流浪，演到哪，哪便是家。一般演员都是住在后台。条件好一些的，就在附近租一间房子，人一走，房子也就退了。一出去搭班，少则数月，多则几年，谁能付得起房子的租金呢？王少舫在安庆唱戏时间较长，他把那儿看作是自己的第二故乡，租了几间房子住下了。

王少舫在抗战期间与黄梅戏班子同台演出，结交了不少黄梅戏老艺人，如丁永泉、潘泽海、丁紫臣等，成了患难中的好朋友。这次，他们欢天喜地地迎来了王少舫一家。

新中国成立初期，安庆有三个演唱黄梅戏的场所，其中的民众剧场阵容较强。旦角演员有郑绍周、蔡天赐，丁永泉和他的女儿丁翠霞，潘泽海和他的女儿潘璟琍，还有陈月环等。老生演员有张云风、张传宏、严松柏、邹胜奎、钱优远、马老四等。小生演员有汪少芸、祖祥云、丁紫臣、陈登记、檀少春等，丑角有吴来保、刘振庭等。打鼓佬是饶广胜、王文龙，主胡是王文治。少舫认为这个阵容很不错，以后还谈过，这个班子和初期的省黄梅戏剧团比也不相上下。王少舫一家加盟“民众”，如虎添翼，凭借新中国成立后的强劲春风，大家鼓足了劲，准备好好地大干一场。

王少舫进来后，恰逢私营剧团“改制”，不再是原来的老板当家，而成立了“管理委员会”，王少舫任主任委员，人称“主委”。他身兼管理者、导演数职。此时的王少舫在艺术上经过二三十年的积累，已渐趋成熟，但如何管理好一个剧院，对他来说还是陌生的，他紧紧依靠老艺人和中年骨干的支持，渐渐地闯出了一条路子，取得了成功，所以在 50 年后的今天仍令人念念不忘，怀念不已！

刚进入“民众”时，演员们仍是用老方法演老戏，对发展变化了的新形势不能适应，观众很少，依然是过去的手工业者和农民。新中国成立后的广大干部、学生、解放军不愿进入剧场，局面打不开，收入自然也提不高，艺人生活难以维持。王少舫心里着急，但他知道，要想彻底改变这个面貌，不是一朝一夕之事，但是，有共产党和人民政府的支持，只要肯动脑筋想办法，一定能慢慢走向繁荣兴旺。在深入学习戏改政策以后，他看到很多老戏都不同程度地带有封建的东西，他认识到，改革剧目应放在首要位置。

演出剧目的变革

他走的第一步，是选择了内容比较好的提纲戏，做过渡性的演出。当时经过初步排练演出的有《二度梅》《昭君和番》《左文明巧断无头案》《猪八戒招亲》《石头人招亲》《诸葛亮招亲》和《唐伯虎点秋香》等，其中最有影响的要算《唐伯虎点秋香》了。此剧由王少舫演唐伯虎，潘璟琍演秋香，春香由陈月环、夏香由彭玉兰、冬香由丁俊美扮演，此剧以强大的演员阵容和新颖的演出风貌展现在观众面前，观者如潮，情绪高涨，可以说是史无前例的。由于卖票不对号，甚至过道上都站满了人，观众形容剧场里的拥挤情况说是“连竹篙子都插不进去”。先是演四本，后为满足观众要求，又连台十二本，少舫自己打提纲，初步扭转了以往萧条的局面，演职员收入成倍提高，就连十几岁的小学员每天也拿到3元多钱。演出收入提高，艺人的生活条件也有所改善，观众的情绪也直接激励了演职员的积极性。经常是一天两场戏，下午和晚上都演出，演完后，哪怕到夜里十二点，也不休息，叫副馄饨摊子，每人吃一碗就接着排戏。“水牌”一出“今晚排戏”，没有一个人有怨言。清早年轻人还要练功、学习……出现一片欣欣向荣的局面。随着一批新排老戏的上演取得成功，改善了演职员的生活，提高了大家的积极性和凝聚力。大家安居乐业，都把“民众”当成了家，也鼓舞了它的当家人。吃饱肚子的问题虽然暂时解决，王少舫知道这不是目的，他觉得光这样演老戏不行，虽然在排演上初步删除了其中不健康的东西，但距离新中国成立后的形势和政府的要求还很远，于是他要自己编排一个新戏，这个戏要能配合当时的土改和其他运动……但对于一个文化程度不高的演员来说，他只能选择一条力所能及的路子，于是他从几出老戏中抽出一些情节、人物，把它编排成一个以反贪反霸为主题的新的提纲戏《贪官与恶霸》。此剧由王少梅的丈夫王晓拂演恶霸，由丁紫臣演贪官。参加演出的还有王少舫和雪寒梅。演出由于在一定程度上配合了当时的政治运动和群众情绪，取得了较好的剧场效果。

《贪官与恶霸》演出之后，王少舫看到了其中的不足，他想找一个能够配合当前政治形势又比较成熟的剧本。他觉得光靠自己东拼西凑会影响演出质量的提高，他找到了一个名叫《仇深似海》的京剧本，此剧虽是古装戏，却有着明确的反霸主题，有一个完整的故事和几个性格鲜明的人物。他想尝试着把它改成黄梅戏。

《仇深似海》剧本写的是明代崇祯末年陕北安塞地方连年灾荒、民不聊生，恶霸钱八刦骄奢淫逸，强迫灾民为他大修花园，抢夺民女，佃农孙世祥的妻子被钱八看中，被迫上吊而死，弄得家破人亡。世祥之弟上山投奔起义英雄，最后报了血海深仇。当时正当土地革命轰轰烈烈开展，此剧的演出配合了政治运动，受到了领导和群众的鼓励，安庆专区专员张伟群写信表彰了"民众"和王少舫。由于机关、学校、部队包场，剧场收入大大增加，各界群众送来锦旗一二十面，剧场内常常是一片口号声。演出教育了群众，群众又反过来教育激励了演员，台上台下，相互呼应。这个戏的演出水平和上演时间均超过以往所有的戏，成为"民众"常演的剧目。

《仇深似海》的上演，使王少舫和"民众"更加认识到文艺必须要为工农兵服务，要配合党的宣传工作。"不安现状"的王少舫，在头脑里开始酝酿现代戏了。他看到，黄梅戏作为一个剧种，演"便衣戏"超过京戏，甚至也超过他所看过的其他一些剧种。黄梅戏没有很多程式限制，它善于吸纳并富有很强的包容性。他深深地感到，黄梅戏的老演员有着表演现代戏的特殊条件、独特的风格和功力。他曾为黄梅戏老演员蔡天赐演唱的《苦媳妇自叹》由衷地折服。后来不止一次地为"没有把他的东西保留继承下来"而万分惋惜。还有其他一些老艺人的"拿手戏"也令他念念不忘。如胡霞林先生的《砂子岗》，丁永泉在《游春》中的"王干妈"等都各具特色，堪称黄梅戏的"绝活"，在某种意义上讲，也许比京剧中的一些技术性的绝活更难继承和掌握。

他认识到黄梅戏演现代戏具有很大的潜力，但一碰到具体问题，新的矛盾便出来了。过去的老戏都是男演女，现在如果排一台大戏，有的女角色由男演员扮演，有的由女演员扮演，而且这些男演员大多是四五十岁的老人，女演员却大都是年仅十四五岁刚刚招进来的学员，这两种不同类型的演员在形象上和表演上都有很大的差别，无论如何也很难协调。再说咋演现代戏，对没有文化的老艺人来说，面临着诸多问题一时难以解决，于是王少舫作了大胆的决定，作为试验的开始，全部用小演员来演（当然是男演男、女演女）。第一个戏先用了七个小演员排了一出小戏《打灶王》，是当时公开发表的一个小剧本，主题是破除迷信，演出后反映很好，还受到政府表扬。老艺人们看了也很满意。接着又排了个《大家进步》，把所有的青年全都用上了。这样一来把老演员的热情也带起来了，他们也要求参加现代戏的排演。于是结合新中国成立初期的土改、抗美援朝、“三反”“五反”、兴修水利、宣传婚姻法等各项政治运动，陆续排演了一大批现代戏。如《劝夫上堤》《父子争先》《志愿军》《糖衣炮弹》《女儿的亲事》《新事新办》《小二黑结婚》《小女婿》……配合了政治，锻炼了演员，推动了艺术改革，使整个“民众”呈现了更新的面貌。

《小二黑结婚》是这一批新戏中演出质量最高、阵容最强的。主要演员有潘璟琍（小芹）、罗爱文（小二黑），王少舫和妹妹王少梅分别扮演了二孔明和三仙姑。少舫、少梅兄妹俩凭他们多年的舞台实践经验和作为京剧演员的深厚功底，把这两个人物演得活灵活现、惟妙惟肖，使这出戏既鲜嫩活泼，又扎实厚重。当时舞台上的生动情景，使几十年后人们还能清楚地回忆起，并津津乐道。特别是王少舫对二孔明的角色塑造，不仅使观众着了迷，而且倾倒了满台的演员。王少舫曾谈到他对二孔明角色的创造，是由于过去在生活中他曾经接触过这类人物，有串街遛巷的，有算命的，有看相的，有摆摊的。他是生活中的有心人，总是不断地捕捉着各种人物的心理神态、动作表情，从内心到形象，无不储存于他记忆的仓库，需要时随手拈来，点石成金。这个从小养成的习惯，对他一生的艺术创作，真是受益匪浅。

通过一系列新剧目的排演，使黄梅戏展现了勃勃生机，赢得了更多的新观众，并为黄梅戏表现现代生活拓宽了道路，为1952年赴华东与严凤英等合作演出《柳树井》《新事新办》做了舆论和艺术准备。老“民众”的同志们深有感触地说：“王老对黄梅戏演现代戏真是立了一大功啊！”

1952年暑期省里举办了艺人训练班，黄梅戏的主要演员王少舫、严凤英，以及丁永泉、潘泽海等很多老艺人都参加了。在学习班期间，少舫看到了合肥庐剧团演出的《梁山伯与祝英台》，看到了他们在表导演、唱腔、舞美、灯光等综合艺术的各方面都有了很大的提高与创新，给了他很大的启发和震动，回想两年前他离开合肥时所看到的庐剧，真有天壤之别。时隔不久，就发展成这样，他不由得在头脑中进行着反思，是不是我们黄梅戏的步子迈得太慢了？太保守了？他和几个“民众”的艺术骨干们在一起经常研究，他们决心回去后一定要迎头赶上，把黄梅戏搞得比庐剧还要好。

1952 年下半年，王少舫等又去上海观摩了越剧的《梁山伯与祝英台》《白蛇传》，沪剧的《白毛女》《罗汉钱》，更加开阔了眼界，解放了思想。回到安庆，首先排演了《梁祝》，对人物的分析创造、服装、布景都进行了新的尝试。从此开始了全面的舞台艺术革新。

大抓演员队伍的建设

剧院在推出了一大批新戏的同时，也培育了一大批青少年演员。他们有的是剧团演职员自己的子弟，耳濡目染。他们早在幼年时期就跟着父母在舞台上滚打，在戏剧氛围中长大，有着较强的适应能力，如潘泽海的儿女潘璟琍、潘忠仁，丁永泉的儿子丁紫旺和孙女丁俊美，张传宏的女儿张砚芳，刘振庭的继女张容华，饶广胜的女儿饶庆云，他们年龄虽然不大，却经过一定的基础训练，对黄梅戏有一定的认识和感情，稍加指点便会发出耀眼的光芒。除此之外，剧团还招收了一批学生演员。他们白天上学，晚上演戏。他们的特长是有一定的文化基础，当然无一例外的也是黄梅戏的爱好者。他们生长在黄梅之乡安庆，跟着父母经常出入剧院，黄梅调自然也会唱上几段，他们接受新鲜事物快，富有热情。这批演员有后来成为安徽省艺术学校黄梅戏老师的彭玉兰，有现仍在省黄梅戏剧团当演员的周九岭，还有祖祥云、赵翠华、汪传年等都是那时招进来的。这几种演员组成了强大的青年演员队伍，王少舫积极培养，大胆使用，使他们在很短的时间里成为各展所长、各具特色的具有一定名气的演员了。潘璟琍便是最好的例子。她当时年龄最小，才十五六岁，在排演《唐伯虎点秋香》时，是王少舫演唐伯虎，开始是潘璟琍的父亲潘泽海演秋香，但其他几个丫环（春香、夏香、冬香）在老演员中挑不出来，又必须用小的女孩子（当时只十三四岁）来配，这样便成了一老（男）带三小（女）的局面，舞台上非常不协调。于是王少舫大胆起用潘璟琍演秋香，让她穿了高底鞋，而他自己换成平底鞋，排演上下了功夫，一点一滴地教授，最后演出效果轰动安庆。又如彭玉兰，本来在演古装戏时未见显山露水，少舫看出了她的特长，于是在演现代戏中让她频频亮相。特别在排演《小女婿》时，本来由丁紫旺扮演小女婿，潘璟琍扮演杨香草，王少梅扮演陈快腿，由于丁紫旺正是长个子的时候，到上演时个子长得比潘璟琍还高，这样就显不出“小”女婿的“小”了，而整出戏所批判的不合理的包办婚姻也就失去了赖以存在的基础。于是少舫在此紧急之时，不得不采取果断措施，临时更换演员，他当机立断，让原来扮演陈快腿的高大个子的王少梅代替了又矮又小的潘璟琍，起用了彭玉兰顶替王少梅的陈快腿。彭玉兰不负所望，在三天之内背熟了陈快腿的廿八张台词单片，而且演出效果出人意料的好，并从此为她打开了这一类型角色的前进道路。又如张砚芳，原来演戏的表现不太突出，但她肯学习，能钻研，少舫看准了她的这一特长，让她扮了《西厢记》中的“红娘”，结果一炮打响，从此改变了她在观众中的形象，红娘真让她唱红了。

还有年龄相对较大的一些成年演员，他们也在王少舫身边学习了不少东西。如小生演员罗爱文在进“民众”以前便是太湖徐家桥一个半职业剧团的演员，从小跟徐[illegible]喜（“大戏班”的演员）学了很长时间的京剧，开始对王少舫并没有太多的认识，通过观看王少舫的演出，在一起排戏、演戏、接触，特别是他看到少舫演的“二孔明”后说“把我佩服得五体投地”；罗爱文之弟罗爱祥随兄进“民众”学艺，进步很快，后来成为安庆黄梅戏剧团的主要演员和导演。罗爱文曾谈到了对王老的一个认识过程，开始认为王老并没有多少“程式”，于是学了昆剧，[illegible]把少舫的东西丢了，后来他又“回了头”，认识到少舫是把程式“化”了开来，把程式生活化了，这才是艺术的真正妙境。他说：“王老他有程式，并给了程式新的生命。”这些给了罗爱文很大的启发，程式固然重要，但生活更是艺术的根本。王少舫注意生活积累，有时走在路上会突然停下来观察一个人，这种习惯使他本人一生受益，同时对这些成年演员影响深远，终生难忘。王少舫自己虽是小生演员，但他并未独霸小生戏，而是把其他小生演员尽量推上去。有时让他们演主角，自己甘当配角，如《小二黑结婚》他自己就演配角“二孔明”，把主角让罗爱文演，有时戏重，怕他们一时拿不下来，就让他们先演一出戏的前半场，自己演后半场，直到他们熟悉能够胜任后，才把全本戏交给他们。当这些年轻演员演出时，他总是悄悄躲在一个不会被台上演员发现的角落看戏，以便能够指出他们的不足，而让其及时得到纠正与提高。由于他的精心呵护和培养，使成批的青少年演员，如罗爱文、罗爱祥、潘璟琍、彭玉兰、潘忠仁、周九龄、张砚芳、丁俊美、陈月环等在他的指导下一个个脱颖而出，赢得了观众的承认与欢迎。

当年王少舫在“民众”培养起来的青年演员，如今大部分都是文艺战线上的骨干。他们有的成为剧院导演，有的是文化部门负责人，有的在艺术院校任教，为培育下一代而做出贡献。这些活跃在各自岗位上的“老民众”们，他们忘不了曾经培育和浇灌他们这些花朵而化作春泥的老师、挚友——王少舫同志，正像潘璟琍临终时在病床上讲的：“没有王少舫，就没有我啊！”

正因为他在“民众”做出了如此巨大的成绩，他在“民众”人心目中的地位是高大的，神圣的，因而才会因他 1954 年调往省黄梅戏剧团时，“民众”曾经在精神上受到很大影响而一度沉寂。

舞台艺术全面革新

随着新剧目的不断上演，舞台艺术的全面改革便轰轰烈烈地展开了。但是，改革仍是一步一个足印走过来的。

过去，黄梅戏是“三打七唱”，即三件打击乐、七个演员，没有胡琴。这般单调的“音乐”便成了新剧目演出提高质量的第一障碍。起唱、上下场全部都是锣鼓，演员唱高唱低全看你的嗓子好坏，一台戏各唱各的音，各有各的调。新中国成立后增加了一把二胡，也只是跟着演员“托唱”，也就是演员怎么唱，胡琴怎么拉，谈不上什么整体的音乐效果。一台戏演下来，演员的头都震昏了。过去因大都在农村广场演出，四野空旷，有其积极作用，现在演出主要在城市剧场，锣鼓的改革便首当其冲。作为京剧演员出身的王少舫，不仅自己很难适应，更重要的是考虑到目前黄梅戏音乐已不能适应发展了的戏剧形式，已到了非改不可的时候。事有凑巧，当时“民众”拉胡琴的王文治也是京胡票友出身，他也早有改革的愿望，可真正做起来，哪怕是一点一滴，一锤锣，一鞭鼓，没有演员的配合、认可，谈何容易！王少舫和他一商量，真是一拍即合。再加上打鼓佬饶广胜也是来自京剧班社，三人一凑合，黄梅戏的音乐改革便从这里开始了。他们先从黄梅戏的主要曲调“平词”开始，原来的平词第一句（七字句）唱完四个字便有一个锣鼓（二槌）小过门，先把这个“二槌”拿掉，改成二胡$\underline{0\ \dot{1}}\ \underline{5\ 6}\ \dot{1}$，仅这一点改革，就使这一句七个字的上句听起来舒服连贯多了。后来王少舫提出来再改个过门，王文治又把起板锣鼓“夺头”改成胡琴过门，这过门根据剧情要求可长可短，最后落在$\underline{0\ \dot{1}}\ \underline{5\ 6}\ \dot{1}$上，演员只要听到$\underline{0\ \dot{1}}\ \underline{5\ 6}\ \dot{1}$就开口唱。开始时演员做完戏以后需要唱时常用水袖甩一下作为暗示，于是主胡便随时结束过门拉出$\underline{0\ \dot{1}}\ \underline{5\ 6}\ \dot{1}$。常演的戏，过门长短也就会固定下来，演员与主胡达成了默契，就不需再用什么“暗示”了。这一点改革已成为黄梅戏的基本固定的程式而被保留至今。

改革虽还仅是初步的，却遭到个别老艺人的反对，认为把老祖宗的规矩都改掉了；说没有锣鼓开不了口，唱不出来。但改革者们并未因此而止步，他们并不性急，而是逐步推行。他们决定排新戏新演员用胡琴过门，老戏老演员仍用锣鼓，让老演员多听多看，慢慢适应，逐步习惯，让事实本身对他们进行教育。老演员邹胜奎，开始对改掉锣鼓不满意，坚持自己上台仍用锣鼓。后来当他看到改了过门后的演出，改变了态度，主动向王少舫提出：“老王嗳！锣鼓好是好，可太多了也不好，下次你给我后头改过门，前头锣鼓。”就这样，最初的风暴顺利过去了，改革正稳步向纵深发展。

锣鼓改革奏响了音乐改革的第一步，继而便出现了一批新戏新腔，即每排一出戏都要推出一些新的曲调，这些新的曲调最突出的是《白蛇传》中的《西湖山水》调，它一出来便受到演员和广大观众的欢迎，并在群众中很快流行开来。这些曲子改革成功既是作曲者王文治的辛勤劳动，又得力于主要演员王少舫深厚的演唱功力。虽然当时还不是像现在这样全剧都需要作曲，而只是其中一两个重点地方的唱段用新调，但对整出戏起着画龙点睛的作用。既对专业作曲是一锻炼，对观众的欣赏习惯也是一个逐渐改变和培养的过程，这过程进展得很快，不久整出戏都采用新的谱曲了。

艺术改革以点带面，逐步更深入、更广泛地在剧院展开。黄梅戏过去在服装、道具、化妆等各方面都非常简单，难以适应新时代新剧目的要求。1951 年王少舫等人去上海观摩了话剧、越剧、沪剧等兄弟剧种的演出后，明显地看出了自己的不足，于是从《梁祝》开始，改变了包大头、红白两色的化妆，变成了造型各异的“古装头”了。演现代戏的服装尽量向生活靠拢，舞台上从单调的一桌两椅开始用了一些写实的布景。为此，剧院吸收了大量的专业人才，如电工、裁缝、木工、漆工、扎匠等。舞台各部门都有专人负责，为提高舞台艺术的综合水平提供了条件。

为了提高演出的质量，少舫在“民众”建立了严格的排演制度和演出制度，大家自觉遵守。过去演戏都是“台上见”，各人把自己的词念熟凑一下就成。现在建立了导演制，当时一天要演出两场戏，那是雷打不动的，因为演职员的生活要靠演出收入来维持；虽然时间很紧，但他们为了生存，为了竞争，排戏时间不得不安排在深夜散戏之后。“民众”的老人回忆起来，动情地说：“那时的劲头真不知从哪来的！”

在演出上，少舫要求非常严格，不允许演员在台上有半点马虎，误场、笑场、忘词这些陋习，一经发现，演完戏后当时就开大会批评。他自己身体力行，到了后台，边化妆边默戏，没有人敢嬉笑打骂，彭玉兰感叹道：“那时后台的规矩不得了，谁敢随随便便！”

王少舫同志在“民众”，不只是排了一批戏，培养了一批演员，艺术上进行了一系列的改革，而是造就了一种风气，一种气氛，一种精神。它使每个成员视艺术很神圣，爱剧团如爱家，在困难的时候（如发大水）主要演员少分厘账，少舫从自己家里把做好的饭拿到剧院给大家吃，在需要的时候大家情愿只拿最低生活费，把节省下来的钱用来做团服、修剧场、招收学员。他们还准备集资数万元来为演职员盖宿舍，少舫在这些事上带了头，他拿出的钱最多。

几年来，观众在数量上由少到多，在层面上从原来的小商小贩、手工业者为主而扩大到机关干部、部队官兵、学生教师……观众面的改变和扩大，不仅仅是增加了剧场收入，而直接关系到黄梅戏作为一个剧种的素质和“大家风范”的树立。这一切，王少舫为之做出的贡献是巨大的。

正是由于黄梅戏的影响在安庆日益扩大，被当时华东局文化部门派到下面观摩调查的新文艺工作者所欣赏、赞佩，回去后向有关部门推荐，大力赞扬黄梅戏的演唱艺术，这才有了 1952 年 11 月的黄梅戏赴华东 (上海) 观摩演出之行。此行可称之为“开路先锋”，为黄梅戏走出安徽打响了永留青史的第一炮。

黄梅戏走出安庆

1952 年秋，有关部门决定以当时仍属私营的“民众”剧院为基础，吸收了安庆“胜利”剧院的主要演员严凤英等，配备了新文艺工作者，组成了少而精的演出班子，顺流东下。他们这次去上海，共演出了现代戏《柳树井》《新事新办》，传统小戏《打猪草》《蓝桥会》《路遇》《补背褡》。这次演出受到了上海人民的热烈欢迎并留下了永久的记忆。各大、小报刊纷纷发表评论文章，盛赞演出的成功，各文艺单位争相录音、学唱，无论走到哪里，广播喇叭都在放响着“小女子本姓陶，天天打猪草”(《打猪草》)、“含悲忍泪往前走……”(《路遇》)，华东歌剧院和上海音乐学院把学习这些优美的民间戏曲当作是自己的“方向”。

王少舫同志在这次演出中，除改编执导《打猪草》和《新事新办》外，还与严凤英合演了《蓝桥会》，与潘璟琍合演了《路遇》，与王少梅合演了《新事新办》。

演出之后，华东文化部还为他们召开了上海文艺界、戏曲界、音乐界等各界人士参加的座谈会，座谈会上大家一致肯定了演出的巨大成功，表达了上海人民对一个剧种所能给予的最高荣誉——最热烈的赞赏。在这之后，“黄梅戏”成为上海人民在很长一段时间内谈论的热门话题，甚至有歌剧院的演员仅仅为看了这次演出，毅然抛弃了繁荣的大都市上海，来到千里外仍然贫困的安徽，终身投入黄梅戏事业。

代表团结束了上海的演出后，于 11 月 25 日回到合肥，27 日起至 12 月 6 日便在合肥向安徽省委、省文化局和安徽人民作了汇报演出，安徽人从此才认识到我们省的黄梅戏有如此的魅力，《安徽日报》连日发表彭拜等同志的评论文章。这次演出的节目，除在上海演出的全部节目外，又增加了一出新近才改编的小戏《闹花灯》(后改名《夫妻观灯》)。王少舫看到上海演出时，群众很喜爱生活小戏，于是在火车上即与同伴丁紫臣等人合计，在传统小戏中进行挑选。丁紫臣等报出几个小戏，王少舫独具慧眼，选中了《闹花灯》，经过加工改造，去除一些污杂的低级调笑，加上一些生活舞蹈，突出了夫妻之间的恩爱情趣及浓郁的乡土气息。这出戏表演上原来很粗糙，舞蹈仅有“荷花出水”和“走四角”等简单动作。他根据剧中所描写的主要情节“看灯”，围绕灯场情景和人物在看灯时的欢乐心情，加以重点突出渲染，通过唱腔和舞蹈，带给观众以乐观的感染，对这出戏赖以存在的舞蹈，从头到尾给以较大加工，使之成为与《打猪草》齐名的两出代表剧目。《夫妻观灯》原是王少舫、王少梅兄妹合演，后由王少舫、严凤英演唱，并被中央新闻电影制片厂搬上银幕。

《打猪草》《夫妻观灯》产生后，王少舫曾在一次座谈会上说：“过去认为花腔戏 (小戏) 没有平词戏 (大戏) 正规，当作开锣戏唱，现在发现这种看法是错误的，‘两小戏’‘三小戏’形式活泼，很受观众欢迎，我们已经注意大量采用，并不断从原有基础上提高。”与《打猪草》《夫妻观灯》同时或稍后出现的“独角戏”、“两小戏”、“三小戏”、“折子戏”（大本戏中的单折），还有《补背褡》《纺线纱》《游春》《砂子岗》《送绫罗》《点大麦》《打豆腐》《春香闹学》《苦媳妇自叹》《蓝桥会》等黄梅戏的小型剧目，因其生活气息浓郁，带有泥土芬芳的艺术特色，为广大观众所注目。如今这些剧目，除《打猪草》《夫妻观灯》偶有演出，其余大都被冷落而退出了舞台。随着时代的前进、观众的变化，戏曲剧目的盛衰更替是难以阻挡的。今天再出现“天天《打猪草》，夜夜《闹花灯》”的情况也未见得是好事，但王少舫、严凤英等老一辈艺术家注意到传统小戏中清新活泼、简单明快、便于推广、容易流传的部分，费力劳神地去挖掘、整理、排练、演唱，是功不可没的。历史不可忘，当年三两个人在火车上搞的一出戏，却能满足亿万观众的欣赏要求，至少流传了半个世纪（今后还能演唱多久，却不好预言）。这里面有什么值得借鉴的呢？我想是为广大观众着想，从实际出发。

黄梅戏在上海演出引起轰动的半年后的1953年4月，安徽省黄梅戏剧团宣告成立。王少舫离开安庆，经过赴朝慰问、进京演出而到了合肥的国营剧团，好在原在“民众”的丁老一家、潘氏父女以及张云风、王文治、王文龙又先后走到一起了。王少舫还与严凤英再度合作。在中共安徽省委的直接领导下，王少舫与新老伙伴团结奋斗，使黄梅戏成为全国少数名列前茅的优秀的地方戏曲剧种之一。

（此文作于1999年10月7日，原载《皖戏丛谈》2003.6）

给我一杯“忘情水”

黄新德

歌迷的狂热，基于年轻人的涉世未深及情感宣泄，没有什么理由可言。来得凶猛，去得迅速，如同一次短暂的快餐。

戏迷的热爱，则是相对理智与持久的，是用心与艺术家作品的碰撞，在共鸣中享受着身心的愉悦。如同酒鬼遇见了陈年佳酿，相见恨晚，一醉方休！

而身在艺术圈内的人士，如若老是发自内心地敬佩、敬仰、敬慕一位艺术家的话，那么，我相信那位艺术家应该是货真价实、当之无愧的！业内人士似乎很难被光环和媒体所迷惑、所左右，更不会轻信什么“御封”或“钦定”。如果说观众更多的是由于“距离产生美”，那么，近距离甚至零距离观察、接触、感受眼中和心中仰慕的艺术家，才格外真实、可信！

王少舫先生就是我特别敬仰和佩服的艺术大师！如果说当年懵懂、不谙世事、不知天高地厚的话，而今随着年龄的增长和眼界的开阔，愧疚之感与敬佩之情却与日俱增。在一次又一次感受着大师作品的艺术魅力的同时，又深深地被大师的人格力量、人品艺德所震撼。我理解了什么叫作“光环后的阴影”“坚韧中的软弱”“挺立下的压抑”“帷幕起落里的苦闷”……

王少舫与黄新德合影

老人家已辞世十八载，这一切是否也随着躯体的消失而灰飞烟灭呢？我想起臧克家的诗句：有的人活着，可他已经死了；有的人死了，可他永远活着！

在一个健忘的年代，在一群健忘的人中，似乎没有几个人会有心思和精力，对往日投去哪怕漫不经心的一瞥。在大吹大擂今日的功绩与辉煌的时候，忘记了自己原来是站立在巨人的肩膀上，而且是那样的歪歪倒倒、摇摇欲坠！

在2003年的中国安庆黄梅戏艺术节上，隆重地举行了严凤英表演艺术研讨会。我聆听了专家和同行鞭辟入里、高屋建瓴的发言，被感动、激动……刹那间，一个酝酿已久的想法涌上心头，急欲一吐为快——什么时候能为王少舫先生也开上一个表演艺术研讨会呢？

我草就一张纸条转交主会者手中，希望给我一个发言机会……遗憾的是，主会者以为我怕耽误晚上的演出化妆，急忙用掌声欢送离席。我回眸苦笑，怅然而去……

我也非常敬重严凤英老师，可惜生不逢时，没有接近、接触这位艺术大师的机会，甚至从未观看过她的舞台演出。严老师含冤去世时，我还在艺校。而对王少舫先生的舞台上下，则有幸近距离接触和了解。随着岁月的流逝，愈发感到先生的艺术精湛，人品厚道，对事业的执着，对观众的亲和，对尊严的维护，对形势的无奈……然而，让我最最不能忍受的是，似乎有一双无形的手，紧紧扼住了老人家的咽喉，使他发不出任何声音。一位声名显赫、德高望重的艺术大师去世了十八年，竟然没有多少关于他的消息，人们似乎在忌讳什么？在努力淡忘什么？在极力回避什么？

《龙女》剧照，从左到右依次为王少舫、黄新德、夏承平

相比之下，常香玉大师去世，袁世海先生驾鹤……甚至汉奸文人胡兰成都被炒得火热……而黄梅戏的一代宗师、擎天之柱、对剧种做出了划时代贡献的逝者，却被社会遗忘。这不知是社会的悲哀，还是剧种的不幸！我以为，王少舫先生的唱念、表演、创造及借鉴、融汇的艺术成果，足够后人研究几辈子。即使王先生有什么失误之处，我们也不应沉默，而是要认真研究和总结，不能让悲剧在今后的岁月中重演……他的艺术和人生，都是极其重要的研究课题，关系到对剧种历史的辩证梳理和对未来发展的科学构架。可惜，没有多少人关心这些“陈芝麻烂谷子”！要知道，没有历史的民族是长久不了的，那么，不要历史的事业又能走多远呢？何况，目前黄梅戏舞台上仍在热演并受到国家认可的经典剧目依然是《天仙配》《女驸马》。可怜当初创造了精品的人们早已被忘在爪哇国，先师地下有知，不知作何感慨！

本可以写下长篇幅的文章，对先生的唱念风格、表演流派、创作手法及生活中的朴实平易，竭力作出自己的分析和评价。但不先说出上述话语，如鲠在喉，什么也说不下去。

好在艺术作品放在那里，它“唱”得比“说”得好听，无论你想用什么办法淡忘它，一“含悲忍泪”它就“往前走了”！

（原载《严凤英、王少舫的艺术历程》2004.11）

【作者简介】黄新德，著名黄梅戏表演艺术家、国家一级演员，国家级非遗传承人，享受国务院特殊津贴。曾任安徽省戏剧家协会主席、安徽省文联副主席、安徽省黄梅戏剧院艺术总监、中国剧协理事。曾获中国戏剧梅花奖、文华奖、白玉兰奖等。代表作：《无事生非》《龙女》《柯老二入党》《梁祝》《风尘女画家》《长恨歌》《知心村官》《诗仙李白》等。

王少舫与严凤英

陆洪非　林　青

王少舫和严凤英，这一对艺术上的好伴侣，如今都已离我们而去。他们一个长眠在安庆的菱湖公园；一个安息在合肥的小蜀山下。他俩已经在九天碧落处重

严凤英、王少舫、王冠亚在研究太平天国史料

逢，共话当年。他们有那么多丰富多彩的往事可供回忆、追叙，在天宫悠悠岁月里，当不会再感到寂寞和凄冷……

“文化大革命”后期，有人想写严凤英，去向王少舫了解。王少舫说：“要谈严凤英，没有人比我更了解，我还需要时间把头绪理清……”他既然这么说了，必定是深切地了解严凤英的。可惜，他没能来得及，就匆匆地离开了人世，他带走了那些可供后人全面研究严凤英的可贵历史而去……

初次相识

他们的相识并非始自 1954 年调入安徽省黄梅戏剧团之后。

他们的相识也不是 1951 年的安庆。

他们相识在解放战争的后期——1947 年。

当时，国民党的统治即将崩溃，黎明前的黑暗对四处流浪的艺人来说显得格外严峻。严凤英此时流落芜湖，在清乐茶馆卖唱；王少舫一家正好也辗转奔波到芜湖，住在芜湖娱乐场的后台。那里已经住了一些从各地汇集来临时搭班的京戏演员，有唱小生的王同路，唱武生的胡金桃……严凤英自幼喜欢京戏，一有空就喜欢到娱乐场去看他们练功、演出。有时京剧演员出去喊嗓子，严凤英也跟着去，还会跟他们一起喊喊嗓子。那时凤英年仅十七，人又长得漂亮，性格活泼热情，嗓子又好，所以娱乐场的演员们喜欢和她交往。她特别喜欢王少舫一家，其中主要原因，我想是由于她与王少舫在艺术上有着共同的爱好。王少舫虽是京剧演员，却热爱黄梅戏。他不仅热爱，还唱过黄梅戏，与黄梅戏的接触甚早，时间也长，并和一些黄梅戏演员如丁老六、潘泽海等人都有很深的友谊。而严凤英本人是黄梅戏演员，却又热爱京戏，喜欢京戏，这就为他们的相识相交提供了一定的基础和条件。当严凤英发现了王少舫一家后，经常登门拜访，“哥哥，嫂子”叫得非常亲热，无奈王少舫生性腼腆，不善交际。不仅如此，少舫虽身为艺人，却家规森严，母亲孙氏曾让黄梅戏艺人丁永泉（丁老六）的儿子丁紫臣伴随少舫，不离左右，以防他误入歧途，随波逐浪。所以，尽管严凤英很想交这个朋友，却遭到了冷淡，开始凤英来时，少舫还陪着交谈，来的次数多了，他就借故推辞，假说有约出门而去。凤英见少舫不大热情，渐渐地也就不来了。他们做梦也没有想到，几年以后，他们会同在一个剧团，成为艺术上相辅相成的好搭档、生活上的亲兄妹，共同名扬天下，终其一生。

竞争之中再相逢

王少舫一家于1950年从合肥回到了安庆——他的第二故乡。这儿有他的家，他所热爱的黄梅戏，还有熟悉他的安庆观众。

1949年，与他在抗日战争时期同过台、共患难的黄梅戏老艺人丁永泉到合肥开代表会，首先去看了王少舫，热情洋溢地介绍了新中国成立后安庆黄梅戏的发展情况：如今的黄梅戏已不同以往了，有了固定的剧场，有政府的支持，观众是多么的欢迎，上座率又是多么的好，各方面对黄梅戏的要求是多么高。他又说，如今是万事俱备，只欠东风，东风就是王少舫。“现在就缺少你王少舫！”他说得眉飞色舞，王少舫听得心急火燎，他的心动了。是呵！他丢不开安庆，丢不下安庆那些喜欢他的观众，丢不下安庆的黄梅戏，也丢不开安庆那多年没回去的家。打这起，他一心一意地要回安庆了。

王少舫于1950年回到安庆，进入“民众”剧场，成为“民众”的管理者、主委、导演、演员。他响应号召排出一批新戏，培育了一批新人，改变和扩大了观众面，从原来的以小市民为主要对象扩大到解放军、干部、学生，剧场内外常常人潮涌动，演职员工资成倍提高。他们用自己的收入盖了新剧场，做了团服。黄梅戏的各路人马，一个个闻风来投，“民众”的阵营愈加坚强，演出水平日益提高，被当时的领导频频表扬。

相形之下，另一个上演黄梅戏的“胜利”剧场就显得力孤势单，每况愈下，日子很不好过，常常门可罗雀，演职员人心涣散，经常面临发不出工资，生存遭到前所未有的挑战。物极必反，形势逼得他们不得不想方设法。怎样才能渡过难关？怎样才能与“民众”分庭抗礼？他们必须有自己的王少舫才行。但是，到哪里去找另一个王少舫呢？能够与王少舫抗衡的人又在哪里呢？他们想到了严凤英，除了严凤英还能有谁呢？只要有了严凤英，一定能压倒“民众”！只要有了严凤英，“胜利”定能欣欣向荣！只要有了严凤英……他们越想越美，群情激昂，好像严凤英已经来到他们中间。问一下，有人说曾在青阳见过她，有人说在芜湖见过面，有人还听说严凤英到了上海、南京……众说纷纭，莫衷一是，究竟严凤英在哪里？

1949 年，严凤英流落到南京。当时南京处于解放前夕，国民党的达官显要和一批依附他们的社会渣滓，把六朝古都装点成一座畸形繁荣、充满了污泥浊水的城市，一个十八九岁的女子，孤身一人想在此谋生谈何容易！为生活所迫，她曾在南京著名的上乘庵米高梅舞厅伴舞，兼做歌女。舞厅纸醉金迷的生活，不能满足严凤英一颗充满对艺术执着追求的心，于是在伴舞之后，她常邀友人一起去观摩京剧的演出。

1950 年南京解放后，南京的京剧票友在市军管会文艺处领导下，在太平南路安乐酒店内创办“友艺集”京剧茶座，以切磋京剧艺术。严凤英得知有这样的好机会、好去处，便经常与友人一同前往。一次偶然的机会，她在茶座内认识了南京著名京昆票友甘贡三的儿子甘律之。甘律之新丧配偶，心情抑郁，见严凤英活泼聪明，天资很高，内心也很欣慰。凤英见甘律之风度儒雅，彬彬有礼，像是个有文化有素养的人，她一向都对有文化教养的人从内心感到崇敬，因而慢慢也产生了好感，二人来往渐渐密切。严凤英到了甘家大院，整天沐浴在那高雅艺术氛围中，如醉如痴，生活上又不需要再去奔波，免却了多少烦恼。于是在共同对艺术的追求中，凤英与甘律之的感情与日俱增，甘律之的父亲甘贡三也喜欢严凤英的天资和悟性，也就同意他们二人结为伴侣，只为律之新丧，暂未举行婚礼。

甘贡三在南京是有名的京昆世家，家中筑有江南著名藏书楼“津逮楼”，甘贡三相交均是戏曲大家如梅兰芳、吴梅等，严凤英大开了眼界，吸收了大量的京昆艺术精华，和他们全家十几个人一起练功、排戏、业余演出，这些经历为她以后在表演上土气加洋气打下了坚实的基础，真是如鱼得水，乐不思蜀！

安庆“胜利”剧场的人，抱着破釜沉舟的决心，不找到严凤英誓不回头。转过多少弯，抹了多少角，踏破了几双鞋，精诚所至，金石为开，他们终于来到了南京。他们先找到了米高梅舞厅，问到严凤英的一个女友，最后才算找到了甘家大院，找到了甘律之，自然也找到了严凤英。来人直接说明了来意，一时间难住了严凤英。她虽然自小热爱黄梅戏，但自从唱黄梅戏以来，像无根的浮萍到处飘零，现在好不容易有了安身之地，与甘律之的感情也十分融洽，现在要她立刻离开南京，离开甘律之，心里怎能割舍？来人凭着三寸不烂之舌，首先说动了甘律之。他考虑，凤英热爱黄梅戏，在黄梅戏表演上已取得相当成就，安庆来人费了这么大劲找她，说明了对她的信任；如果为了眼前，而断送了她的一生事业，于心何忍？何况他已看出她的天赋，她绝不是笼中的鸟，将来必定会飞向蓝天，前

王少舫、严凤英与剧场内的观众在一起

途未可限量，不让她去岂不扼杀了人才？何况她去了安庆，并非就要断绝来往，他们的关系仍可保持。他把想法告诉了严凤英，凤英冷静考虑后觉得甘律之是为她着想。她想，这确实是自己重返黄梅戏舞台的一个极好机会，人家特意诚心找我，我若不去，即使在过去的旧戏班，也会被人唾骂，也就同意了。于是1951年，严凤英回到了她阔别已久的安庆，开始了她又一次，也是真正的黄梅戏演员生涯。

黄梅戏演员彭玉兰感慨地说："如果不是王少舫在'民众'进行的这番改革，严凤英再次返回安庆重唱黄梅戏的可能性也不大，她已多年没演黄梅戏了，她尝苦头尝够了，她在南京跟甘律之好，不想再演黄梅戏了。'胜利'在混不下去的情况下，结果冥思苦想才想起黄梅戏还有一个'鸿六'（严凤英小名），只有找到她才能和'民众'对抗。"

人生的机遇往往不可捉摸，有时一件小事也会改变一个人一生的命运。严凤英从南京回到安庆，在她人生道路上是个大转折，由此走向了她作为黄梅戏演员辉煌的一生，也是短暂的一生。

这时，王少舫和严凤英又来到了同一城市——安庆。因为他们分属于两个对立的剧院："民众"和"胜利"，两颗黄梅戏之星相隔咫尺，虽近却远，老朋友难叙旧谊。"胜利"由于严凤英的加盟，营业状况陡变，只要她的名字一挂出来，"客满"的牌子也随即挂出，哪怕一晚上只演一出几十分钟的小戏，如《戏牡丹》《游春》也是如此。开始，对"民众"剧场也有些冲击，但时间一长，明星制终于斗不过导演制，"民众"以它整体艺术的完整性和新戏新面貌的革新精神遥遥领先于"胜利"老戏老演老一套的萧条景象，即使在两个剧院演同一出新戏的情况下，观众仍然选择了"民众"去包场而舍弃了"胜利"。"胜利"急了，有些人就想挑起武斗，说："演不过他们，打也要打垮他们。"大家在一起商量，一个打一个，打鼓佬打打鼓佬，主要演员打主要演员。当时严凤英被分配打"民众"的丁翠霞，凤英不干，她说："丁翠霞教过我的戏，算我师傅，我不能下手打师傅。"又有几个女演员也觉得下不了手，于是一场武斗终于未成事实。

1952年安徽省暑期艺人学习集训班（简称艺训班）于7月22日开学，历时

47 天。参加学习的有全省各专、市、县的文化部门戏曲工作干部、省文工团领导干部与团员、全省职业班社的戏曲艺人数百人，各个剧种的代表都参加了，王少舫和严凤英在训练班里又一次见面了，不仅是见面，而且在一个组里共同学习和生活了 47 天。通过学习，大家都有了很大提高，两个剧院的隔阂也消除了。他们把在安庆时期的矛盾抛到了九霄云外，在黄梅戏的旗帜下，很快续上了老友之谊。他们之间有太多的共同语言，所以，当一天的紧张学习结束之后，在晚上休息的时间，严凤英总要拉王少舫去饭馆喝酒。她把少舫当作大哥、知己，把自己在旧社会所受的苦、经历的种种磨难，毫无保留地向大哥倾诉，增加了少舫对她的理解和同情。在学习班期间，他俩还共同排练演出了《蓝桥会》，这是他们在艺术上的首次正式合作，由于他们的精湛演技，把这一出极见功力的爱情悲剧演得十分感人，像欣赏一幅优美的水墨画般带给人一种难忘的艺术享受。

《蓝桥会》写的是一个旧社会的童养媳和一个青年书生，在春色迷人、风景如画的蓝桥边相遇。二人从互不相识到互表心曲，从相互同情到互相爱恋直到相约终生的一段优美的故事。王少舫和严凤英表演得层次分明，感情进展自然、清晰，既是青年男女的欢乐爱情，又是发生在一个家有小媳妇，另一个家有小女婿的人身上，恰恰给人感到这爱情的前景是笼罩在层层阴影之中的。少舫和凤英的表演深刻、细腻，唱得婉转动人（全剧无一句道白，全是唱词）。我是 1952 年底在上海看到他们演出的，至今 40 多年过去，仍然是记忆犹新，回想起仍然激起一种淡淡的哀愁。

著名京剧大师梅兰芳先生在看了他们二人演出的《蓝桥会》以后，给了极高的评价，盛赞他们的表演艺术已达到“成熟阶段”，并对戏中以一根白绸子来代替扁担和水桶的处理表示了很大兴趣，认为这“法子不错”。可惜的是，这出具有极高艺术价值的戏并没有流传下来。

安徽省艺训班的演出，惊动了上海一些下来采集民间艺术的专家学者，回去向上级汇报后，发出了邀请。于是，有了 1952 年 11 月黄梅戏、泗州戏的赴华东（上海）观摩演出之行。

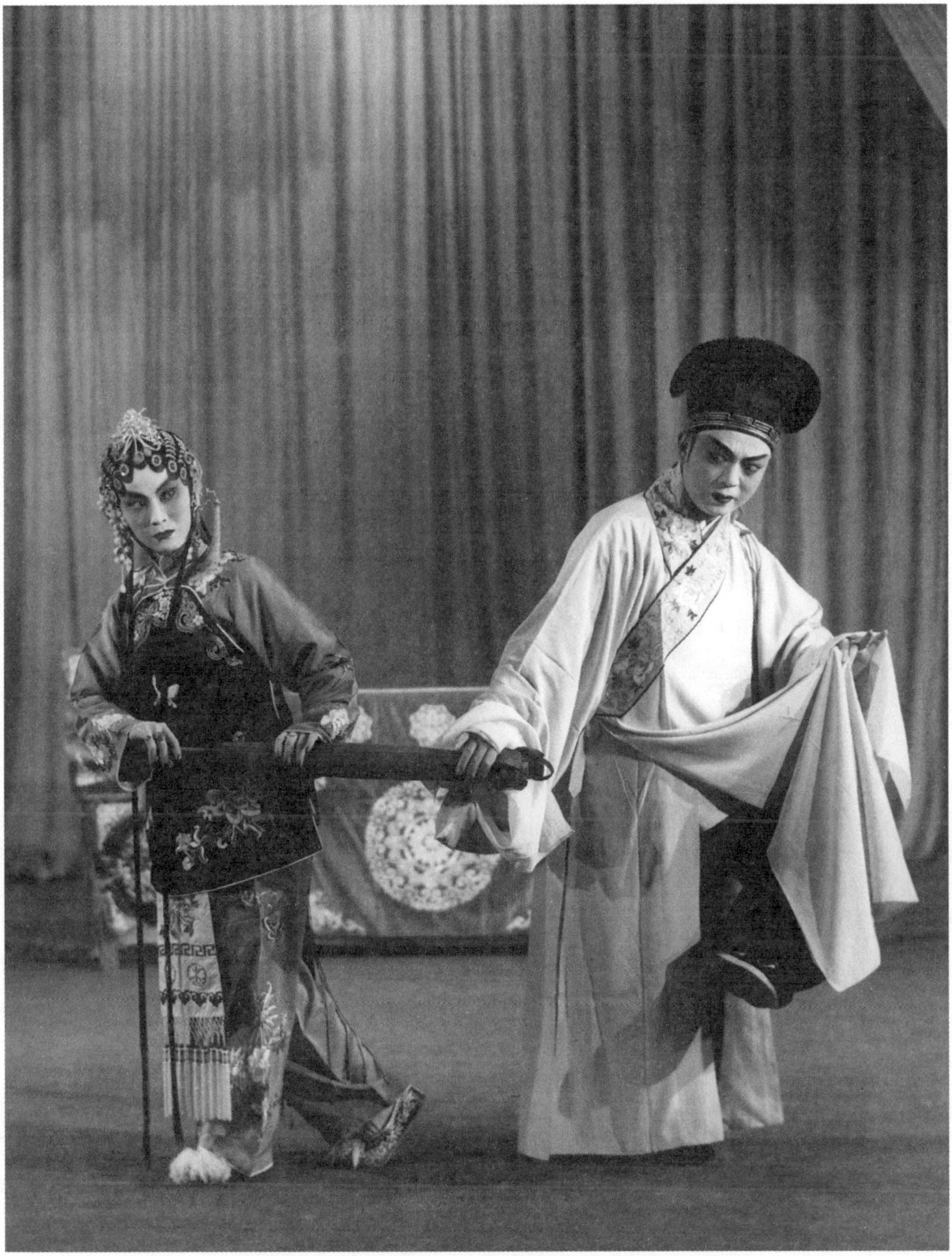

《小辞店》剧照，王少舫饰蔡鸣凤、严凤英饰刘凤英

1951年北京举办了戏曲会演，全国许多地方戏都参加了，就是没有黄梅戏。当时的黄梅戏只不过是深山里一朵野菊花，是“养在深闺人未识”，有了这次邀请，才使黄梅戏走出安庆一隅，走进了中国第一大城市——上海，从而打响了新中国成立后黄梅戏走出安徽的第一炮。

笔者作为上海歌剧院的一名演员，有幸看到了这次演出。

1952年11月底，寒冷的浦江泛起了春潮。一股疯狂的黄梅戏热席卷了上海，使繁华的上海滩一夜之间万人空巷，观看黄梅。上至专家学者，下至普通百姓，人人看黄梅、唱黄梅、谈黄梅。无论走到哪里，高音喇叭里传出的都是“小女子本姓陶，天天打猪草”（《打猪草》）、“春开牡丹夏开莲，茅棚内走出蓝玉莲”（《蓝桥会》）、“驾起云头离仙境，飘飘荡荡下凡来”（《路遇》）的黄梅戏唱腔。大小报刊争相刊载介绍，盛赞黄梅戏醉人的“泥土芳香”。著名作曲家贺绿汀、著名编导张拓等专家纷纷撰文赞赏黄梅戏，说黄梅戏像一首“优美的牧歌”，是农民对“青春生活的歌唱”，“决不因为它简朴而丧失它在文学上和艺术上的价值”，说《蓝桥会》中的“身段、水袖，几乎都可以与昆曲、京剧比美”。

这次演出的剧目有《打猪草》（严凤英、丁紫臣主演，王少舫参加改编并执导），《新事新办》（王少舫主演并执导），《路遇》（王少舫、潘璟琍主演），《蓝桥会》（王少舫、严凤英主演）。

从这次剧目的演员安排上可以看出，严凤英和王少舫合作的只有一出《蓝桥会》，其原因我想恐怕是由于这次演出目的首先是推出黄梅戏这一剧种，同时也由于在当时，有关方面也还没能认识到两位黄梅戏艺术家合作的风采和魅力。如果把这次演出放在电影《天仙配》放映之后，再让观众欣赏他们的《蓝桥会》，也许观众会给他们更高的评价、更新的理解，也许会认识到王少舫和严凤英两位大师的合作才是最完美的，他们俩才是不可取代的最佳搭档。

无论是王少舫，还是严凤英，他们都曾见过“世面”，王少舫的童年学徒生涯就是在上海度过的，上海对他来说并不陌生；严凤英在流浪中也曾到过上海、南京等大城市。但这次到上海与以前不一样，这次他们是作为被华东文化部特别邀请的代表团到上海去唱黄梅戏的。这次演出的成功与否，对今后黄梅戏在全国的声誉地位的影响是巨大的。他们深感这次演出的意义重大，所以心情都格外激动。但他们毕竟是久经沙场的老将了，他们出色地完成了任务，在上海乃至华东各省群众的心中播下了黄梅戏的种子，使这朵山菊花迅速被大家所推崇，并在这之后，许多地方的演出团体派人到安徽来学习黄梅戏，黄梅戏也便随之传播到全国各地。它已经走出深闺，成为光彩照人的新嫁娘了。严凤英、王少舫这两颗黄梅戏的超级明星，在艺术的轨道上开始走到一起来了。

王少舫、严凤英在安徽省黄梅戏剧团

1953 年，安徽省黄梅戏剧团成立了。严凤英、王少舫相继调来合肥，开始了他们艺术上长期合作的历史。从此，他们的艺术造就随着黄梅戏的发展而进入了全新时期。他俩主演的《天仙配》影响及于国内外，乃至“董永”“七仙女”成了他俩的代名词。王少舫饰演的董永老成持重；严凤英的七仙女则活泼调皮。有了董永的老成，才显出七女的活泼；有了七女的调皮，董永的忠厚才更可爱。他们的表演相互衬托，相互辉映，形成了强烈的戏剧性，从而深深吸引着观众。《天仙配》之所以魅力长存，和严凤英、王少舫所创造的动人形象是分不开的。继《天仙配》之后，他们又合作了《春香传》《打金枝》《女驸马》《喜荣归》《宝英传》《牛郎织女》《碧玉簪》《桃花扇》《夫妻观灯》《花亭会》《扯伞》《琴桃》《借粮》《王定宝借当》《断桥》《蓝桥会》《凤凰山》《菜刀记》《游春》等几十出大小剧目，严凤英在表演上才气横溢、自然天成，极富艺术魅力；王少舫则含蓄深邃，稳重老到，艺术上耐人寻味，琢磨后方领妙境，在舞台上形成了一对既独具风格又珠联璧合的艺术伴侣。

艺术上相得益彰的伙伴，在生活上也是相敬相亲的。王少舫长严凤英 10 岁，严凤英尊称他为大哥。她过去未经过严格的程式训练，遇事总向“大哥”请教。他们同住一幢楼，严凤英住三楼，王少舫住在她的下面二楼，严凤英上下楼都经过王少舫门前，抬腿便进了家。有时为了一句台词，一个身段，也会进来聊聊。生活上有了问题，也下来向大哥、大嫂倾诉。请客吃饭，少不了请大哥作陪。团里排戏、开会、出差，两个同进同出，形影不离。

20 世纪 50 年代，有一次团里参加了安徽省文化局在江淮大戏院召开的春节联欢晚会，大家凑节目，严凤英提出要和王少舫反串《打猪草》，少舫开始不想演，但严凤英非要他演，说："只有你演陶金花（《打猪草》里的小女孩）才会有效果，别人谁演都不行。"王少舫只好同意。严凤英穿上了"小毛"的服装，自然又大又长；王少舫穿上陶金花的服装，裤子只齐他的膝盖，露出了半截腿，女的彩鞋他穿不上，就穿上他自己的皮鞋，头上戴着两条假辫子，加上脸上夸张的化妆，一上场全场轰了起来，笑得前仰后合，好久静不下来。当演到金小毛把陶金花的篮子踩破，陶金花唱"叫我莫奈何，篮子踩破着"时，两手揉眼哭了起来，少舫的个子本来高大，穿上小女孩的衣服，再做出小女孩撒娇的动作，加上他自己一本正经的样，逗得全场笑破肚皮，就连台上的严凤英也笑得唱不成调。这一次的晚会演出，给人留下了深刻的印象，几十年后的今天，人们回忆起来，仍然历历在目。从这件事情上也可以看出他们之间的关系是多么的融洽和谐。王少舫喜爱严凤英既具黄梅戏特色又色彩丰富的唱腔和贴近生活的表演，并自觉向之靠拢，亲切地称她为"小妹"。他们的关系是"锣"和"鼓"的关系，"锣"离不开"鼓"，"鼓"离不开"锣"。《打猪草》是严凤英的拿手戏，但王少舫不适合演那个小孩，严凤英慢慢地也就不演了。

若问严凤英、王少舫之间有没有矛盾，当然有，但他们的矛盾多半是枝节问题。严凤英争强好胜，作为大哥的王少舫总是让着她。比如两个人的排名问题，开始时，因为王少舫的艺龄和艺术修养都较严凤英高一些，所以团里每次演出的海报或报纸上登的演出广告都是王少舫、严凤英，王少舫排在严凤英之前。定工资王少舫定 360 元，严凤英定 300 元。后来严凤英要求降低工资 50 元，变成 250 元，并说："工资多少是小事，名字先后是大事。"电影《天仙配》拍出后，严凤英的影响大了，排名就颠倒过来，严凤英在前，王少舫在后。当时领导找少舫谈话，少舫能够顾全大局，一说思想就通了。当时领导认为王少舫能这样正确对待这个问题很不容易，出乎他们的意料。另外，剧团有时会碰到各种各样的救灾、募捐活动，王少舫若是报 100 元，严凤英就要报 120 元或者是超过王少舫 100 元的任何数目，必定要压倒少舫才行，弄得王少舫很为难，这样在客观上造成了一种印象，严凤英大方，王少舫小气，甚至说王少舫自私，但“大哥”知道“小妹”的脾气，也不与她计较。

多年来，他们曾多次演出招待中央首长，共同接受革命传统教育，思想觉悟都有了很大提高，所以，在更多的方面，如艺术的革新和对待传统的根本问题上，他们是一致的，共同的。

1956 年，他们在北京为中共八大演出。

电影《天仙配》上映以后，北京有一部分老前辈贬低严凤英，如昆曲专家白

王少舫（一排左三）、严凤英（一排右五）与工人群众在一起

云生在座谈会上说“看严凤英只能看上半部（面部）”，因为严凤英腿上没有功夫。但严凤英在解放军和学生当中影响很大。著名作家老舍在一次座谈会上发言，对王少舫的唱腔特别感兴趣，说他声音有点沙哑，带点“老”味，非常欣赏。

这次在京期间，他们还应邀到了大将徐海东家，徐海东对严凤英、王少舫谈了自己过去的身世，他说：“我是个苦娃子出身，干过煤窑工人，也唱过黄梅戏，《天仙配》我会从头唱到尾。是党挽救了我，参加了革命，我大半生是在安徽度过的。”并说自己“身体不行了，今后建设是靠你们了”。一番真情流露的话语，把严凤英和王少舫感动得流下了眼泪。他的夫人出来说：“你和他们讲这些干什么？”他笑着说：“传统还是要讲的嘛。”“喏，她就是七仙女，长征时她最小，大家叫她七仙女，后来就配上我这个董永了。”大家都笑了。当时气氛搞得很融

1963 年《红色宣传员》剧照，王少舫饰崔镇午、严凤英饰李善子

1953 年，王少舫与波兰玛佐夫舍歌舞团艺术家会见

洽。告辞时，徐海东听说他们还要去福建前线慰问，说：“福建有个二十八军张军长，有什么事你们可以找他。”剧团到了福建后，张大南军长穿着礼服到车站来接见他们。王少舫和严凤英向张军长说：“徐海东同志向你问好！”张军长一听说徐海东，马上就像孩子样的高兴，拉住了他们的手说：“老首长身体可好呀？我是他的警卫员，长征时我是给他牵马的！打陕北直罗镇的时候，俘虏国民党几个师长，就是我们干的！”当时革命队伍里的那种感情，深深感动了严凤英和王少舫。有一次，他们巡回演出到了海陆丰，看到彭湃的母亲，她在树上摘了两个杨桃，一个给严凤英，一个给王少舫。这杨桃是彭湃亲手栽的。所有这些革命传统教育，使两位黄梅戏艺术家在潜移默化中，像大浪淘沙，像涓涓流水，渐渐洗去了从旧社会带来的一些陈旧的思想习惯，逐渐完善着自己，也对他们未来的人生和他们的演艺事业带来不可估量的影响。

王少舫和严凤英尽管对黄梅戏的传统很重视，但他们并不因此而保守，对吸收外来的各种营养和对自身的改革，他们从来都是抱着积极的态度。

1955 年，在上海拍电影时，上海文化广场有一次很大的活动，那就是上海交响乐团伴奏黄梅戏专场。这即使在今天看来也是难得的，在当时更是破天荒的，是很难想象的，是有史以来的第一次。当时的上海交响乐团位置很高，指挥请的是外国人。王少舫、严凤英在上万人观看的地方演出，也是有生以来的第一次。那次的演出很成功，扩大了黄梅戏的影响，上海人从此更加热爱黄梅戏，也更熟悉和热爱这两位黄梅戏的艺术家了。

1962 年“甄别平反”，又有一些关于严凤英的流言蜚语。王少舫被剧团领导找去谈严凤英的“材料”。但他实事求是，绝口否定了那些莫须有的传说，王少舫作为和严凤英相处关系最密切者的证明是至关重要的。在严凤英最困难的时候，王少舫帮助了她，使她顺利地渡过难关。

一次，印度尼西亚总统到上海访问，上海市委要求安徽黄梅戏拿两个节目，并指定为严凤英、王少舫的《路遇》和《夫妻观灯》。当时《夫妻观灯》不是严凤英演的，是王少梅的戏，王少梅在那样情况下能把自己为数不多的上演节目中最受欢迎的《夫妻观灯》让给旁人，确实不容易，而王少梅的工作又取决于她哥哥王少舫，由少舫先做妹妹的工作。少梅不仅让戏，还要教戏。严凤英化装时，王少梅就在旁边比画。王少舫做好妹妹工作，又来帮严凤英排练，结果《夫妻观灯》不仅由严凤英招待了外宾，还由她拍了电影，而且成为她经常上演和招待首长与外宾的重要节目。

《王杰颂》剧照，王少舫饰王杰

严凤英对王少舫在艺术上极其信赖，电影《牛郎织女》由于是和香港合拍，当时港方提出牛郎的扮演者需换年轻演员。王少舫对此倒是并不计较，因为他从小学京戏唱京戏就是老生行当，对丑行、花脸等行当都有兴趣，他并不一定局限在小生一个行当。后来他参加“民众”剧院，为了培养青年演员，他也总把重要角色（黄梅戏里的重要角色一般都是小生、花旦）让给青年演员去演，自己却演戏里的配角或丑角。但严凤英为不让王少舫扮牛郎思想不通，意见几次提到当时的省委，最后牛郎仍是青年演员扮演，王少舫演了戏里的金牛星。

王少舫演戏不像有些刚出茅庐的年轻人那样光喜欢演主角，他演戏还要看那个角色是否有“戏”，是不是他所喜欢的。比如《女驸马》，他就不愿意演里面的小生李兆廷，宁愿演丞相刘大人。他演过不少配角，由于他的创造性的表演，往往使这类角色在戏里光芒并不亚于主要角色。如《女驸马》的刘丞相，由于他的表演，不仅使刘大人本身成为《女驸马》中举足轻重的人物，还为《女驸马》的喜剧气氛的营造，做出了独特的贡献。又如被人们交口称赞的《小二黑结婚》里的二孔明，更是生动逼真，栩栩如生。当时“民众”的主要小生演员罗爱文说：“看到王少舫的二孔明，把我佩服得五体投地……”严凤英当然希望王少舫能和她配戏，少舫懂得如何配合旁人、衬托旁人；有了王少舫的配合，严凤英的戏会显得更加迷人。但是王少舫即使在戏里演的是一个次要角色，也会为这出戏增添光彩，加重厚度。如把他的配角换掉，戏就会顿显逊色。1986 年莎士比亚戏剧节在上海举行，黄梅戏演了改编的《无事生非》，王少舫同样演了一个不太重要的角色。作为著名演员、艺术家的他，稍不注意，便会把观众的视线引到自己身上来。但他严格要求自己，有时甚至背对观众，尽量突出主要角色的戏。著名戏剧家曹禺在看了演出后对夫人李玉茹说：“你看王少舫，他在台上能让戏……”

“文化大革命”以后

“十年浩劫”，夺去了严凤英年轻的生命，也夺去了亿万观众心中的一颗明珠。死讯传来，从敬爱的周总理，到文艺界的同行，到普通观众，无不为之痛心，为之涕零！一次周总理在文艺界的集会上对一安徽籍演员说：“你们安徽有人死了，知道吗？”回答不知道。张瑞芳说：“是不是严凤英？”总理说：“你看，她知道。要关心人哪！”以书画名世的林散之在观看了电视剧《女驸马》后作诗：“春前苦念黄梅雨，天外仍留碧草痕。一种伤心两行泪，落花水面皖中人。”其情深切真挚，感人至深！对于王少舫来说，他的悲痛更甚一层，他似乎感到自己老了，舞台上那多年形成的默契再也不会有了。

1978年，《天仙配》重返舞台，观众厅里的人们焦急地等待阔别多年的老友——董永和七仙女，可是“七女”早已仙去，“董永”正在化妆台前对镜伤神，身边“七女”的化妆台人去座空，王少舫的泪水竟一次次地冲刷掉脸上的脂粉，抹不完，擦不干。这一场《天仙配》，当演到最后“分别”，七仙女离去，

王少舫与严凤英演《丰收之后》剧照

一向善于控制情感的王少舫再也关不住感情的闸门，随着一声凄惨的呼唤："娘子——"王少舫声泪俱下，台上台下，一片唏嘘！场内泣下谁最多，台上"董永"戏衫湿！

严凤英的去世，造成了她和王少舫两人的悲剧，这是人们始料未及的。王少舫自"文化大革命"后，背上了"董永害死七仙女"谣传的"罪名"，这沉重的包袱，伴随着他艰难地走过人生最后的旅程。在他视为胜似生命的舞台上，很多戏因为没有了严凤英的搭档而不能演了，对手换成了刚从戏校毕业的年轻演员，他一下子变老了。最为突出的是1985年安徽省黄梅戏剧团排演的《风尘女画家》，他曾告诉我，他很喜欢这个戏，想演戏里的潘赞化，但是能不能给他演，没有信心。我曾安慰他，我说："潘赞化在戏中开场年龄即30多岁，是个在各方面都成熟的人物；后面几场年龄是70岁上下，你完全能演……"后来，安排他演了后面两场的老年潘赞化。为演好那两场戏，他倾注了全部心血和毕生的积累。他创造的人物苍凉深沉，每当排练这场戏时，台上没戏的演员和一些舞台工作者——服装师、化妆师……都跑到台下观看，莫不为他的精湛表演而诚服，而赞叹。其情其景，在剧团的排练场上，实属罕见。可是，正式公演没几天，就把他从舞台上撤换下来，据说是因为年纪太大，与年轻的对手不相配，这对他的打击有多大，可以想象。很多人曾表示惋惜，发出感叹："假如严凤英还活着，他俩演这个戏该多好！"是呀！假如严凤英还活着，他俩演张玉良和潘赞化会是什么样的呢？1986年，事隔一年以后，上海莎士比亚戏剧节期间，王少舫还演出过《夫妻观灯》里的青年农民王小六呢！看到的人都说，他的扮相、嗓音和风采都和过去没有什么两样。我相信他们说的，很多很多戏他都还能演，假如严凤英还活着……

1986年7月，王少舫因病逝世。安徽省领导和各界人士400多人参加了他的追悼会，发来唁电和送花圈的中央及省市领导有邓力群、黄镇、李葆华、陆学斌、周巍峙、李贵鲜、王郁昭、史均杰、卢荣景、徐乐义、孟富林、牛小梅、赵保星、袁振、侯永、王光宇、魏心一等，还有文艺界著名人士曹禺、刘琼、谢晋、乔奇等纷纷发来唁电送了花圈表示哀悼。

王少舫逝世不久，有关报纸对他们过去对王少舫所加的“莫须有的罪名，不负责任的指责”给予了澄清，王少舫同志可以安息了。

回顾20世纪50年代黄梅戏走过的路，取得的辉煌，在写这篇稿子的过程中，我反复想着一个问题：为什么黄梅戏直到现在还受欢迎？为什么一些人仍然忘不了严凤英、王少舫时代的辉煌？不是说观众的审美趣味变了吗？为什么《天仙配》直到现在还在被人搬上舞台，一唱再唱？到底是什么东西让观众念念不忘，留恋不已？我想，无论是严凤英，还是王少舫，他们的黄梅戏传统根子扎得深，他们与生活联系得紧，他们对群众非常熟悉（特别是劳动人民），他们扎根在群众中，他们和群众是朋友。我想，能够清楚明白地知道这一点，也就会明白什么是我们今天的黄梅戏人所绝不能丢弃的，反而应牢牢把握住的东西，今天的改革也好，创新也好，也许会少走弯路，更快地创造出无负于时代的今日辉煌！

（原载《皖戏丛谈》2003.6）

笔谈之二：表演篇

BITAN ZHI ER BIAOYANPIAN

艺友王少舫的求索之路

乔志良

我和少舫都是京剧演员出身，20世纪40年代都已成名，且各自都有自己的演出点和观众群。尽管我俩同是唱京剧的，可惜并未见过面。1950年我在九江演出时，安庆人民剧场负责人胡静专程到九江来找我，聘请我到安庆演出，我同意应聘，加盟安庆京剧团，便从九江到了安庆。在安庆演出之余，我结识了郑立松、陆洪非、刘芳松等几位先生。经他们介绍，得知安庆有个地方戏曲叫“黄梅调”，大戏、小戏都演，而且唱起来很好听。在他们的推荐和鼓励之下，我慕名去看了一场黄梅戏，确实很好听，而且在表演上很接近生活，有的就和生活差不多，虽然有时也运用了一些戏曲的程式动作，但不像京剧那么规范。在演出中，有一位男演员很突出，他的表演和唱念跟其他演员不太一样，带有很多京剧的味道和痕迹，我的琴师王信海也和我有同样的感觉。演出结束后向同行一打听，方知他叫王少舫，果然是京剧演员改唱黄梅戏的。看了这场戏后，我俩的艺缘也从此开始，既密切又频繁，都尽心尽力投入到发展繁荣黄梅戏的事业中，直到少舫先我而去。这段50年前的往事，岁月虽长，仍历历在目，使我终生难忘。

我们第一次合作是在1954年华东地区戏曲汇演。这种展示艺术成果的重大机会，作为地方剧种的黄梅戏当然不会放弃，重任落到了安徽省黄梅戏剧团。选择演出剧目时众说纷纭，最后省委领导出面拍板，选定优秀传统戏《天仙配》参加汇演，严凤英演七仙女，王少舫演董永。《天仙配》董永的故事，源自二十四孝，经历代文人加工，从《织锦记》《百日缘》《槐荫记》到《天仙配》，主题不断深化，情节不断丰富，人物不断出新。原来《天仙配》这出戏，各个剧种都在演，各剧种的大小剧团也都在演。黄梅戏要演好，一定要推陈出新，要跳出原有传统框架，在艺术上达到新的境界，这是当时大家的共识。因此，从领导到演职人员群策群力、通力合作，最终以全新面貌出现在舞台上。上海华东地区戏曲汇演时，此剧一演出，便得到了全方位好评，获得了六个最高奖励，其中严凤英、王少舫均荣获表演一等奖。自此《天仙配》便成为黄梅戏独有的优秀保留剧目。

老版《天仙配》剧照

就像《梁山伯与祝英台》成为越剧的看家戏一样，剧目和剧种画上了等号。当然，唱响一出戏，应该是集体创造的结果。我这里说一下王少舫塑造董永这个人物的出新之处。董永卖身葬父，去傅家为奴是戏的开头，人物的定性，一出场就应完成。一般处理往往会突出人物的穷困悲伤无余，以苦来贯穿。但少舫的处理棋高一着。董永葬完父，完成了一件对他来说是尽孝心的人生大事。王少舫理解董永这个人物，当时心态应该是有点轻松遂意之感的，因为董永家无剩粮、没有葬父的能力，通过出卖自己三年的劳动力，完成了自己无法完成的事情。三年长工并不太长，为此，人物心里应该有些高兴。所以去傅家上工时，他在走步上不是沉痛拖沓，而是比较轻松。这一变化，减少了人物悲戚哀怨落魄的表演，突出了人物憨厚纯朴的性格，提高了董永这个人物的起点。因此，善良贫穷的农民董永的出场，就被少舫处理得十分到位，得到了观众认可和同行好评。少舫对董永这个人物的这种新的丰满细腻的感受、解释，一直贯穿全剧。

起点高，要有好发展，才能使原有的创造更加光辉。不久，好发展的机遇又给黄梅戏碰到了，这便是上海电影制片厂决定要把《天仙配》摄制成戏曲艺术片，并由著名导演石挥执导。对剧团来说，拍电影，谁都想，谁都是第一次，所以大家都是喜气洋洋。但是从舞台到银幕还有一个很难的坡要爬。电影特有的生活化表演，往往要求演员克服程式化、规范化的那种夸张放大了的表演，一切都要在生活环境里自然发生。对生活气息本来就很浓的地方戏曲黄梅戏来说，难度要小一些。对京剧演员出身，适应了程式表演的王少舫来说，难度无疑是增加了，需要把他过去融进地方戏曲中的一些程式因素再分离出来。好在他虚心好学，悟性极高，很快适应了演员必须从人物心理和环境来分析处理人物表演这一思维方法。他演活了董永，从此也可以说少舫和董永画上了等号。

这里对《分别》一场略作剖析。这场戏是全剧的高潮，也是人物感情大喜大悲、大起大落的转化之处。少舫知道这是演活董永的一个难点。演好了，人物就活了；演不好，人物就不能在观众心里活起来。所以，他就从难处着手，抓住董永当时当地的心态进行探索创新。董永满工回家途中，既兴奋又愉快，他展望着男耕女织、夫妻恩爱的甜蜜生活，平日憨厚少言的他这时候话也多了，情绪也活跃起来，“树上鸟儿成双对……”这一段唱，把人物之间的夫妻之情带给了观众。董永为体贴娘子，他找块石头让七仙女坐下休息，七仙女刚想坐下，董永爱妻心切，先挡住不让她坐下，用手摸了摸石头，感到温暖适中，又用衣袖掸去石头上的灰尘，觉得干净了，最后才请娘子坐下。这几个动作幅度不大，但串在一起，让观众感到细腻传神，把憨厚的董永深爱娘子的感情淋漓尽致地表达了出来。这种融进人物内心而产生的既生活化又夸张的表演，增加了人物厚度，使董永立体化了。舞台上、银幕上的董永，便活生生地呈现在观众面前，让你久久难忘。此时七仙女的表演也是如此，她爱自己选择的董永，就在董永掸灰之时，七仙女看见董永外衣大襟下角破了，作为情的一种传递、爱的一种交流，她要董永脱下让她缝补。董永在脱下外衣递给娘子时，一眼见到她打开的包袱里有一块耀眼的红绸布，他十分好奇，忙将衣服团在一起，用右手拿着放在包袱上，左手迅速抽出红绸布，双手打开一看，啊！是一件婴儿的小袄。董永惊问：“娘子，这是什么？”见七女害羞地低头不语，董永惊喜地说：“娘子！你有喜了？”七女点头，董永欣喜若狂地说：“待我谢天谢地。”少舫在这里做了一个双手抱拳、从上到下的躬身大礼，逗得观众哈哈大笑，为董永高兴。这时董永高兴得不知怎么才好，跑到七女身边坐下，看看小袄，又看看七女，想说又不好意思说，他那憨厚的性格再一次得到充分展现。董永叫了一声“娘子”后又不知道怎么才好，只是拿着小袄看着七女憨笑。七女低头不语，董永高兴地急说：“我到大街上雇乘小轿，来抬娘子回家。”他站起身来就走，被七女唤住，七女指了指董永手上拿着的小孩子衣服。董永这才发现，自己也觉得好笑，把衣服交给七女。七女动情地说：“董郎！你快去快来。”董永说：“我去去就来！”少舫演到这里把语气说得特别慢，有些逗趣，七女反不好意思地低头笑了。少舫这里来了一个天真活泼的动作——他站在一边用双眼看着七女，脚下似走不走地转了一圈，又看七女一眼，才转身像孩子一样地跑走。这个动作不仅让观众觉得好笑，而且使观众强烈地感到董永对生活的甜蜜感。这一连串的表演，都反映了董永这个人物此时正处在情感的兴奋点上，他对未来的幸福生活充满希望。

当七女得知父王派天将押她午时三刻返回天庭，她万箭穿心，伤心欲绝！她如何开口对董永说呢？七女多么看重与董永夫妻间的百日恩情啊！但又不得不分离！她只能以“断线风筝”“雌雄鸳鸯两分飞”来比喻他们俩即将分离的悲剧。但高度兴奋的董永怎么也不能理解，娘子就在他身边好好的，怎么会离别呢？当他终于知道自己的娘子是天上的七仙女，而且午时三刻一定要返回天庭时，他由希望跌落到绝望的深渊，由大喜直线下降到悲愤。上天破坏了他美满的家庭，玉帝要夺去他心爱的娘子，他又悲又愤，少舫这里随着强烈的音乐，急后退几步，双目怒视天空，一手拿着七女给他的扇子，一手指着天庭，用激动悲愤的声音唱出“从空降下无情剑”，听起来就好像京剧高拨子，但是结尾三个字又是黄梅戏。但唱第二句“斩断夫妻各一边”，最后三个字却采用了干板夺字的唱法。不仅唱

电影《天仙配》剧照

电影《天仙配》剧照，王少舫饰董永

的力度加大，同时运用两手左摊右摊，双手对并有力分开，扇子落地，这一动作准确地表达了董永的愤怒和不平。随着人物内心的绝望感情越来越激荡，少舫在这里运用了失常的表演状态。他猛扑向七仙女，抓住了她的手说："我要去找！找那主婚老人。"当听说主婚人是土地公公时，他又要去找媒人槐荫树讲理，可是无论如何槐荫树再也不能开口讲话了。董永认为自己是明媒正娶，为挽留娘子作了最大的抗争，但他又失望了。他的感情起落也由开场时的最高点，跌落到了此时的最低点。他哀求抗议无效，由希望到绝望，表演层次分明，层层递进。当天将要押着七女上天时，这时少舫用了一个"盖手转身"不顾一切护住七女，再作最后的挣扎，把人物感情推向高潮。这段戏里，少舫没有什么高难技巧动作，只是从人物内心出发，以动作烘托内心感情，内在之情带动外在表演，两者融合为一，一气呵成，演活了人物，打动了观众。

《天仙配》将少舫的知名度提高了，他不仅没有停滞不前，反而更加严格要求自己。他和剧团演职人员一起学习，和演员一起练功，而且演出了不少新剧目，如《春香传》中的李梦龙等角色。为参加 1956 年"安徽省第一届戏曲观摩演出大会"，团里选择了由传统剧目《张朝宗告漕》改编的《告粮官》一剧。该剧以民告官的情节，塑造了光明磊落、嫉恶如仇、不怕压力、一告到底的普通老百姓张朝宗这个人物形象。张朝宗与董永那憨厚朴实的农民形象完全不同，从戏曲行当划分，也不属一个行当，前者为小生，后者为老生。当领导决定这一角色由少舫来演时，他愉快地接受了任务。为创造张朝宗这一新的舞台艺术形象，少舫主动和导演配合，共同研究探讨人物性格特征。张朝宗不是京剧《四进士》中爱管闲事、爱打抱不平的宋士杰。他出身于书香门第，知书达礼、家道小康、为人直爽、光明磊落，在群众中很有威望，他对那些贪赃枉法之辈恨之入骨。在《告粮官》这出戏中，粮官老爷们不顾百姓饥荒，用大斗进小斗出的伎俩，坑害农民群众，农民群众敢怒不敢言。张朝宗对这种害民恶行痛心疾首，不顾一切带头告状、对簿公堂。他告了状，反被官府以莫须有的罪名收押在监，严刑拷打，受尽折磨。虽然如此，张朝宗仍是不屈不挠、拼死抗争。在群众支持下，二次堂审时他终于

《告粮官》剧照，王少舫饰张朝宗

驳倒一切不实之罪，大获全胜，为民除害。像这样刚正不阿的角色在表演上如何表现？绝不能用老戏程式去演，尤其唱念做方面的技术必须创新。怎样创新呢？少舫很好地把握了“技”与“戏”之间的关系，有技无戏不行，有戏无技也不行。技和戏的结合，首先是“情”，情对了就会情动于衷，随心而来的情，就能推动唱念做技巧的艺术出新。在这方面，他做出了很大的贡献。由于他抓住了人物的个性特征，所以才创造出一个有血有肉、敢于拼搏的张朝宗人物形象。此剧参加1956年安徽省第一届戏曲观摩演出大会，得到广大观众的好评，获得四个最高奖，其中少舫荣获表演一等奖。

获奖后的王少舫，对塑造不同类型舞台艺术形象产生了浓厚兴趣。他潜心钻研艺术理论，着手对其他剧中的人物形象进行精心塑造。从 1957 年开始，剧团排练大小剧目数十个，少舫担任了很多角色，如《女驸马》中的刘文举，《韩宝英》中的石达开，《罗帕记》中的王科举等。他对每个人物塑造都严肃认真、一丝不苟、精益求精，给观众留下深刻印象。在这些人物中，最突出的是《女驸马》中的刘文举。这出戏主要角色是冯素贞和公主，刘文举为配角，唱词总共 34 句，其余都是道白，在戏曲行当中属于老生（带白胡须）。少舫没有忽视刘文举这个配角，认为这个角色在全剧中起着衬托主要人物的重要作用。他反复阅读剧本，精心钻研，抓住了刘文举这个人物的特征：他虽是皇帝宠臣，生活上应有尽有，但是他唯利是图、巧取豪夺之心并未满足。他惯用阿谀逢迎、敲诈勒索、欺上压

《女驸马》剧照，王少舫饰刘文举

下的手段来满足他的贪婪。因此少舫在排练时把感觉到的这些东西的内涵，充分通过外部表演技巧来予以表现。如第三场《刘府》这场戏，刘文举上场的六句唱腔，最早是用黄梅戏老【平词】。少舫感觉小气，表现不了人物身份和潜意识中的傲气。于是他以黄梅戏老艺人马维喜唱的【平词】为基础，采用了京剧西皮原板式和咬字、出音、收音、抑扬顿挫等技巧，并将这技巧糅进了黄梅戏【平词】唱腔中，再从人物特性和台词中找出“夸”“表”“傲”的内在感情节奏，把音乐节奏拉开。这段唱腔听起来，让人不仅感觉是黄梅戏【平词】，而且更加顺耳好听，还表达了人物身份和人物内心活动的感情韵味。现将六句唱词抄写于下：

朱笔头上一点红，全凭慧眼识英雄。（自夸）

京中为官数十载，万岁驾前做宠臣。（自表）

三届皇考我主试，多少官员是我门生。（自傲）

这段唱腔经过少舫“三自”的处理唱法，唱出了人物的心声。第四场《状元府》中的八句，第六场《后宫》中的二十句，这两段唱腔，经少舫的处理，也很有特色，恕不一一介绍。总的来讲，少舫吸收其他剧种优美唱法，并将它们移植到黄梅戏中，丰富了黄梅戏生行唱腔，发展了黄梅戏唱腔艺术，在这方面他功不可没。

在表演方面也是如此。就拿刘文举这个人物的形体动作和表演来说，有人建议是不是可以按照甘露寺的乔玄来演，但少舫没有生搬硬套，而是根据人物心理因素来分析处理、来表演。少舫认为按照正规老生行当来演，很难表现刘文举阿谀奉承、巧取豪夺的人物精神面貌。因此，少舫大胆地将京剧老丑的部分表演技巧糅进老生表演中。如第四场《状元府》，刘文举奉旨来召状元公进宫成婚，圣旨一读二送就可以交差无事了，而他偏偏读而不送，拿着圣旨对状元公说：“冒昧来访，状元公莫怪呀！”这是为什么呢？在排练时，少舫开始觉得多余，慢慢地觉得这不是黄鼠狼给鸡拜年没安好心吗？这一思路打开后，就不觉得多余，反而在表演和语气上有了很大突破。如刘文举和状元公讲话时，表现得非常温和、慈祥、关心，两只眼睛笑眯眯盯着状元公看，引起春红的怀疑，很快用茶盘挡着刘文举的视线说：“刘大人用茶！”刘文举的视线被打断，只得移开双眼接茶，

1958 年《拉郎配》剧照

逗得观众大笑。像这样的细节表演，都是因刘文举这人物特性而设计。尤其是在冯素贞不答应婚事时，刘文举无奈，又急又气。他急的是完不成旨意，皇帝那里无法交代；气的是竟一点面子不给他。这时他拿出最后一招，以“圣旨”压状元公。当刘文举读到“李兆庭听旨，万岁有旨，命你即刻进宫成婚，不得有误”时，冯素贞惊吓得坐在地上双手摊开。这时刘文举双手举着“圣旨”，头向“圣旨”，斜眯着眼，瞟了冯素贞一眼。这一动作少舫处理得非常“妙”！舞台上静场亮相，观众看到这里非常高兴，拍手叫好。刘文举见状元公瘫倒在地上发愣，他把圣旨一卷假惺惺地边扶边说：“状元公，你可知道这是圣命……难违呀！”说完把圣旨放在状元公摊开的右手上。清醒过来的冯素贞拿着圣旨喊着：“刘大人！”刘文举急不可待地说：“告辞、告辞。”匆匆离去。少舫处理刘文举下场的动作也很有特色：他双手抱拳，斜看着冯素贞，嘴里说着告辞，侧身向上场门，斜跨左腿、右腿用脚踮地，就这样一跨一踮快速下场，引得观众哄堂大笑，为这场戏增加了喜剧色彩，整台戏也由他的表演掀起了又一个高潮。《女驸马》中，他还有很多绝妙的表演之处，容后再述。《女驸马》中的刘文举确实被少舫演活了，虽然这个角色是个配角，但让少舫塑造得与主要角色一样重要，得到极高的评价。“只有小演员，没有小角色”的名言，再一次被少舫证实。

《女驸马》在外地及北京演出时很受欢迎，后被上海海燕电影厂选中，由刘琼担任导演，拍成电影戏曲片。《女驸马》在全国各地发行放映，深受广大观众喜爱，因此又成为黄梅戏第二个优秀保留剧目，常演常新，久演不衰，一直演出至今，受欢迎至今。

通过以上回忆，使我感觉少舫身上有一种可贵的精神，那就是在艺术上“取长补短、精益求精”和“不进则退、不学自减”的精神。这是值得我们学习的！

（原载《严凤英、王少舫的艺术历程》2004.11）

【作者简介】乔志良，出身京剧厉家班，中国戏剧家协会会员、安徽省黄梅戏剧院一级导演。其导演的《天仙配》于1954年参加华东区戏曲观摩演出大会，获得导演奖。代表作：《女驸马》《罗帕记》《碧玉簪》《韩宝英》等。

起点京剧　辉煌黄梅

丁紫臣

王少舫的艺术起点是京剧，但他艺术上最辉煌、最精彩的一笔，却画在了黄梅戏的画卷上。

我和少舫相识算来已有60多个年头了，可60年前的事却还像几天前发生的一样，常常浮现在我的眼前。记得我们第一次见面是1938年，当时日军侵略，安庆沦陷，他父亲王明山带着他和两个妹妹少娟、少梅以及弟弟少童住在安庆皖钟大舞台（新中国成立后为民众剧院）。那年少舫只有17岁，我才11岁，也算是少年伙伴吧！

那一年，我的父亲丁永泉和一部分黄梅戏艺人被困在怀宁山区，生活极端艰难。为了活命，我父亲偷偷溜进安庆城里，遇到了王明山等京剧艺人，经协商决定组织一个京、黄合演的临时班社联合演出。京剧班社人员不够的戏，就要由我们黄梅戏演员去协演。我在这次京、黄联合演出中，跟王明山老先生学了京剧《三娘教子》等几出剧目，少舫也在私下里帮我复习、巩固。那次京、黄合演，从现象看只是为了养家活口的一次联合演出。但是从黄梅戏的发展史上来看，它是黄梅戏走向成熟的重要一步，它表示黄梅戏已经接受了兄弟剧种的长处，在不断充实和提高着自己。

王少舫（左）、潘璟琍（中）、丁紫臣（右）合影

京胡尝试伴奏黄梅戏，也是从黄梅戏接触京剧以后开始的，它改变了黄梅戏“三打七唱”的规则，黄梅戏从此逐步走向有胡琴伴奏的阶段。

京剧是大戏，黄梅戏是小戏，京剧演员中不少人看不起黄梅戏，认为去演黄梅戏更是一件丢人的事情。少舫却不是这样认为，他不但爱看黄梅戏，还学演黄梅戏。他第一次演出的是《天仙配》中的二姐，由于他在京剧里学过花旦，身段比较优美，他演的仙女比黄梅戏演员演得还要好。

少舫演出的第二个黄梅戏剧目是《秦雪梅》。黄梅戏老艺人王剑峰曾在上海演出过《秦雪梅》，安庆重新恢复排练该剧时，少舫主动要求扮演剧中小生商林。当时王剑峰还不太放心由他来演，我父亲说：“少舫这伢子聪明伶俐，你就大胆让他试试吧！”演出时观众掌声不断，少舫在舞台上飘逸潇洒的表演，给大家留下了深刻的印象。到了后台，老艺人王剑峰激动地把他抱了起来，我父亲也拧着他的脸颊高兴地说：“小东西，你还真行呢！”

后来少舫又用黄梅戏唱腔演出了京剧的《四郎探母》等剧目。在京、黄合作演出的时期，少舫经常教黄梅戏演员化妆，帮他们穿服装，和我们黄梅戏演员合作得亲密无间。

青年时代的王少舫长得英俊潇洒，常令一些女孩子想入非非，魂不守舍。他妈妈怕这些女孩经常来找他，影响他艺术上的进步，吩咐我从中挡驾。那几年我吃住都在他家，少舫全家都比较喜欢我。接受这个任务后，我也很负责任，只要是有女孩来和少舫套近乎，我就把她骂走。那时少舫一心扑在艺术上，对我这个爱情上的挡箭牌，还没有表现出不满，若是搁在现在年轻人身上，恐怕早把我炒鱿鱼了。

1942 年，黄梅戏艺人多次遭到日军迫害，我父亲只好带着全家和部分艺人逃离安庆奔向石牌，从那时起，我和少舫就分开了。

1950 年初，安庆京剧团留他在胜利剧场演出一个月。演出期满后，他到我家来辞行。我父亲依依不舍地对他说：“少舫呐，新中国成立后，我们黄梅戏艺人的政治地位、生活水平都提高了，再也不会像从前那样受人欺侮了。我和你父亲是多年的老朋友，安庆沦陷，我们京、黄合演时，你也演过黄梅戏，而且相当出色。依我看，你就不必带着全家东奔西跑、颠沛流离了，你全家就留在安庆和我们合作吧，你看怎么样啦？”回家以后，少舫经过慎重的考虑，终于选择了黄梅戏，参加了安庆市民众黄梅戏剧团。

到了黄梅戏的圈子里，少舫满腔热情，发挥了最大的聪明才智，给黄梅戏的舞台带来了许多新的气象。他演出的第一个剧目是《渔网会母》，后来又演了《小辞店》《蓝桥会》《天仙配》等剧目。少舫大胆改革、勇于探索，我们演过《天雨花》（又叫《左维民巧断无头案》）和《枪毙阎瑞牛》两个戏，在这两个戏里，他前半场用黄梅戏演唱，后半场用京剧演唱，这样既满足了黄梅戏观众的欣赏趣味，又满足了京剧戏迷的要求。

在他刚涉足黄梅戏圈子时，曾教我演过京剧《金玉奴》中的老金松、《打龙袍》中的范春华、《打松下书》中的李旺。我也曾教他黄梅戏传统剧目《天仙配》《小辞店》《渔网会母》等。少舫把自己学到的戏毫不保留地教给别人，对自己不会的戏也肯虚心向别人请教，不耻下问。

为配合土地改革，他排演了《贪官与恶霸》《仇深似海》。记得演《仇深似海》时，正赶上一场大雪，观众上座骤减，演职员的经济来源受到影响，安庆专员公署还给我们送来奖状和粮食，鼓舞了大家的演出热情。

镇压反革命时，少舫排演过《海上渔歌》《镇压反革命》；宣传婚姻法时，少舫排演过《女儿的亲事》《小二黑结婚》《新事新办》《小女婿》；抗美援朝时，少舫排演过《父子争先》《志愿军》；“三反”“五反”时，少舫排演过《糖衣炮弹》等剧目。

少舫大胆起用青年演员，把他们推上第一线。在排演第一个现代戏《打灶王》中，他选定的七个小演员有陈月环、彭玉兰、丁俊美、丁紫旺、周九龄、潘忠仁、张荣华（现在他们都是60岁以上的老人了）。

潘璟琍当时只有十五六岁，少舫就让她挑大梁。彭玉兰在他的培养和指导下，也在这些现代戏里展示了才华。张砚芳勤奋好学，少舫培养她演《西厢记》中的红娘。少舫自己是小生行当，但从不霸戏，总是积极地把许多年轻人推上去。如在《小二黑结婚》里，他让青年演员罗爱文演小二黑，自己演二孔明。在《小女婿》中，他只演了一个配角区委书记，而把主要男角色让罗爱文担任。这样的例子很多，我就不一一列举了。

1952年底，安徽黄梅戏和泗州戏应邀到上海观摩演出，受到了上海市政府及文艺界的热烈欢迎和热情接待。我们住在“一品香”饭店，演出在“大众剧院”。我们所带剧目有《路遇》《打猪草》《蓝桥会》《柳树井》《新事新办》等。上海有关领导和周信芳等人还到住处看望演职员。首场演出后，上海的《文汇报》《解放日报》《大公报》《新闻报》都发表了评论文章。最受欢迎的是《打猪草》，这个小戏就是由王少舫加工整理并执导的。

从上海回合肥的途中，少舫还沉浸在成功的喜悦中，突然他问我：“紫臣呐，没想到这次《打猪草》最受观众欢迎，你再想想还有哪些小戏比较好？”我想了想，就提到《闹花灯》，当时没有现成剧本，就凭我记忆边说边唱，由郑立松记词，王文治记谱，火车未到合肥，剧本就基本上整理出来了。到合肥后，确定由吴来宝和王少梅两人排练，少舫执导并兼舞蹈设计。少舫等同志把该剧改名为《夫妻观灯》，在合肥汇报演出后，受到大家好评，成为黄梅戏保留的优秀小戏之一。

《夫妻观灯》剧照，王少舫饰王小六

少舫终身致力于黄梅戏改革，特别是在黄梅戏男声唱腔的革新上，做出了重大的贡献。平时他虚心好学，注意吸收别人的长处，不管是谁的演唱，他都认真听。他演《女驸马》中刘大人时就是采用了老艺人马老四的唱腔。这段唱腔唱起来很一般，没有什么特别，经过少舫加工后，用在“朱笔头上一点红”的唱段里，唱得悠扬圆润，有滋有味。他在《海港》马洪亮的唱段“什么人”中，用了老艺人程积善的唱腔，用得非常贴切、自然，很适合剧中人物。

年轻时候的王少舫，经常带我去看电影，他还喜欢学唱流行歌曲，如《何日君再来》《千里送亲娘》《百鸟朝凤》等，他在演《唐伯虎点秋香》时，就大胆地把流行歌曲直接用在了戏曲舞台上。

他改的【平词】唱腔中“四九带回英台信”这段就比较成功，唱起来特别有味道，很符合人物感情。少舫创造和演唱的许多唱腔，都被选进安徽省艺校的唱腔教材。我在艺校黄梅戏班教学中，曾向各届学生教唱了他演唱的大量唱段。

王少舫同志的艺术魅力，在黄梅戏这块园地里得到了淋漓尽致的发挥，王少舫同志把自己的毕生精力贡献给了黄梅戏事业。王少舫、严凤英这两位艺术家把黄梅戏艺术推向了辉煌。

（原载《严凤英、王少舫的艺术历程》2004.11）

【作者简介】丁紫臣，安徽艺术学校一级演员，出身黄梅戏世家，是著名黄梅戏老艺术家丁永泉（丁老六）之子。中国戏剧家协会会员、中国音乐家协会戏曲音乐研究会会员。代表作：《打猪草》金小毛、《天仙配》土地公公、《打豆腐》王小六等。

王少舫的黄梅之旅

——纪念王少舫先生九十冥寿

杨 璞

时光飞快地流逝，倏忽间，少舫先生离开我们已经二十四度春秋了！而我自己也都已年近八十了。回首往事，唏嘘不已。少舫先生那严谨、执着、勤奋、刻苦却又随和自然的品德深深地留在我的记忆中。

新中国成立后，随着黄梅戏的振兴，王少舫声名鹊起，一出《梁山伯与祝英台》令观众耳目一新，大开眼界。这出戏不仅有力地证明了王少舫自己在黄梅戏小生界泰斗的地位是无人可以挑战的，同时也把一棵新苗送上了成功之路。

饰演祝英台的青年演员潘璟琍是一位“二八佳人”，扮相俊俏娇美，有一副具有金属质感的好嗓子，观众对其有一个形象的比喻：“喉咙跟铜铃一样。”说的是她嗓子清纯脆亮，毫无杂质，余音幽深绵长，极富感染力。她的表演虽略嫌稚嫩，但朴实自然，甫登氍毹，即深得观众之宠爱。

然而，最令人惊奇的是王少舫饰演的梁山伯风姿潇洒、举止端庄、憨厚忠诚、坚贞执着；表演细腻生动，动作优美大方；唱腔抑扬顿挫、疾徐有度、规范大气、新颖别致，深深地感染着观众。谁也没见过梁山伯，但人们都十分佩服地说：“这就是梁山伯。”

好像很多戏曲剧种都有阴盛阳衰的现象，黄梅戏亦未能除外。后期的女演员如丁翠霞、桂月娥、阮银芝、张胜英、严凤英等都声名远播，早期男旦时代有名的旦角，我能够数得着的也能随手举出一大串来，如叶炳池、洪莲梓、丁永泉（丁老六）……而数到小生则凤毛麟角矣。小生的重要性和在班社中的地位与花旦相等，有花旦必有小生，所以，不是不重要，更不是没有，只是影响、声望赶不上旦角。这不是艺术问题，这只能从社会心理学去求解。

黄梅戏有了王少舫，情况发生了巨大变化，一股“王少舫热”从安庆城里蔓延到周边的四乡八镇，漫过了长江，浸润着江南池州、芜湖、徽州各地的黄梅戏艺术。一时间“无腔不王”“无生不王”之风匝地兴起。

我是1952年从部队转业到地方，在安庆专区中心文化馆（贵池）做戏改工作，这种现象引起我极大的兴趣，开始关注王少舫其人其戏。我关注王少舫对黄梅戏大大小小的影响，同时也想关注黄梅戏是如何影响王少舫的。

少舫先生在京剧界是唱老生的，“入黄”以后，改唱小生，大获成功，其所饰演的小生角色如董永、梁山伯、魏魁元等，就整体性的艺术效果而言，尚无人能望其项背。

光阴荏苒，岁月不饶人，顺应自然规律，少舫着手培植青年，使黄梅戏后继有人。其实，培养新生力量是他一直关注的重点。早在20世纪50年代初，他在主持安庆民众剧院时，便将一批十七八岁的少男少女调教得有模有样，在他艺术人生的黄金时代就极其真诚地提携同行。到“省黄”以后，依然如此。老艺人小生演员查瑞和、熊少云等都接受过他在表演程式和戏曲知识等方面不厌其烦的辅导。渐入老境后，则更是如此，年轻的演员先有李济民、朱玉白，后有夏承平、黄新德……还有下面市县以及外省的青年演员均得到过他的亲传实授。其中有些人还跟他建立了正式的师徒关系，成为其入室弟子。至于再传弟子，私淑门生，那就难知其数了。这些人中的很大一部分都成了黄梅戏的栋梁之材，在不同时期、不同地区为黄梅戏的延续和发展做出了重要的贡献。

少舫先生逐渐淡出小生行以后，便多演老生戏，并兼演净角（如包公）以及

《包公赔情》剧照，王少舫饰包拯

其他类型的角色。所谓其他类型是指传统意义上的某一行当不足以表现的舞台形象。比如《牛郎织女》中的金牛星（老牛），这是一个非人非神或者是亦人亦神、被人格化了的精怪。他被赋予忠诚、善良、乐观、机智的性格，他的使命就是细心地呵护牛郎。他是一位热情和善、可亲可敬的慈祥的守护神，还是牛郎织女两相结合的玉成者。这样一个性格丰满、任务繁重、精力充沛、动作复杂的艺术形象，表演难度之大是可想而知的。然而，少舫先生举重若轻、构思精巧，他呈现在观众面前本应十分笨重、反应迟钝的老牛，却是那样的轻快活泼、憨态可掬、有说有唱、妙趣横生。就戏曲表演体制而言，他不归属任何一个行当，但是生、净、丑行的表现手段都被他有选择地撷取、融汇，使其成为全剧（或者说是戏曲表演艺术）中别具特色的“这一个”。

虽然我从未见过王少舫勾丑脸，但我见过他的丑角戏。新中国成立初期，他在现代戏《小二黑结婚》中饰演的二孔明，无论是在装神弄鬼时的丑态、被揭穿时的窘态、认识错误时的憨态和表现积极时的稚态，都能令观众捧腹大笑。或鄙夷、或快意、或同情、或赞许，凸显出观众强烈的共鸣，收获了理想的戏剧效果。

其实，《夫妻观灯》《补背褡》等小戏的男角原本也是丑角。新中国成立后，全国各剧种都要进行戏剧改革，要求净化舞台，清除色情、迷信等不健康的内容，形式上还不准丑化劳动人民。丑角的白鼻子只能涂在公子衙内、小吏家丁的脸上，万万不可在劳动人民的脸上画“豆腐干”，否则便是犯了“污辱劳动人民”的错误（后来升级为罪行），是会受到批判和处分的。因此，黄梅戏许多由小旦、小丑组成的“两小戏”便不得不改为由小旦和小生组成的“两小戏”。但是戏剧的喜剧风格不变，人物的诙谐滑稽性格也基本不变，当然要略有收敛，这就叫作“俊扮丑演”。

由此可见，事实上戏曲艺术中的所有男性行当，他都演过，并均有所创新。至于他还曾涉足过旦行（如在《天仙配》中演过二姐），那只不过临时即兴偶一为之，不足以议。

所谓行当，是中国戏曲特有的表演体制，根据演员所扮演角色的性别、性格、年龄、职业以及社会地位等，在化妆、服装等各方面进行艺术夸张，将舞台上的角色粗分为生、旦、净、丑四种类型，各种类型在演唱方法、表演技术方面都各有不同的特点。细分起来，则较为复杂，如文、武、唱、做、长靠、短打、袍带、方巾、青衣、花旦、大花脸、二花脸……不一而足。各剧种之间又有程度不同的差异，难以备述。可是，诚如人与人之间只有相似相近、没有相同一样，所以，不管分得多么详细，都只能是个大概，少舫先生跟许多有见识的艺术家一样，不演行当，只演人物。

少舫先生一生所饰演的人物有古有今，有中有外，有喜有悲，有人有仙，有善有恶，有美有丑，总之，帝王将相、士农工商、天上人间、众生百相，几乎是无所不有，充分展现了他漫长艰辛的黄梅之旅、流光溢彩的粉墨春秋。少舫先生是一位著名的表演艺术家，不过这称号因为太滥，现在已大大地贬值了，甚至于近乎调侃、戏谑了。然而，王少舫却是一位真正的表演艺术家，他是一位大家。

坦率地说，作为一个普通的社会人，他算不上一个“聪明人”。他文化不高，不擅言辞；他待人诚恳，却拙于心机，昧于世故。跟某些广结人缘、八面玲珑的艺人相比，他几乎是憨而近愚。可是，对于艺术，对于唱戏，他却有着出奇的悟性。他能触类旁通，一通百达。说理论，不是他的强项，但是他的实践，他的改革创新，他创造的一个个感人的艺术形象，却总是令人折服的。

他从小生改老生，不是戴上髯口就算；他唱花脸，也不是勾了脸就完事。他还要在身段、步法、动作、唱法上相应地改变，特别是在唱法上，他非常注重声音造型。这种声音造型，并非仅以行当作规矩，他追求的是与剧中人的身份、年龄、职业、性格以及特定环境、具体情节相符合。我有这样的感受：无须通过视觉，仅凭听觉，也就是说不用看戏，单听他唱，就可以大体上辨识人物的基本性格——王小六（《夫妻观灯》）的欢快、亲昵；董永（《天仙配》）的纯朴、憨厚；刘大人（《女驸马》）的油滑、奸诈和甫志高（《江姐》）的卑劣、阴鸷……

此外，少舫先生还十分重视念白。内行有“七分念白三分唱”之说，可见念白是何等的重要。少舫先生的“白口”是颇见功力的。“大白”（韵白）自然是中规中矩而且有别于京剧，富有黄梅戏特色，本文对此不展开议论，暂从略。我要说的是他的“小白”（安庆方言白）也十分讲究，这是最为难能可贵的。不少演员以为念小白很容易，只要会说安庆话就行了。所以只要是安庆籍的演员念小白根本就不用学，日常怎么说，演戏就怎么说，特别是现代戏的念白，几乎是台上台下一个样儿。如此一来，“生活化”倒是有了，可是艺术性却不见了。

少舫先生不同，他的小白自然也说的安庆话，而且是地道、正宗、不掺假的安庆话，但绝对不是地道的生活语言。他创造的现代人物念白时，根据不同的语境，通过对语调、语气、语速、句读、重音的艺术处理，使散文句式韵律化。平平常常的一句话，从他嘴里说出来，徒增分量，平添几分迷人的魅力。这样的例子从他所演的现代戏中都可以轻易找到。比如《海港》中的老工人马洪亮和青年工人小强关于工作证的对话，那真是字字千钧，震撼心灵，句句深情，发人深省。

《海港》剧照，王少舫饰马洪亮

仅说最后几句，马洪亮问小强：“我问你这工作证是怎么来的？”小强说：“发的。”马再问：“么话？”这已经听得出强压着火气，声音略带颤抖。而小强根本没有领会老马的深意，更肯定地说：“是发的嘛！”这时马洪亮终于爆发了，大声发问：“发——的？”一个高调拖音的“发”字，交织着愤怒、失望、痛心、斥责等复杂的感情，高强度地喷发，振聋发聩，热血沸腾。而在另一出小戏《军民一家》中，他饰演的老农民张大伯有一段念信的唱词，用的是【彩腔】中夹【数板】，从“好吵，念念吵，念——念”起，直到“怪我人老脑筋坏”止，近二十句唱词，一气呵成，念得节奏鲜明、情绪饱满、爽朗幽默、妙趣横生，把人民群众对子弟兵的那种亲切热爱的鱼水深情表现得淋漓尽致。

少舫先生的戏曲知识不止于表演艺术，而是多方面的。他虽然没有独立写过剧本，但他曾不止一次参与过剧本的创作、设计、加工和对传统戏的改编、整理（如《打猪草》《夫妻观灯》等）；除了独立执导之外，在他所主演剧目的排练中，都对导演工作起过重要作用，尤其是对那些不熟悉戏曲、不熟悉黄梅戏或者经验不足的导演，他的作用常常是主导性的。而更值得重笔一书的是，他对黄梅戏唱腔艺术的发展和提高做出了开创性的、具有里程碑意义的重大贡献。

黄梅戏前身黄梅调音乐基于地方民间音乐，尤其是民歌、山歌，一直是五声调式。是少舫先生在传统的平词【迈腔】里首创“**4**”音，即在五声调式的基础上加入一个清角音，成为六声调式，后来再将有板无眼【八板】发展成自由速度的【散板】，并在【平词】【彩腔对板】中加入一个变宫音“**7̣**”，成为七声调式。再后来变徵音（♯**4**）、闰音（♭**7̣**）相继被加入，使七声音调更为完整，从而令黄梅戏唱腔大为丰富，更加优美，表现力更强了。

其实他并不懂得多少音乐理论，他是把从京剧艺术实践中积累的心得、经验，恰到好处地运用到黄梅戏中来，不着痕迹地融合、凝结成为黄梅戏唱腔的固有传统。以致今日不会有人问：“这是黄梅戏原有的唱腔吗？”更不会问：“这唱腔是谁创造的？”其实，这项功劳的创造者，当首推王少舫。

黄梅戏现在每排一出新戏，都要由专业的音乐工作者进行音乐编创。少舫先生对这些音乐工作者，不管他们的年龄、资历、经验、成就如何，一概尊重，虚心求教。当然，这些音乐家们对少舫先生更是十分尊重，这不仅因为他的名望、权威，更因为大家知道他有着深厚、丰富的黄梅戏知识和他对这些知识的善于运用和发展。

我们知道少舫先生出身于梨园世家，少年成名。可是许多人不知道，几乎就在他成名的同时，这位少年京剧演员就跟黄梅戏结了缘。那是 20 世纪的 30 年代初，准确地说，是 1930 年他 13 岁时就认识了黄梅戏，学会了传统小戏《苦媳妇自叹》。到十七八岁时，他便已开始跟黄梅戏众多“好佬”（安庆方言，指有本事的人，用在黄梅戏圈内，应该远胜于今日之表演艺术家了）如丁永泉、潘泽海、王鑫泉（王剑峰）等人开始了“京黄合演”的历史篇章。而此时，我们的另一位黄梅戏大师严凤英女士还只是一个六七岁的垂髫幼女哩。

此后的抗日战争期间，这种演出体制基本上一直存在着。不过，从形式到内容都有适应性的变化：开始时先“黄”后“京”，但安庆观众常常是看完了黄梅调便纷纷“抽签”，起身离去了，到京剧登场时，池座中已是疏星寥落，方才的哄然热闹景象瞬间变得冷冷清清。于是不得不颠倒过来“京”先“黄”后，高贵的“大戏”为卑微的“小戏”“响场”唱“开锣戏”。后来，黄梅调的分量越来越重，又将一些京剧剧目搬过来用黄梅调的形式来演唱。同时还演了一些黄梅调“提纲戏”（亦称“幕表戏”），如《秦雪梅》《合同记》等，所有这些，都是由他主导的。一直以来，他深受黄梅调艺术的浸润，积累着黄梅调知识，实际上已俨然是黄梅调领衔人物，为同行及广大观众所公认。正是由于他具有这样的背景，所以后来在他所主演的很多戏里的唱腔，虽然都有曲作者姓名，但实际上有不少精彩的唱段是由他自己设计、演唱后，再由曲作者记谱定型的。最令人钦佩的是他对传统唱腔知识的发挥运用，例子很多，除了我们耳熟能详的“朱笔头上一点红”（《女驸马》刘大人）之外，在《罗帕记·回帕》中“一场痴梦今方醒……”的唱段更为动人，特别是前四句清唱【平词】老腔老调，那磁性的声音、那深沉的情感、那醇厚的韵味，淋漓酣畅、沁人心脾，令人动容、令人陶醉，听了好比喝了家乡的甜米酒回味无穷。只是可惜太少了，刚吊起胃口，酒却没了，意犹未尽，心痒难挠。吾乃耄耋老人，一生在黄梅戏圈里打滚，从黄梅调到黄梅戏，“好佬”会过不少，能把四句【平词】唱到如此境界者着实罕有。

少舫先生的一生既是简单的又是复杂的。说简单是因为他一生中只做了一件事：唱戏；说复杂也是这两个字：唱戏。

我曾说过，纵观黄梅戏历史，“王少舫的出现才开始了舞台艺术的整体性改观”（《黄梅戏艺术》1987 年第 1 期）。黄梅戏发展到今天，稍远的历史越来越混乱，刚过去的历史却越来越模糊。我有印象某一新创作肇始于王少舫的某一戏、某一段甚至是某一点上，但属孤论，不足服人。这样的例子很多，他对黄梅戏的贡献是全方位的：编剧、导演、表演、唱腔、舞蹈乃至服装、化妆、道具等方面都留有他的心血汗水。不过，也有一些东西是可以追到根溯到源的：是他——王少舫创作了载歌载舞的表演形式，请看《夫妻观灯》；是他——王少舫改变了黄梅戏五声调式，请听《蓝桥会》……

少舫先生留给黄梅戏的遗产太丰富了，太宝贵了，太难得了，是任何一位黄梅戏演员都无法与之伦比的。这些值得我们搜集、研究、学习、继承、发扬光大。今年是少舫先生九十冥寿，谨以此为遥祭哀思！

（原载《中国戏剧》2010 年第 3 期）

王少舫的黄梅戏情缘

夏承平

我于1962年正式拜王少舫为师，在老师身旁20余载，耳濡目染，口问手记，跟随实践，深得教益，老师的黄梅情缘，感人至深，现拾零以记之。

“嗓子”突然失音

“嗓子”是演员的“本钱”。戏曲“四功”唱、念、做、打的一半，靠先天和后练的一副“好嗓子”，有好嗓子才能唱好戏。“冬练三九，夏练三伏”，是坐科学艺演员必须自觉从严挑难训练的准则。王少舫出科挂牌，一年四季巡回演出在旷野露台、堂室剧场。无论环境和条件优劣，他都不间歇地连着唱，全靠有副练出来的“好嗓子”。在南京“小京班”演连台本戏《狸猫换太子》，他一、二本扮演陈琳，三本到二十本演包公，前后连演十个月，“小包公”曾轰动一时。有一次宣城县长过生日唱堂会，从头天晚上六点唱到第二天天亮，一次竟唱了《四郎探母》（全本）、《空城计》、《辕门斩子》、《捉放曹》、《张松献地图》、《斩红袍》、《胡迪骂阎罗》等11出戏。王少舫累得都想哭，但为了生计，只好苦撑下来了。当拿到那一夜的收入十几块大洋时，父母对他说："看，这就是你那辛苦的回报。好好唱，将来出息了也能把日子过好些。"

随着日月流逝，王少舫个头长高了，各方面都成熟了许多。"挂牌小老生"的影响逐渐扩大，各地邀请唱戏不断。那年他二十刚出头，炎夏唱戏，出汗过多，口渴难忍。平时他也听行里人讲，"热嗓子不能喝凉水"，可心里半信半疑。演戏下场的间隙，他在燥热中开了一瓶冰镇汽水一气喝完，顿觉身心凉爽。谁知"不听老人言，吃苦在眼前"。再次上台时，他嗓子突然失音，竟连一个字也唱不出了。难堪的场面，使他手足无措、欲哭无泪，回家后坐立不安，满脑子都是台下的嘘声和叫骂……难道幼小唱戏的"本钱"，真的就此毁于一旦吗？悲伤中他又心存侥幸，也许过几天会恢复的吧。他想尽快能重新登台，几次三番试唱，嘶哑破裂的嗓音，宛如一根钝锯在拉割着他的心。怎么办？唱工不行改做工，事在人为，要摸索新路，想方设法恢复嗓音。从此他一边治疗，一边坚持轻声哼唱，还

王少舫与徒弟夏承平合影

用留声机放音乐唱片听，从歌曲中学习寻求发声的方法。那时，他像发了“痴”一样，整天关在屋里喊“啊”“呜”“吁”等单音，有时也练多种韵辙的拖音叫喊“树皮”“树梢”“树根”。听着他那忍着痛苦发出来的各种各样的声音，妻子雪寒梅忍不住黯然泪下。每逢此时，王少舫便走过去安慰她：“好啦，终于能听到一些‘鬼音’啦，说明还能练出亮音来。”为帮他攻关，雪寒梅停止了自己的演出，为他煎汤熬药，精心调理。空时就陪他四处走动散心，去观看一些名角演出。那期间他看了谭富英、言菊朋、奚啸伯、李万春、安叔源、李宗义主演的戏，也看了程砚秋、尚小云、荀慧生三个名角主演的戏。在失音的苦闷中，他却大饱了“眼福”，从名家流派中得到了启示，汲取了营养。在对比揣摩中，他不断校正自己以往演戏的不足，明白了该如何去改进。“功夫不负有心人”，经过两年多的调治和苦练，王少舫不仅恢复了嗓音，艺术上也眼界大开，收益良多。

京、黄“两下锅”中的“京托子”

1939年农历五月十三日，他随班社从三河再次步行到安庆。不料十四日听到炮声，十五日日本侵略军就进城了，他们被困在城内。为糊口度日，艺人聚在一起商量，想把人手不齐的京、黄两班凑在一起唱戏。经过努力，九月起开始了一段京、黄“两下锅”的合演。王少舫先前搭班来过安庆，住在南洋旅馆，听到一位洗衣大嫂唱的《苦媳妇自叹》，觉得词曲通俗好听，好奇心促使他向那位大嫂学了这段黄梅调。如今合住一处同台演戏，接触多了，了解多了，他更喜欢上了黄梅戏。他看丁永泉老先生演的《劝姑讨嫁》《渔网会母》《陈氏下书》，觉得唱腔独特，尤其对鼻腔的运用韵味悠长，使人经久难忘。他最爱看的男旦是怀宁人蔡天赐，其独角表演的《苦媳妇自叹》，从上场到结束，中间唱十二个月的劳动、愁苦。表演中有许多模仿各种人物辛苦劳作的朴实身段，唱做淋漓尽致，十分感人，有时在一场中连着翻演三次。这使他体察到土生土长、来自民间的黄梅戏表演艺术中浓厚的生活底蕴。同时他看到了黄梅戏旦角原始台步（走小脚步），虽是表现旧社会妇女“裹小脚”的悲苦，但在舞台上走起来不美。黄梅戏演员化妆、“行头”比京剧稍差，但也不俗，扮起来演出很像一幅幅简朴的民间风俗画。这期间他渐渐学会了几段黄梅调，在老艺人们的鼓励下，越唱越起劲，也开始唱出点味儿了，心中萌生了将来也能唱几出黄梅戏的欲望。

王少舫头次登台串演黄梅戏是在安庆的皖钟舞台，扮演的是《天仙配》中的二姐，他化了个彩旦妆。唱下来后，在很多人的鼓动下，他进一步提出，如有机会愿意参加黄梅戏排演。于是当年腊月在华林戏院，老艺人王剑峰请王少舫父亲排黄梅戏连台本戏《秦雪梅》，请他扮演剧中男主角商林。演出很成功、很轰动。这下他兴趣浓了，开始动脑筋思考如何能把戏唱得更好。他演唱时，感觉到黄梅戏无伴奏地干唱，虽无约束，但显得单调。他找来为自己伴奏的京戏琴师朱恒余（人称小喜子），让朱带着京胡，在他演出黄梅戏起唱时，试着拉琴托腔，没想到大受观众欢迎，一时传遍全城，人们纷纷前来排队购票，以先睹为快。他们还特地给王少舫起了个雅号——“京托子”。头一回大胆尝试的甜头，促使他开始对黄梅调唱腔中不足以表达人物情感的部分进行探索。如“老天爷成全我夫妻团圆”的【平词】落板，他在原腔的基础上加以舒展和高低变化，改动后一直沿用

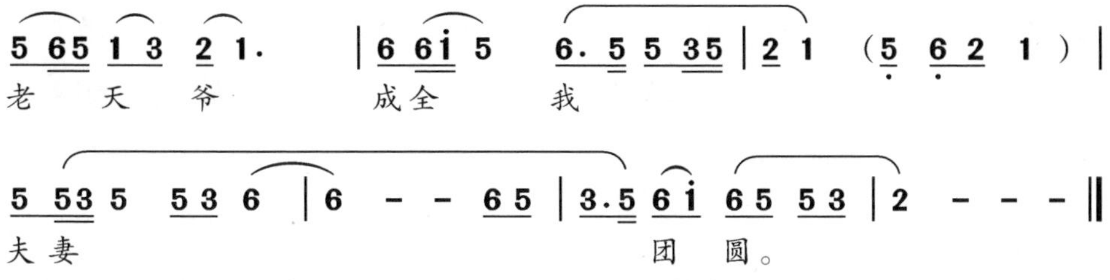

至今，成了黄梅戏男腔中最典型和最有特点的一种声腔形式。唱腔上的发挥和变动，使他感觉到自己表演手法的一招一式，不应仍是规范的传统京剧“程式”，必须要向黄梅戏老艺人学习，去做贴近生活的突破和变化，摸索着走新路。他从看过的话剧、电影中学习借鉴，在演出中摸索运用。如《秦雪梅》中的商林，第一场父母说要送他去岳父家攻读书文。王少舫的表演是心想这下子可以见到未婚

妻了，不好意思地把头一低，演出时观众马上就有了反应。观众对表演细节的关注与反馈，使王少舫信心大增。第二场他这样演：父亲带商林到秦家，听到一声“进去吧”，这是不屑的叫喊而不是请。商林心中不快，回头同父亲交换了一下眼神，立即做了一个“我们走吧”（回家）的小动作，结果反被父亲拖拉进秦门。无奈中，当自己很有礼貌地参拜岳父，只听得“起过一旁”一句冰冷话语，他头也未抬，猛然站起转身欲走，急得父亲摇手示意让他不能这样，于是他只好忍气吞声地站到一旁。接着夫人出堂，他拜见岳母，谁知被岳母双手扶起，他偷眼一看，岳母满脸慈祥，深觉刚才冒失不顾礼仪，他伸了一下舌头，表现了商林的稚气，这一段表演得到观众的满堂喝彩。原来一本戏在一个地方只能唱一天，结果他演的这本戏，连唱了四天，场场爆满。观众的承认和鼓励，黄梅戏行家的赞赏，成了推动他艺术创造的动力。演第二本时，商林在家相思成疾，父亲追问缘由并要拷打他，王少舫把这时演唱的“哭板”“老爹爹……”作了适度的变动。当听到秦小姐走出绣楼要亲自为他冲喜时，他从人物心境前后的强烈对比出发，除了对唱腔“今夜晚我与她成双配对，大摇大摆做新郎”重新作了变化安排，还在表演手法上利用“程式”，又非常生活化地加以美化和表现：他丢掉了额头上围裹的包绸，整整好褶子斜襟，抖开左右水袖，再双手抓袖，在滚头锣鼓中走着“小颠步”转为“迈大步”下场。黄梅戏老艺人丁永泉看后夸道：“你这个小东西（安庆方言），把商林都演活了。”这种表演方法，比老戏生动活泼多了，老百姓都说黄梅戏这么演越来越好看了。从此王少舫更加努力从自己所学中去寻找借鉴，当时又叫“借戏”，但他能够灵活运用不受老套束缚。他在黄梅戏第二出连台本戏《合同记》中扮演男主角王清明，丁翠霞（丁永泉之女，黄梅戏初期少有的女演员之一）扮演女主角田素珍。剧中王清明是官宦后裔，与田家割襟袍订立婚约合同。头本出场时王清明是家道中落的书生，合同被抢，第二本变成了穷生，讨饭到田家被打走。怎样表演好这个人物呢？王少舫想到了莫稽、薛平贵、刘智远、王金龙等书生形象，觉得刘智远这个人气质较好，可作借鉴。于是就在外形上本脸敷粉，化淡妆不打口红，穷生打扮，不穿打补丁褶子的“富贵衣”，穿件黑褶子，外披一个旧花包袱皮，上面有几个大窟窿。挨打后换装把头上甩发搞乱，表现蓬头垢面的悲凉境遇，得到观众深深怜悯。第三本王清明从乞讨要饭、进京赶考到高中后微服私访，亲眼看到订立婚约合同的贤妻田素珍与丫鬟锦红、翠白因找他中途遇难，被歹人用石锁锁住跪倒尘埃的凄凉情景。在表演这一整段跌宕起伏、悲喜交错的感情戏时，王少舫更是放开手脚大胆创新，从“八字台步”“手势形体”“眼神运用”到“唱、念、做、舞”等，都按“戏情”和“戏理”努力把“程式”生活化，使人物能更加真实亲切、富于个性。他从这时起，已经能自觉地注重表演艺术从内到外的整体风格变化，既不脱离剧种特色，又想方设法使其丰富多彩，更加鲜明突出。他明显地感到，从学京戏到串演黄梅戏，在长时间不懈地探求和实践中，自己的表演艺术在行家里手和广大观众的评议推动下，有了突破性进展。1940 年以后，他曾主动为黄梅戏移植过一些京剧剧目，如《四郎探母》《诸葛亮招亲》《莲花庵》等。他还演过黄梅戏“时装戏”，当时叫“醒世剧”“便衣戏”，如《贫女泪》《箱尸案》《枪毙阎瑞生》等。抗日战争胜利后，1946 年王少舫又唱了一段时期的京剧。1949 年 4 月安庆解放，7 月严凤英和丁永泉、潘泽海分别带班成立了“胜利”和“民众”两个剧团。1950 年初，王少舫返回安庆演了一个月的京剧。这时在丁永泉（艺名丁老六）的约请下，到“民众”唱客串做特邀嘉宾，以后就渐渐转行正式成了黄梅戏演员。

“领头雁”路遇“带头凤”

王少舫从唱京戏到彻底改唱黄梅戏，是他艺术人生的重大转折。当时有人指责他是“欺师灭祖”！他回答说：“演京唱黄，后台不都是同样一个‘老郎’（传说中的梨园创始人唐明皇，戏曲行称‘祖师爷’）？”他在虚心向黄梅戏老艺人学习传统的过程中，了解到剧种的历史沿革和变化，清楚了剧种的方言基础和固有曲调的基本旋律与板式，进而他认识到，是黄梅戏历代众多艺人用尽心血和汗水，根据各自不同条件，在演出中展现不同风格和特点，代代因袭相传，长期积累、汇聚、化合才逐步形成了剧种的整体风貌和特色。从社会生活深厚底蕴中提炼出的艺术精华而积淀成的优秀传统根基，也是要随着时代的步伐而变化发展的。他决心身体力行，尽展所学与黄梅戏相合相融，走出一条新路。

剧团“改制”，他被推选为“管委会主委”，从一个主演、导演变成了团队的“领头雁”。党的文艺方针政策，打开了他新的视野，指明了他前进的方向。1950 年初到 1954 年底，他在“民众”带领大家排演移植了一些拓宽黄梅戏戏路的传统文、武戏，如《二度梅》《韩湘子》《双婚配》《海上渔歌》《唐伯虎点秋香》《西厢记》《宝莲灯》等。在他倡导下，配合政治运动编排演出了反恶霸的《仇深似海》，引起了礼会的强烈反响，受到了广大观众的热烈欢迎，也得到了安庆行署的表彰。接着又排演了《贪官与恶霸》，破除迷信的《打灶王》《大家进步》，抗洪的《劝夫上堤》，移风易俗的《新事新办》、《小女婿》、《女儿亲事》（小歌剧）、《小二黑结婚》和反映参加志愿军的《父子争先》等一大批现代戏。这批贴近百姓生活的新戏出台，扩大了观众面。排演中他大胆起用和培养了当年才十五六岁的潘璟俐、彭玉兰、潘忠仁、张砚芳等一批青年演员。他还引进舞美人才，改进服装、化妆、道具。对不适应新戏的锣鼓伴唱形式，他与王文治（作曲）、饶广胜（司鼓）密切协作，共商改进。他曾幽默地对王文治说：“我是唱京戏的，你是托京剧二胡的，搞黄梅调，我们的屁股要挪一挪。黄梅调的‘玩意儿’很多，特别是‘一戏一调’的小戏，那是个积攒起来的‘宝库’。”在王少舫的支持和鼓励下，王文治对黄梅戏的演唱伴奏进行了一些即兴创作，如平词过门的|(0 i 5 6)i |，替代了锣鼓的二槌|一冬 冬 匡 呆 匡· 个 隆 冬 匡 呆 |，进而又整理出一些固定的传统板式。这些初期细小的音改，是剧种的一大进步，激发了音乐工作者的创作热情。当王少舫排演田汉改编的《白蛇传》时，王文治和王少舫首次为黄梅戏创作了《断桥》中的“西湖山水”和《梳妆》中的“菱花镜”两段新腔曲调。公演以后人们争相传唱，一时轰动安庆城。这段“菱花镜”曲调在拍摄电影《女驸马》时，就变成大家现在所喜爱的“谁料皇榜中状元”唱段了。“屁股要挪一挪”，是指从京剧过来的人，立足点要向黄梅戏的基本风格

转移。黄梅戏的安庆方言是剧种的基础，音乐唱腔是剧种的命脉，由此而形成的风格和特色，是剧种发展的命根。正是在王少舫的带领下，“民众”全体艺人用心血和汗水所进行的宝贵实践，开创和推进了黄梅戏的全面改革之风，为以后剧种的阔步迈进，闯出了成功的先例，做出了表率。

黄梅戏的迅速成长，引起华东局关注。1952 年 11 月，应华东军政委员会文化部邀请，在地方相关部门的重视和协调下，组成安徽省地方戏观摩演出团到上海演出。王少舫改编执导的《打猪草》，借鉴和融进了京剧《小放牛》载歌载舞的表现形式，使剧中两个天真无邪的小孩从“看竹林”“打猪草碰断笋子”，因误会而引起“踩篮子”“争执”“哭闹”，到和好后的“修篮子”“送笋子”“对花”，身段、动作显得更活泼，个性更突出，也使黄梅戏贴近生活的表演特点在舞台上得到精美的展现。王少舫曾对我说：“事在人为，戏靠人演。我长严凤英十岁，那年，我头一回给她和丁紫臣（丁永泉长子）排《打猪草》，严凤英二十岁出头，她演的陶金花，满脸稚气，扮相甜，嗓子‘水灵’又有味，装扮上‘土一点’，动起来活灵活现的，非常生活。那真叫黄梅戏的‘一绝’。”上海演出获得巨大成功。《文汇报》《解放日报》《大公报》等纷纷发表评论，对《打猪

华东汇演大合影（局部）（二排左二为王少舫、二排左三为严凤英）

草》的评价很高。成功的喜悦激发着王少舫的创作热情，在返回合肥的火车上，他对丁紫臣说："没想到这次《打猪草》最受观众欢迎。你是个小'戏篓子'，好好想想还有哪些小戏可搞？"丁紫臣想了想说："《闹花灯》还好。"因无现成剧本，就由丁紫臣口叙，郑立松记录，王文治记谱，火车未到合肥，曲、本已理出初稿。王少舫趁热打铁，担任执导和舞蹈设计，《闹花灯》投入排练，由吴来宝和王少梅扮演剧中的王小六和王妻，在合肥的汇报演出，得到好评。王少舫这趟上海之行，除了改编、执导的收获，还首次与严凤英合作演出了传统小戏《蓝桥会》。"民众"的"领头雁"与"胜利"的"带头凤"，在初次直接艺术交流中，增进了了解和友谊。不久当《闹花灯》改成《夫妻观灯》时，王少舫扮演王小六，他还动员妹妹王少梅把演熟了的王妻教严凤英并让严凤英扮演。当时剧团演员间"让戏""接戏"在"行内"事情虽小，却闪现着老一辈演员的高尚"艺德"，成了黄梅戏史上一段"佳话"。《夫妻观灯》经严凤英、王少舫两人珠联璧合地塑造，大放异彩，演遍大江南北。从此，《打猪草》《夫妻观灯》成了最具剧种风格特色的代表性小戏。

迈进新里程第一步的"董永"

王少舫、严凤英主演的《天仙配》，在 1954 年 9 月的华东地区汇演上荣获很多奖项后，被上海电影制片厂选中，要拍摄成戏曲艺术片。

1955 年，王少舫接到担任剧中男主角董永的任务时已 35 岁，20 余年的表演经验积累，使他在舞台上已能够游刃自如。可这一次是要上银幕表演，真是"大姑娘上轿——头一回"。他既高兴激动，又感到陌生和紧张。舞台和电影的要求不同，戏曲舞台表演的夸张手法，怎样去适应银幕上的更加贴近生活的表演呢？到上海后，他抓紧练习，一边思考探求如何对人物心理进行更加细微的刻画，一边利用空隙去影院观摩学习电影演员的表现手法。大上海电影院多，为抓紧时间，有时他一天竟安排自己连续看五场电影，边看边想，变成了一个十足的"影迷"。

拍摄前排戏、试镜头和试拍中，导演石挥一再提醒他："注意眼神，一定要注意你的眼睛。""你那是舞台用眼，太夸张了，睁得太久了，我要的是银幕上的眼睛。"那一阵，他满脑子转的就是怎样才能达到导演的要求。他不停地去看电影，是为了尽快改变自己多年的舞台表演习惯，使"眼睛"的运用收放适度，神态变化既符合人物，又符合银幕表演特点。一天，他看了《海军上将乌沙可夫》，影片中扮演乌沙可夫的演员在表现愤怒的心情时，那犀利有神的目光不温不火，恰到好处。这使他联想到《天仙配》中董永与七仙女分别时的情景，在影院中他就情不自禁地边揣摩，边练起来。散场后，他坐在三轮车上，仍然在练习着表现愤怒的各种眼神和表情，擦身而过三轮车上的一对男女，见他滑稽的样子忍俊不禁。

拍电影的那段时日，为在银幕上塑造好董永形象，王少舫将自己的整个身心都沉浸在艺术创造里。他时时想，这是黄梅戏的一个新起点，这第一步一定要走好。因此，无论是音乐唱腔、身段动作、水袖舞蹈，只要是导演提示和要求的，他都千方百计地努力去做好。如董永初次出来的镜头是"辞窑别坟"，心里十分悲苦沉痛，新编创的词曲是这样的（5 5 6 7 6 1 | 6. 1 4 5 6 5 5 | 6. 1 4 5 6 5 4 3 | 2. 3 5. 6 5 3 | 2 12 3 2 1 - ‖

卖身 葬父 去 受 苦，再 回 寒 窑 待 何 年。）。虽然只有两句，因切合人物心境，旋律优美，唱起来非常深情动人。但选取的音域偏低，王少舫开始唱时，怎么也低不下去，勉强地下压嗓音，既少情感也无音量，如骨鲠喉，十分难受。作曲欲改，他说："不能改，导演认为这样好。"他终于从"贝司"（一种低音的西洋乐器）的演奏中得到了启发，每天勤练低音音阶，寻求发声的共鸣位置。经过了一个多月，他终于唱好了这两句中的尾句低音。再如"分别"一段，当董永听到七仙女被逼"午时三刻"要返回天庭时的唱段，情绪激愤如晴天霹雳，"从空降下无情剑，斩断夫妻呀各一边……"传统演唱的"仙腔”，不足以表达人物心境，作曲按导演的提示，借鉴“绍剧”音乐，谱好曲调，做了先期录音。石挥导演一听很不满意，说：“这完全是绍剧，不是黄梅戏！”王少舫想：对呀，应该从自己剧种的传统中找，黄梅戏没有“散板”，可借鉴京剧的板式唱法。于是他选中了【火攻】，把有板的【火攻】快节奏，拉散拖长去唱。他与作曲协作创造了一段精彩的唱腔，不但导演满意，也为黄梅戏创出了新的传统板式。与电影导演的合作，促进和提高了他在艺术创造上借鉴和发扬剧种传统优势的自觉性和主动性。同时，他在电影拍摄中对“戏曲生活化”的表演深入探求，有了更深的理解和感受，从而丰富和发展了剧种的风格和特色。如董永、七仙女在满工回家的路上有一组镜头：董永心中甜滋滋地脱下外衫递给七仙女缝补时，突然发现包袱内的小儿衣裳，他悄悄抽出放在身后，继而散开一看，惊喜地询问并证实是娘子“有喜了”，他喜不自禁地“谢天谢地”，一会要去“雇乘小轿”，一会要去“讨杯水来”。王少舫的表演既“戏曲”又“生活化”，一时不知所措的身段动作和说话的语气，令人又感动又好笑。导演石挥伸着拇指由衷地赞赏说：“侬（你）这样表演，才是黄梅戏的‘箱底家当’。”七仙女站起身说：“你要快去快来。”董永回应：“我去去就来。”他为了表现董永对七仙女

电影《天仙配》拍摄完成后合影（三排左四为王少舫，三排左六为严凤英）

的深爱，用从生活中化出的动作：上前用自己的双手，抓住了七仙女的双手，然后把七仙女的双手，放到自己的左掌上，翻转右手亲热地拍拍七仙女的手背。导演石挥一见就笑着说：“少舫，你这个动作有点像‘老车’（上海话‘老手’）呢！”接着又说：“这不是董永，太温情了，得改！”王少舫回去一想：“对，是要改。怎样改才是董永呢？”他大费了一番心思，又与严凤英在一起商量如何去共同创造。改后变成了董永说：“那……我去前村讨杯水来与你解渴。”话一落音，他转身就跑，高兴得忘了手里还拿着小儿衣裳。当听见七仙女一声轻唤：“董郎！”董永应声停步，看着七仙女，“眼神”在问：“还有什么事吗？”只见七仙女含羞微笑地用手一指，示意：“看你，只顾高兴，怎么把小儿衣裳还拿在手中就跑了呢？”董永随她手势，看着手中的小儿衣裳，点头会意“扑哧”一笑中，跑回把小儿衣裳递交到七仙女手中。七仙女接过小儿衣裳细语叮咛：“董郎，你要快去快回。”董永说：“我去去就来。”王少舫对这五个字的短语，做了细腻的处理。他眼看着七仙女款款深情的眼睛，咧嘴憨笑地点着头，用左手指着村路，先说“我……”，做了一个停顿，再拖了长音说“去去……”，同时抬起了右臂，把抓住“水袖”的右手往下有力地一挥，意寓着“我晓得啊”，口中再说出“就来”。随即转身跑出几步，不觉又猛一转身回头满脸憨笑地看着七仙女，七仙女见他欲走还恋，与他会心地对视而笑，董永边看边退，才转身乐滋滋地离去。这段改动后的精心安排，经严凤英和王少舫你来我往、心领神会、严丝合缝的精湛表演，意韵悠长，突出地表现了七仙女与董永相亲相爱、幸福甜蜜的内心情感。导演石挥说：“你们这是摸透了我的心思。这一改为后面的‘分别’做了最好的‘情感高潮’铺垫，后面‘天将’奉命逼散二人，这前面‘大喜’，后面‘大悲’，有了这样的强烈对比，我相信观众看后一定会流下同情的泪水。”影片播映后，实际效果比石挥预料得更强烈、更好。当《天仙配》从银幕又返回舞台演出，已有了“质”的飞跃。王少舫每演到上述的修改之处，时间莫过一瞬，但剧场的效果异常强烈。他这种从人物出发、别具一格的“生活戏曲化”的表演手法，不但突出了黄梅戏剧种质朴淳厚的“乡土”风貌和特色，也为黄梅戏表演艺术创造了一个“经典”范例。

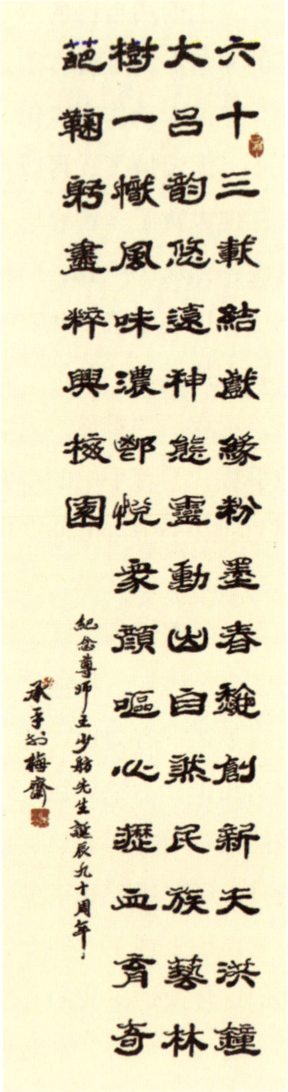

（原载《严凤英、王少舫的艺术历程》2004.11）

【作者简介】夏承平，一级演员，中国戏剧家协会会员，师承王少舫先生，黄梅戏第二代董永。代表作：电影《槐荫记》（《天仙配》）董永，《女驸马》李兆廷，《罗帕记》王科举、汪锦龙等。

浅析郭暖的艺术形象

丁紫旺

《打金枝》是全国很多剧种演出过的剧目，如越剧、汉剧、河北梆子等。在20世纪50年代中期，安徽省黄梅戏剧团把《打金枝》移植到黄梅戏的舞台上，先后演出了上百场，还曾多次为毛主席、周总理等中央领导人演出，得到各阶层

周总理接见《打金枝》演员（右二为王少舫）

人士的一致好评。《打金枝》虽是移植剧目，但经过王少舫、严凤英等老一辈艺术家的精心刻画和创造，使其成为具有黄梅戏特色的保留剧目。黄梅戏表演艺术家王少舫为塑造《打金枝》中的郭暖这个典型环境中的典型人物，在表现手法和身段动作上，创造了很多独特的表演程式。既有别于他演出过的董永、王科举、刘文举等角色，也不同于其他剧种的表演手法，这是他为黄梅戏舞台塑造的又一个鲜活的形象。

下面，我分场来浅析一下王少舫老师在演出郭暖时的精彩范例。

《打金枝》讲述唐代宗将升平公主许配给郭子仪的第六子郭暖为妻。郭子仪八十大寿时，公主没来拜寿，郭暖气恼回宫打了公主。公主向父皇、母后哭诉被打之事，皇帝不仅不同情公主，反而指责公主搬弄是非，并给郭暖加升三级。经过皇帝和皇后的耐心规劝，公主、郭暖重归于好。

《打金枝》剧照，王少舫夫人雪寒梅饰皇后（左一），严凤英饰公主（左二），王少舫饰郭暖（左三），张云风饰皇帝（右一）

第 一 场

郭府寿堂之上，七子、八婿纷纷给郭子仪庆贺八十大寿。

郭暖的第一次出场。王少舫老师走到上场门站条边，面朝观众，运足气息，用高亢嘹亮的嗓音说出："三哥请！"三哥说："六弟请！"郭暖同三哥伴着"匡才、匡才、匡才、匡才……"的锣鼓节奏，用中等偏快的速度，走至右台口，抖袖，整冠。郭暖说："三哥！今日爹娘大寿，你也难得进京与爹娘拜寿，弟兄们必须要畅谈一番！""是呀！今日我们兄弟一定要畅谈一番，六弟来呀。"同笑。

王少舫老师演戏时，十分重视角色的第一次出场。他曾说过："角色第一次出场非常重要，这是给观众的第一个印象，第一印象好，你演出就成功了一半。观众会全神贯注地看你演出，注意你在台上的一举一动、一个表演、一个眼神。"王老师对郭暖的第一次出场，确实是十分认真，十分重视，他在幕后的一声"三哥请！"就把全场观众的注意力一下吸引到上场门。他上场时的英姿飒爽及傲慢的神情，使全场观众为之一震。他在说"弟兄们必须要畅谈一番"时用左手扶住右袖，右手伸出食指朝下划了两圈，上身伴着划圈也摇摆了两下。他在做这个动作时把郭暖当时的高兴心情和得意神态，表露得十分生动、鲜明。他上场后的一连串身段、动作、表情，一下子就抓住了观众，把观众带进了戏里。这段上场戏的着力渲染，为后面郭暖因公主不来拜寿而气愤的"戏"，做了有力的对比和铺垫。王老师就善于运用各种表演元素——地位调度、身段、动作、语言、唱腔、表情等来抓住观众的视线，吸引观众的注意力。可以说，有没有这种吸引观众注意力的本领，是区分表演艺术家和一般演员的分水岭。

第 二 场

二幕外：三哥劝阻郭暖，不让郭暖回宫与公主争吵。

三哥伸右手欲拉郭暖，郭暖用左袖挡开，三哥又伸左手欲拉郭暖，郭暖又用右袖挡开，伴随着锣鼓的节奏“八仓、八仓、八达仓”，王少舫老师跟着“八达仓”的锣鼓，右手顺折袖，向身后蟒袍用力一甩，快步下场。这组动作的前两个挡袖动作，是戏曲舞台上经常运用的程式动作，而第三个用右袖甩后袍的动作，是他根据戏的规定情景创造出的一种新程式。这一新的程式动作，充分、鲜明地揭示了郭暖当时的执拗情绪和他决意回宫与公主论理的决心。模仿一个程式动作比较容易，而创造一个新程式动作绝非易事。这是一场二幕外戏，也就是过场戏。王老师对待只有几句唱腔的过场戏，也从不马虎。一丝不苟、精益求精的戏德和艺风，是他一生的追求。

第　三　场

后宫：郭暖怒气冲冲地回到后宫，与骄傲的公主经过一番唇枪舌剑后。郭暖：“驸马爷今日要教训你！”公主：“我倒要看看你是怎样的教训？”郭暖：“我不但要教训，我还要……”公主：“你要怎样？”郭暖：“我要打！”王老师在“我要打”三个字上做了不少文章。因为“打”字是全剧的关键行动，也是全剧的核心事件。他在说“我要”时停顿了一下，声音较低、速度较慢。这时郭暖在犹豫，思想在进行激烈的斗争。接着他迅速地用左手捋起右袖，露出膀子和拳头，猛举到公主的眼前，同时喊出“打”字。这个捋袖举拳动作，把郭暖那种年轻气盛的性格，表现得淋漓尽致。这个动作完全是从生活出发，从人物的性格出发，打破了戏曲的固有程式。这个动作不仅使公主惊吓得向后退了一步，连台下的观众也吓了一跳。为什么会产生如此强烈的艺术效果呢？王老师不愧是一位表演艺术家，他善于在戏发展到关键时刻，调动一切艺术手段，把戏推上高潮。他为这个捋袖举拳动作，在声音上采取先轻后重，在表情上采取先抑后扬，在动作上采取先慢后快。经常在戏里运用这种强烈的对比手法，也是王少舫老师的一大绝招。如他在《天仙配》董永的表演中，在《女驸马》刘文举的塑造中都曾多次运用过，每次运用都能获得强烈的戏剧效果。

第　六　场

金殿：郭子仪绑郭暧上殿，向皇帝请罪。皇帝不仅不降罪郭暧，反给郭暧连升三级。郭暧喜出望外，向皇帝三拜九叩。拜毕，转身，看见站在左边的郭子仪，

《打金枝》第六场剧照，王少舫饰郭暧

郭暖趾高气扬的，用右手拉一下左袖，又用左手拉一下右袖，再用右手抄起大带向前迈了两步，把大带甩了两圈，朝身后一背，前面做的这些动作都较慢，背大带后，突然加快速度，伴着锣鼓节奏，他抬头挺胸大摇大摆地横着走下场。他精心设计这一组完整的动作，在每次演出时，观众席里都爆发出热烈的掌声、笑声和赞美声。这种符合剧情及人物特性的精美表演以及所取得的良好艺术效果，就是在兄弟剧种中，也并不多见。

他在《打金枝》郭暖的塑造中，还有很多可圈可点的精彩之处，在这里，我只重点介绍这几点。

王少舫老师把毕生精力奉献给了黄梅戏事业，他塑造的董永、刘文举、王科举、郭暖等人物，个个都是形象生动、性格突出、各具特色、光彩照人的。

（原载《严凤英、王少舫的艺术历程》2004.11）

【作者简介】丁紫旺，安徽省黄梅戏剧院二级演员，安徽省戏剧家协会会员。出身黄梅戏世家，系黄梅戏老艺术家丁永泉（丁老六）的次子，曾参演剧目《宝莲灯》《打灶王》《打金枝》《箭杆河边》等40余部。

往　事　回　忆

——学习王少舫先生表演艺术点滴体会

潘忠仁

大约1979年，著名黄梅戏表演艺术家王少舫先生来安庆参加活动。消息传出，在文艺圈内引起了极大的关注。当时黄梅戏二团正在市人民大会堂演出，机会难得，一定要请王少舫先生在舞台上露面以满足文艺界同仁及广大观众的要求。王少舫先生欣然答应并决定演出他的拿手戏《夫妻观灯》。

我当时是二团团长，负责安排他的演出事项。少舫先生的节目安排在当天节目的最后，约晚上十点钟才上场演出。少舫先生七点钟到后台，稍事休息就化起妆来。他化妆非常认真（化妆时间整两个小时），近60岁的老人化起妆来仍不减当年。剧场爆满，气氛热烈，演出受到广大观众的热烈欢迎。

我仔细观察少舫先生的表演，总的没有变，但有几处作了些改动：头上戴的抓巾帽换了兰獐帽头，二五褶子改穿对襟岔头，特别是在表演方面更加精细完美。演出结束后，我自备小菜请他共进晚餐。当时，他对我说："忠仁，我有个想法，我最后的告别舞台演出想安排在安庆进行。"我听后非常高兴，当即表示："还是我来为你操办服务吧。"他情绪极好，我们一直谈到深夜……1986年我到北京出差前夕，王少舫先生突然病逝，我万分悲痛！我身边省团司鼓王文龙同志告诉我说，王老前两天同他谈到安庆告别演出之事。王老的愿望没能实现，我也失去了为他演出服务的最后机会。我站在王老的遗像前，王老往日奋斗在排练场、活跃在戏剧舞台的情景，一幕幕又展现在我的眼前……

1952年，原安庆市黄梅戏一、二团接受赴华东演出的任务。当时省委领导非常重视，调集了一批优秀的编导、作曲骨干，对黄梅戏传统剧目进行了整理。最后，挑选出《夫妻观灯》《打猪草》，还移植现代戏《新事新办》《柳树井》等剧目进行精心排练，于1953年赴上海演出，获得了极大成功。《夫妻观灯》《打猪草》两剧参加赴朝慰问团为中国人民志愿军演出，回国后又荣幸去中南海向中央领导同志汇报演出。《夫妻观灯》一剧，以后又拍成电影在全国放映，当时全国各地来安庆学习该剧目的情景真是盛况空前。

《夫妻观灯》是王少舫、郑立松、潘璟琍三位同志共同整理改编的（见安徽人民出版社单行本）。新编剧本的形成说它先有改编本，还不如说是边排、边演、边改出来的剧本更为准确。人们都知道，王少舫先生原来从事京剧表演，擅长老生、小生，功底十分深厚，同时也演小丑、花脸，还串过花旦。很多名角最多是一赶三，而他能一赶四（这四就是指演《霸王别姬》中一角），堪称一绝。由于他掌握了众多表演艺术手段，这对他长期从事导演、表演艺术工作起着重要作用。

黄梅戏传统小戏有其自身的特点，它不是一曲多用或一曲多唱，而是一出戏一个曲调，叫作专曲专用，要求非常严格。包括锣鼓、曲牌、唱词，都有比较固定、统一的格式，自然形成互相联系的整体要是随意改动，也就不成为该戏了。少舫先生高明之处在于他不是抛弃这些特点另搞一套，而是在尊重传统格式的基础上，巧妙地驾驭和运用，从而丰富发展了这些特点。现在有些同志对该剧作了些新的尝试，但我认为，还是保留原来演出风格为好。

《夫妻观灯》的艺术特点是乡土气息浓，载歌载舞，形式活泼。少舫先生处理和表演这出戏，动作有张有弛，起、承、转、合处理适度，在欢快气氛中使你欣赏到抒情优美的表演。我体会少舫先生在该戏艺术处理上分为两个层次：

一、从“夫妻双双出家门”到“四面八方闹花灯”为止，这一段节奏明快，情绪热烈，由上桥到进城门，再到东西南北门，演员满台飞舞，舞蹈动作展现到舞台每一个角度。舞台上没有灯，却使人感觉到处人头涌动，仿佛置身于人与灯的海洋中。这一切都是通过演员细致表演的形象虚拟动作展现在观众面前的，典型人物在典型环境中得到很好的烘托与施展。

二、从“手捧莲花灯一盏”到王小六念白：“灯来着，灯来着！”这是第二段戏的艺术处理。戏演到此处，舞台突然静场，意外出现一段独白，好似电影中的定格。王妻突然提出不看灯了，要王小六同她回家去。王小六问明缘由后，非常生气地说：“你这个人（指观众）看灯就看灯，为什么把眼睛看着我老婆，我要是把眼睛看你老婆，你愿意不愿意……”少舫先生把这段假戏演得那么认真。他越真演，观众就越捧腹大笑。他那认真的表演，使人感到他老婆打扮得很好看，他又是那样地爱着他的老婆，观众仿佛成了剧中人，是在看戏，但也真的在看他老婆。这种置身于戏里戏外的真真假假，令观众中笑声不断，产生了特殊的艺术效果。足见先生表演的真功夫！

艺术就是要与观众交流，观众不但是艺术欣赏者，同时也是艺术参与者，这是中国戏曲一大特点。这一特点的形成来自生活。过去黄梅戏在农村广场演出，成千上万观众围在一起看戏，台上台下本来就没有什么界限，戏演到高潮处，演员早就走到观众之中。所以说这个静场艺术处理是有生活根据的。黄梅戏之所以受到广大观众欢迎，是因为它来源于生活，然后通过提炼，比生活更高、更集中、更典型罢了。

由动到静，再由静转为戏的高潮，这是导演节奏运用的成功。王少舫先生不但是表演艺术家，也是位成就很高的导演。他执导的戏很多，这方面的成就有待我们进一步地去探讨研究。

少舫先生的艺术创造，始终遵循两个基本原则：一是从生活出发，力求保持黄梅戏朴实自然的特点；二是大胆探索，力求创新，这是贯穿艺术创造的核心。例如《夫妻观灯》剧中人王小六，原来是丑行扮演，化豆腐块脸，穿短岔衣，头上随意戴什么都可以。旧的穿戴是不适应新改编的王小六形象需要的。少舫先生就从剧情出发，大胆对化妆、服装作了新的艺术处理：王小六头戴滚边抓巾，上身穿滚边天蓝色二五褶子，脚蹬云布鞋，腰扎蓝带，显得朴实大方。这一身打扮就把欢度新年的气氛烘托出来了。现在人们看起来并没有什么独到之处，但在40多年前能做出这样的努力是很难得的。

化妆、服装变了，当然不能按老的模式来表演，少舫先生在这里创造性地运用短水袖、新步法，很好地解决了这一难题。

《夫妻观灯》是出小戏，生活气息浓，少舫先生就从生活出发，创造出不同于传统的四方步，也不同于丑角表演的矮子步，而是经过艺术加工而成的新的“碎步”。这种步法贯穿于整个演出始终。人物第一次出场也很不一般化，不是在九龙口一抖水袖起唱，而是让王小六在锣鼓声中有节奏地快步出场，他把两只水袖一抓，直线走到台前而不是台中，两手水袖配合，上身接着旋转起来，十分好看。

王少舫、严凤英为工人演《夫妻观灯》现场

我们学过多次，总不得要领，在传统表演中我们没见过，这是王少舫先生的创造。戏曲表演讲究四功五法，动作要求规范化。我们看《夫妻观灯》所有的舞蹈动作，虽不是程式化，但都符合戏曲表演特点，虽戏曲化，但总能从剧中找到生活依据；舞蹈动作虽贯穿生活形象，但绝不是生活的翻版，而是用舞蹈语汇去表现生活，并且高于生活。演员没有表演水袖，但处处都能看到水袖的运用。他之所以获得成功，在台上常演不衰，我的体会是：改编剧本或新剧本创作，必须掌握舞台艺术规律。剧本除表达正确的思想内容外，还应该给舞台再创造留有用武之地。王少舫先生集编、导、演于一身，凡是他参加编剧的演出本，在艺术上总是让观众有看头。有时戏本身并不理想，但通过艺术家再创造而焕然一新，获得观众好评。纵观当今中国戏曲舞台几位有名导演，都是梨园出身或演员出身，通过专业学习后如虎添翼，在艺术上取得了重大成就。艺术创作是综合艺术，单纯抓剧本创作是不会出好作品的，就是已被肯定的剧本，也只是文学欣赏，而观众就是不来看。我们应该从成功经验中得到启发，来总结我们目前的艺术创作。

这篇短文，只是我学习王少舫老艺术家表演、导演艺术的初步体会，我将继续研究探索，在这方面做出自己的努力！

《看安徽黄梅戏有感》等报纸剪辑文章

看安徽黄梅戏有感

阔别首都20多年的黄梅戏，最近又来北京了。20世纪50年代，他们曾两次来京演出了优秀传统剧目《天仙配》和《女驸马》。那时严凤英和王少舫在这两出戏中配合默契、珠联璧合，唱得娓娓动听，演得婀娜多姿，给人们留下了难忘的印象。

这次安徽黄梅剧团是在赴香港演出前特地来北京汇报的。他们共带来了《天仙配》《女驸马》和《罗帕记》三台大型古装戏。《天仙配》和《女驸马》虽早在50年代就和观众见过面，但是这次来京前，无论是在表导演上，还是在音乐和舞美设计上，都做了精心的加工。尤其是在《天仙配》和《女驸马》中接替严凤英分别扮演七仙女和冯素珍的陈小芳和马兰，都是青年演员，她们在表演上虽不及严凤英那样娴熟，却有严派风范。扮演董永的黄新德，师承王少舫，唱起来韵味醇厚。扮演公主的梅伟慈，素攻花旦，演起来细腻入微。王少舫虽年过花甲，可是依旧葆其艺术青春，《女驸马》中的老丞相仍由他扮演，他演起来落落大方，风趣洒脱，不减当年。

《罗帕记》是近年来重新整理的传统戏，它通过一对恩爱夫妻 18 年的悲欢离合，揭示出封建礼教的吃人本质，鞭挞了伪善和丑恶的灵魂，颂扬了善美和纯真的情操。这是一出传奇戏，但编导者并不贪恋于情节的扑朔迷离，而是着力于人物感情的刻画和内心世界的描绘。王科举在遗妻之后，那种封建礼教和旧情难忘的心理交织在一起，折磨得他不仅丢失了功名，而且心灵上刻下了难以愈合的创伤。在“店遇”这场戏中，王科举那段见像思妻和着血泪的独唱，情深意长，深沉隽永。陈赛金出身名门，她受辱被弃后，走投无路，孤苦伶仃。她离家前的三劝夫和投店时的三托子，把这个人物复杂的内心世界表现得淋漓尽致。她爱夫又恨夫，欲死又求生。就在这种劝夫不成、托子有望的凄惨境遇中，她抱着将来能平冤昭雪的一线希望，忍辱负重，顽强地在坎坷的人生道路上挣扎着。她的命运、爱憎，通过演员的表演和观众的感情密切地联系起来，紧紧地扣住了观众的心弦。扮演陈赛金的许自友得过严凤英的真传，唱得甜润，演得质朴，活画出一个古代被侮辱、被损害的善良而又坚贞的妇女形象。

悲剧的艺术感染力并不完全在于纯粹的悲。寓庄于谐，寓悲于喜，这是戏曲的又一特点。《罗帕记》通过穿插性的人物店主姐作为纠葛人物矛盾的纽带，使这出悲剧带有几分喜剧的色彩。她同情善良，揶揄丑恶，亦歌亦谑，不时逗得观众破涕为笑，并使我们在眼泪和笑声中看到了各种人物灵魂中的美与丑，道德上的善与恶。这个戏结构严谨，艺术工巧，悲喜有序，顿挫分明，不失为发挥了黄梅戏剧种特色的一出好戏。

参加这次演出的除少数老演员和部分中年演员外，大部分是近年来涌现的黄梅新秀，年龄都在 20 岁左右。看到一代黄梅新秀接踵而来，真叫人喜悦。由此联想到这种整建团的方针是值得赞扬和倡导的，我们各地剧团不是也应该从中得到一定的启发和借鉴吗？

（摘自《人民日报》1981 年 11 月 14 日第八版，作者：马彦祥）

我爱黄梅戏

——访王少舫

20 世纪 50 年代中期，影片《天仙配》倾倒了广大观众。许多人头天还没听说过黄梅戏，转天却已哼着“含悲忍泪往前走”。严凤英、王少舫也成为人们熟悉的演员。

最近，记者访问了王少舫。

“没见面的亲戚”

王少舫说一口纯正的普通话，几乎听不出黄梅戏演员特有的安庆味儿来。他笑着解释：“我开蒙是学京剧的。”原来，他出身于一个京剧世家，从小学老生，长于做工、学过麒派。为了“饭碗子瓷实点”，老旦、小旦、彩旦、花脸都唱过。至于小生，他不但给旦角“挎刀”，还演过《群英会》一类的重头戏。

13 岁时，他到安庆搭班，常听人们哼黄梅调，自己也学着玩，还在演《戏迷传》《拾黄金》时串唱过。1939 年，他们人少组不成班，就和黄梅戏“两下锅”，各唱半场。他说：“我哼了几年黄梅调，可没见过黄梅戏。这次一见，格外亲切，就像见到没见过面的亲戚一样！”

董永曾演仙女

黄梅戏号称“36 本大戏，72 本小戏”，多是生活故事，他越看越爱。一次演《天仙配》，人不够，京剧艺人们照例来支援，王少舫扮演了七仙女中的二姐。这是他第一次演黄梅戏。老艺人丁永泉夸他：“嗓子好，味儿也好。”他干脆提出：“我跟你们一块儿唱吧！”

从此，京班邀他，他就唱京剧，京班没戏，他就唱黄梅戏。直到新中国成立，才完全不演京剧了。

黄梅戏原先讲究“三打七唱”——七个演员，三名乐手，场面只有大小锣和鼓，没有文场。少舫很不习惯，和京剧琴师商量：“该我唱时，你给我拉个音吧！”从拉个音到托唱，弦乐逐步进入了黄梅戏。当时观众很觉新鲜，说：“听王少舫的‘京托子’去！”

不画豆腐块的小花脸

当年丁永泉先生到上海茶楼唱了三年，想为黄梅戏争一席之地而未成功。黄梅戏只能跑农村，躲着演，因为国民党骂它是“花鼓淫戏”，说禁就禁。这个连野台子都够不上的剧种，新中国成立后却成立了省团，参加了会演，走上了银幕。王少舫感慨地说：“也只有新中国成立后，黄梅戏才能打出去呀！”

他笑着说：“我从小爱看电影、话剧，还爱看文明戏。和上海人艺赴朝，拍电影，都从话剧演员、电影导演那里学了不少东西。拍《女驸马》，我演那个自作聪明的刘文举，按老生演。刘琼导演提出，要演成不画豆腐块的小花脸！这就逼着我打破行当，启发我探索人物的心灵。”这次排《罗帕记》，他演一个可恨又可悲的封建卫道士，前为小生，后改老生。为了准确刻画人物，他在“描容”一段唱中，吸收了徽剧曲调和岳西高腔，创造出类似京剧倒板、回龙的板式和反二黄的调式，又为黄梅戏增添了财富。

他说：“黄梅戏年轻，需要多多吸收借鉴；黄梅戏肚子大，也能够吸收借鉴！”

（摘自《北京戏剧报》1981 年 11 月第 44 期，作者：肖扬）

动人的心理描写

——黄梅戏《罗帕记》观后感

安徽省黄梅戏剧团在赴港演出之前，以《罗帕记》与首都观众见面。先睹为快，感动颇深。

《罗帕记》写尚书之女陈赛金与其夫王科举曲折的爱与恨的纠葛。全剧围绕传家之宝——罗帕的失而复得，尽情刻画二人的心理活动，丝丝入扣，动人心弦，由此形成了自己的艺术特色。

王科举赶考前将罗帕留交妻子，谁知被同行的管家姜雄窃去，并在途中扬言此为女主人所赠信物，激起王科举的疑心，急急回家查处。王科举以有色眼镜看问题，发现罗帕丢失，不听妻子的辩解，将她赶出家门，并以休书绝其后路，使陈赛金蒙受洗不清的冤屈。陈赛金途中生子，幸遇好心的店姐收留，二人含辛茹苦抚育幼子成人。18 年后幼子中状元，查获了元凶，并让其父王科举查办，由此引出回帕训夫的一场好戏，而全剧也就在锦车戴罗帕——18 年冤屈的见证物，王科举拉车的场面中结束。

老演员王少舫年已六旬，扮演王科举仍显游刃有余，活画出这个迂阔主观的人物形象。他的演出激情充沛而善于控制，情绪饱满而又性格鲜明，给人以真实可信的印象。“逼帕”一场面对妻子合情合理的辩解，他都一一予以驳回，由于怕损害举人的门第，虽然对新婚的妻子百般爱怜依依不舍，仍忍痛做出绝情的举动。当事情真相大白之后，他一方面写诗作画寄托思妻之情，另一方面又怕妻子在困苦中辱没家风，宁可信其死而不愿其生。正因为王少舫在人物塑造上充分表现了爱与恨的矛盾，力避简单化地刻画，使观众透过这个思想僵化、渗透封建道德观念的艺术形象，看清旧礼教吃人的本质。

中年演员许自友，在陈赛金形象塑造上，继承了其师严凤英在唱念上的创造，以声传情，沁人肺腑。通过黄梅戏悠扬感人的唱腔、抑扬顿挫的念白，再加上幕后美妙的伴唱，精细入微地勾勒了她由娇美腼腆的少妇到藏起刀、绳顽强地生活下去的转化。这样当18年后王科举改悔跪求，陈赛金静坐不允，在店姐调和下，她巧妙地提出以罗帕代自己坐锦车时，观众反响极为强烈，无不对陈赛金坚毅、高尚的品格更添崇敬之情。

（摘自《北京戏剧报》1981年第46期第2版，作者：吴乾浩）

宝刀未老
——访著名黄梅戏演员王少舫

王少舫这个名字，对于上海观众是并不陌生的。早在20世纪50年代，人们就欣赏过他的精湛表演艺术。

时隔20余载，我们有幸重睹其丰采。那晚，当我看到他在《罗帕记》中扮演王科举时，他那宽厚洪亮的嗓音，又把我的心给紧紧地扣住了。呵，宝刀未老，还是当年那个王少舫！

我请他谈谈这次赴港、来沪演出的感受。这位久经风霜的老艺术家两眼立即闪现出欢愉的光芒。原来，他是从小生长在上海的。他告诉记者，他少年时就在上海学唱京戏，12岁离别上海，回安徽老家。为了生计，他13岁开始登台，但学唱黄梅戏，那已是1939年的事了。不过当时也还是处于“京、黄合演”阶段，直到安徽解放后，才专门唱黄梅戏。

少舫同志动情地说：“黄梅戏的发展，离不开上海广大观众的支持和鼓励。新中国成立前黄梅戏只有三四个班子，仅流行于安徽一带，以至新中国成立后举行的第一次全国会演时还没有这一剧种。1952年，省里搞了个‘暑期艺训班’，上海派了观摩组来，发现黄梅戏曲调优美、形式活泼、乡土味浓，还能反映现实生活，一回上海就宣传开了。尔后，又热情地邀我们来上海演出，还为我们灌了唱片，这样，黄梅戏的绚丽风姿很快就引起了重视，扩大了影响……”说到这里，少舫同志又沉浸在幸福的回忆之中——他向我生动地描述了1953年与上海人艺一起赴朝慰问演出的情景。

1954年，在华东会演时，《天仙配》等戏得了奖。1955年至1963年间，上影厂又先后将《天仙配》《女驸马》等戏拍成了电影。此时，黄梅戏不仅在艺术上得到了进一步的发展，其影响更是扩展到了全国乃至东南亚。这次赴港之前，上海又专派了舞美、灯光等专家去安徽……少舫同志感慨地说：“黄梅戏有今天，是与上海的关心和大力支持分不开的。”

接着，少舫同志又向我介绍了此番香港之行的观感。他说：“在五六十年代，通过电影，黄梅戏在香港甚至台湾风靡一时，曾掀起过一阵‘黄梅调热’。此后，电影导演李翰祥先生还拍摄过七八部黄梅戏的影片；歌星奚秀兰等也演唱过黄梅戏歌曲。这次访港，有人说是第二次掀起了‘黄梅调热’——过去只能在电影里听到，而这回是来了黄梅戏的‘原装’了……一些安徽老乡，对我们更是依依不舍，因为我们的演出勾起了他们的乡思……”

我深深地为少舫同志的朴实、热情、亲切和真诚所打动。是的，作为一个著名演员，他已经进入了老年时期，但他的艺术青春并没有随着年龄的增长而衰退，他那宽厚洪亮的嗓音和“活董永”的形象，将长存于所有热爱黄梅戏的观众的记忆里。

（摘自《舞台与观众》1982年1月2日第73期，作者：裴原）

王少舫对黄梅戏花脸行当的探索

朱玉白

安徽省黄梅戏剧团建团初期，我从文工团调到省黄梅戏剧团，除参与筹建省黄梅戏剧团工作外，主要是学习、继承和改革黄梅戏。1954 年王少舫同志调来省黄梅戏剧团，为了学习和继承黄梅戏小生行当的表演艺术，组织上动员我改行从事演员工作，并安排我拜王少舫同志为老师，在局党组的主持下，还写了“师徒纸”。

自从拜王少舫为老师之后，他常常跟我说：“我是个艺人，没有文化，你有文化。我教你艺术，你要教我文化，我还想请你帮我一个忙，抽时间把我演戏的心得记下来，我讲你写，我俩互相学习。”他对黄梅戏的继承和发展是有打算的，但由于他演出繁忙，一直没能安排我来专门记录他的心得。

1960 年 12 月，我和爱人因为向上级反映了农村“五风”情况，被打成“右倾思想”，决定将我们调离省黄梅戏剧团，下放铜陵。临行那天，纷纷扬扬的大雪漫天飘落，一片片雪花像天神抛下的万把银梭，编织成一个硕大的白茫茫的冰幔，笼罩着大地，寒流刺骨，冷风凛冽。就在这时，王少舫老师出现在我的面前，他什么话也没说，只赠我两张照片，一张是他小儿子毛代和严凤英大儿子安安的合影，一张是他和严凤英同志的《天仙配》剧照合影。当时我不理解他送这两张照片是什么意思，后来他才告诉我："你和小苏调下去，我是有看法的，从此我俩没办法合作了。我送你两张照片的意思，一是希望你经常看看我的剧照，不要丢掉你心中的黄梅戏，要继承和发展黄梅戏艺术；二是希望你经常看看你的小弟弟，不要忘记我们之间的感情。"可惜，这两条，我一条也没满足王老师的希望，下放后，特别是经过"文化大革命"的打击，我焚烧了珍藏的艺术，决心不搞文艺了。从那以后，为了避免我下放的不愉快的回忆，即便出差合肥，我也不愿跨进黄梅戏剧团的大院，和王少舫老师基本上失去了联系。

1981 年春节后，安徽省黄梅戏剧团到铜陵市巡回演出，我得以观看了王老师演出的《陈州怨》。

开戏前我步入后台观看了王老师化妆，出乎我意料，王老师扮演的不是小生包勉，而是花脸包拯。我好奇地问他："您是著名小生，怎么演起花脸来了？"他说："我想借此机会，对黄梅戏花脸行当做一点研究。"接着，他向我阐述了他对黄梅戏花脸行当的见解以及他决心继承和发展黄梅戏花脸行当的设想与打算。他一边化妆一边跟我说："黄梅戏行当的发展不平衡，如小生、花旦行当发展得较快，而花脸、老旦行当发展得就很慢。特别是花脸，表演上尚无规范的程式，传统戏里偶有花脸，也只是上下两句简单的唱腔，我有心在这方面做些探索。"由于他对黄梅戏花脸的表演艺术孜孜不倦地追求和探索，他成功地塑造了包公的形象。他避免历来对包公一角刻板的程式化的表演方法，而是继承黄梅戏的表演路子，深挖角色的内心世界，进行了"活"的形象塑造。我还记得，当戏中张娥知道自己告状告到包勉三叔"包黑子"面前而怕遭到迫害的时候，王少舫不是完全运用京戏程式进行表演，而是将程式生活化，表现出包公深知民心、体察民情的样子：他从座位缓缓而立，慢步向前，撩起水袖伸出一只颤抖的手，躬下身来，亲切而和蔼地将张娥扶起。这个表演流程深深地感动着观众的心。王少舫在包公一角的唱段和感情处理上，都明显地表现出对黄梅戏传统的继承和发展。包拯唱："儿啦！儿啦！儿啦！"这第三个"儿啦"他用强音行腔抒发情感，紧接着用较弱音唱："自幼我爱你聪明英俊，读诗书勤奋广通五经……"此处，包公把包勉搂在怀里，用颤抖的双手不断抚摸包勉的头，充分地表现出了包公对侄儿恨中有爱、爱中有恨的沉痛情绪，很感人。接着包公怀着恨铁不成钢的感情斥责包勉："可恨你红袍着身身不正，口诵圣贤做小人。"包拯流下了怨恨之泪。此时包公发出"铡与不铡难坏我……包勉儿呀！"这样一句肺腑之言。经过思考，包公终于战

王少舫与两个徒弟朱玉白（左一）、李济民（左二）合影

胜了人情，坚持了国法，他怀着忠于国家忠于万民的决心，沉痛地唱出：“不……骨肉不能动我心，刑典面前无疏亲。”充分表现出包拯高尚的品德。再如嫂娘上场阻止铡包勉，痛骂包拯忘恩负义，而包拯铡包勉决心已定。但面对着有养育之恩的嫂娘，包公用一种赤诚心肠向嫂娘交心：“深知你痛儿心切，肝肠欲断，小弟我要铡包勉心也酸。”王少舫在唱到“心也酸”三个字时，用强音行腔来表现包公内心痛苦的真挚感情，接着包拯向嫂娘中肯地解释：“小弟我是命执法典，知法守法重任在肩，倘若我爱骨肉殉情不断，岂非是上行下效法度难严。”他在唱段中特别强调了“重任在肩”和“倘若……殉情不断，岂非是上行下效法度难严”的字句，深刻地表现出了包拯深知民情、大义灭亲的高大形象，很有艺术感染力。另外，在演唱方法上王少舫还大胆地用了鼻音。演出后我到后台向他告别时问王少舫老师：“你大胆吸收了京剧的唱法，用了鼻音嘛！”王少舫说：“不，这不是京戏的鼻音。许多人都认为鼻音只有京戏才有，其实不然，在黄梅戏中，鼻音则是一种传统唱法。如黄梅戏知名老艺人丁老六同志，在传统戏《渔网会母》一场戏里唱‘母女们深落在洪盛典当’的‘盛’字，就是用的鼻音行腔。不过黄梅戏鼻音是鼻腔共鸣，京戏则是脑腔共鸣，这是根据语言来的，京剧语言是京腔，黄梅戏是地方语言，语言发音的走向不同。如‘盛’字，若用脑腔共鸣就会变‘神’字音了。”王少舫老师将传统的鼻音唱法与京戏鼻音加以结合，运用在花脸行当里，在继承中发展，不能不说他对黄梅戏又做出了一个贡献。我关心地问他：“年纪大了，演这种角色感到累了吧？”他叹了口气说：“唉！每晚一上床腰就疼哟。”他把脸伸到我的面前说：“你看我眼睛，不了解的人认为眼大有神，其实右眼什么也看不见，全瞎了，左眼也只有 0.8 的视力了。”他心情有些沉重地说：“黄梅戏的继承和发展，路还远哪！”我望着他那双大眼睛，一阵心酸，我深切地感到：该到总结和记录他表演经验——继承和发展黄梅戏成就的时候了。

第二天，我请王少舫老师一行人到家里吃饭，饭后我提醒他说：“你原是京戏演员，自你到了民众黄梅戏剧团之后，你把京戏的表演程式和演唱方法用到了黄梅戏里，大大提高了黄梅戏的表演艺术，特别到省团以后，你的贡献很大，应该把它总结出来，留给后人。”他又叹口气说：“唉！谁来总结呢？我自己没有文化，只能讲不能写，你嘛，又离开了省团，还有两个徒弟一天到晚演出，很忙，没人写呀！”我说：“你现在就给我讲讲你是怎么把京戏程式和演唱方法用到黄梅戏里的，我给你记，能记多少是多少。”于是打开了他的话匣子。他说：“不能说把京戏‘用’到黄梅戏里，说用，就是原封不动地把京戏程式搬到黄梅戏里来，那不是京戏加黄梅戏吗？艺术的吸收是不能用加法的，是不能生搬硬套的，而是要‘化’！把京戏的表演程式和演唱方法‘化’到黄梅戏里，要溶化，让它看不出听不出京戏的痕迹。”我说：“你举个例子。”他说：“例如《西厢记》里张生端着盘子跟红娘后面去见小姐的一场戏：京戏里是蹲下来，两腿向前伸着走矮步，两手拿着盘子边走边唱，喜出望外，以表现张生高兴的样子。但是我在民众剧场演黄梅戏《西厢记》时，就把京戏这场戏身段——表演程式改了。按照黄梅戏唱腔节奏和情感，改成半蹲步，半抬脚，走小步，跟在红娘后面左顾右盼，既高兴，又怕被人发现，使这场戏具有生活气息，具有黄梅戏的风格。这就叫溶化。再如唱腔，京戏唱段讲究行腔韵味，我在唱《天仙配》董永一角‘含悲忍泪往前走’一句时，将‘悲’字音放长，将‘前’字音起伏颤行，将‘走’字音行腔，把京剧的唱法与黄梅戏唱法相融合，达到了表现董永悲痛心境的很好效果。这就是我将京戏程式和唱法溶化到黄梅戏里的基本体会。”王少舫强调说：“就是一定要尊重黄梅戏传统：只能继承它、充实它、发展它，不能用其他艺术形式代替它，代替了它就不是黄梅戏了。”王少舫老师的这一段谈话，给我留下了深刻的印象，当时我就记下了他的谈话，并且写下了一篇评《陈州怨》的文章，但由于种种原因，文章一直没发。

1984 年，我调到安徽省民政厅工作，由于到一个新单位工作较忙，加之生活又不安定，我一直没抽出空去看望王少舫老师。1986 年 7 月 19 日，王少舫老师与世长辞的噩耗传来，我万分沉痛，匆忙赶到王老师的家里，他的遗体已经送到了殡仪馆，我再也见不到他了。我痴痴地望着王少舫老师的遗像，思潮滚滚，感慨万千：20 世纪 50 年代建团初期，王少舫和严凤英，如同两根顶梁柱，支撑着“黄梅”大厦，黄梅戏因这两位艺术大师而闪耀着五光十色的华彩。

我衷心地祝愿：王少舫和严凤英以及诸多黄梅戏同仁所走的继承和发展的改革之路，开出安徽人民真正喜欢的鲜艳的花朵。

（原载《严凤英、王少舫的艺术历程》2004.11）

论黄梅戏“王派”表演艺术体系

韦京东

斯坦尼斯拉夫斯基在《演员自我修养》中说，演员要“不断地完成我们艺术的主要目的。即创造角色和戏剧的‘人类精神生活’，以美丽的舞台形式，艺术地体现这个生活”。王少舫正是创造了角色和戏剧的人类精神生活，以美丽的舞台形式，尤其是人物与行当的有机结合，戏与技的艺术融合，塑造出黄梅戏舞台上一个个栩栩如生的“活董永”“活文举”“活牛郎”“活科举”“活包公”和“活小六”等生角艺术形象，奠定了黄梅戏第一个生角流派“王派艺术”的体系基础。

表演艺术是由表演艺术家完成的直接诉诸人的视听艺术种类，戏曲表演更是一种由艺术家以“四功五法”的角色创造直面观众的整体完美体现。黄梅戏表演艺术家王少舫正是以这种整体完美体现，创造了属于自己的表演艺术体系，形成了黄梅戏第一个生角艺术流派“王派”。“王派”艺术唱腔之醇厚，念白之纯正，做功之规整，表演之流畅，剧目之重角，创新之始终，构成了王少舫“王派”艺术的基本特征。

浑厚醇正的演唱

演唱是指以唱的方式来进行表演，戏曲更是主要以唱功来刻画人物。艺术家以什么声音来演唱、以什么声腔来行腔都是十分考究的。前提都是依据自身的自然条件来发挥和创造自己的特色、风格或流派。“王派”唱腔的特点：在浑厚醇正的演唱风格下，善用冲音、伴有半音、辅以徽京底蕴，这些都是“王派”声腔的独特之处。

浑厚醇正。好的戏曲演员善知善用自己的音区和音色。王少舫的“王派”把握住了自己男中音的先天自然条件，多在中音区行腔；音色偏于浑厚，因而将自己的本色音质发挥到了极致。他的唱腔从不卖高腔、捏细声、矫揉造作、奶声奶气，而是从黄梅戏的本嗓传统演唱出发，自然发声，本色演唱。其实，演唱艺术就应强调自然放松，注重本色。例如，《天仙配》“路遇”董永选段“卖身纸”：这是一段黄梅戏三三四格式十字句的男平词，可以说这一段四句平词，王少舫是一气呵成，完全在男中音中完好地完成，既显浑厚平实，又显韵味醇正。当唱到第四句“怎能”的“能”字行腔时，又显得平朴中见委婉，纯正中见细腻，唱出了董永的无奈与困惑。善用冲音。“王派”冲音是指王少舫在黄梅戏男腔演唱中经常使用的短促而有力度的高音或装饰音。“王派”唱腔善用冲音，这是“王派”唱腔的一大亮点。例如，《天仙配》“路遇”董永选段“家住丹阳”：当唱到“丹阳”的“阳”字、“父母”的“父”字、“受苦辛”的“苦”字、“让我走”的“让”字和“红日”的“红”字等，“王派”均采用了冲音唱法。“王派”冲音分两种情况使用。一种是黄梅戏男腔的高音行腔，一种就是黄梅戏男腔装饰音的高音修饰。如“阳”“父”二字属于前者，而“苦”“让”“红”三字属于后者。高音修饰幅度大多在小二度之间。伴有半音。“王派”唱腔善用半音，这是王少舫将京剧唱法运用于黄梅戏的一个典型案例。例如，《天仙配》“路遇”董永选段“含悲忍泪”：“王派”唱腔唱到第一句导板时“含悲”的“悲”字和“往前走”

的“走”字，都运用了半音的运腔方法；后来的“大路走”的“走”字也用了半音来处理演唱，既表现了我国二十四孝“卖身葬父”中董永的悲凉心情，又表现了剧中人物在此时此地这个剧规定情境中的忍让与无奈，演唱效果很好。“王派”半音的运用也有两种情况。一种是黄梅戏男平词在导板、散板、转腔和阴司腔上下句等板腔中声腔原有的半音唱法，一种即是“王派”半音的特色运用。两个“走”字的半音唱法就是前面一种，而“悲”字的半音唱法即是后者。“王派”半音唱法很是优美，既能表现悲痛的心情，也能表现欢快的情绪，而这在京剧中是常见的一种演唱方法。可见，“王派”的引用，丰富了黄梅戏的男腔演唱。徽京底蕴。王少舫的“王派”唱腔具有徽京艺术的深厚底蕴。“王派”唱腔的徽京底蕴确实在他的唱腔中得到了充分的体现。例如，《罗帕记》“描容”王科举选段“鲜艳彩墨染笔尖”（或名“一腔幽恨难排遣”）的后段“拿姜雄”一节，就是典型的徽京腔用于黄梅腔的案例。“王派”唱腔的徽京底蕴在这段代表性唱腔中得到了完美的表现。与此同时，在这一小节体现“王派京韵”的行腔中，“王派”浑厚、“王派”冲音和“王派”半音等“王派”唱腔特色也都得到了精美绝伦的展现。

因此可见，“王派”唱腔浑厚醇正，音韵纯朴，具有浑厚、冲音、半音和京韵的艺术特征。

规范纯朴的念白

念白是戏曲特有的艺术表现手法，它以一种具备说、读、诵、吟、唱和介于说唱之间的音调，将语言戏剧化、音乐化、程式化，形成表达人物内心独白、体现人物思想情感的一种独特手法。王少舫善于运用黄梅戏念白的艺术手段和表现方法，以行当角色为基础，突显自身念白底功与技巧，配合表情、身段，传达和塑造出各种人物的思想感情和性格特征。

“王派”念白纯正，一方面体现在王派大白（韵白）的京韵功底，一方面体现在“王派”小白（方言白即安庆地方话）的纯朴规整。一是“王派”大白体现京韵功底。例如，《罗帕记》王科举在“露帕”一场后赶路途中的一段内心独白“陈赛金哪”：这是一段二道幕前的幕前（场间）戏，也是一场独角戏，是在两段唱腔之间所念的一百多字的韵白，黄梅戏也叫“大白”。“王派”念白在处理这段内心独白中体现了“王派”大白的京韵功底。“千斤话白四两唱”，念白既是戏曲语言的必要基本功，更是戏曲唱腔的前提，所谓“字领腔行”“腔随字走”和“依字行腔”，方能做到“字正腔圆”，就是“念”功的道理。“王派”艺术是非常强调念功的。二是“王派”小白体现纯朴规整。例如，《夫妻观灯》王小六念白选段“你这个老计”：这是一段面对台下观众假定交流表演的小白念白，又称方言白或地方话。“王派”小白往往运用借助官白糅进小白即“小夹官”的方法，让观众听得明白又不失感受到方言白的魅力。可见“王派”念白的用心用功之至，受众才会有“这一个”剧种的念白鉴赏之美。

“王派”念白体现出了大白和小白即韵白和安庆白的京韵功底和纯朴规范，是为念白纯正。

规整别致的做功

斯坦尼认为：“舞台的动作，必须是由内心根据的，合乎逻辑的，有顺序的，而且在现实中可能的。”王少舫的身段动作往往就是规整中见生活，别致里显依据。“王派”的做功总是那么地合乎生活逻辑，出乎人物内心依据，又于普通常见的戏曲身段中显见规整与别致。

“王派”做功和“王派”唱腔一样，是“王派”表演艺术两个最具亮点的特色之一。他的特点是规整洒脱，一招一式，其重点表现在五法的手、眼、身、步上。在突出“王派”眼法常显神来之笔，强调戏曲眼功在人物中的神采运用的同时，关键在于“王派”做功的手法、身法和步法。（一）“王派”手法。水袖看似衣袖的延长，实则是手的延伸，即手法的延伸。它既表现了行当角色美轮美奂的水袖功，更体现了人物的内心世界，是人物内在外化的载体。“王派”手法一招一式，规整洒脱，既显示出王少舫的京剧做功功底，也在艺术欣赏中看到了戏曲人物刻画的外在表现力。“一个小生半个花旦”，而在“王派”的小生手法中，较少运用兰花掌，更多的是运用翘指掌和并掌或无名指翘指掌，这也是“王派”手法的一种细微特色。（二）“王派”身法。“王派”身法的特点在于手、眼、身、步的综合运用，特别是以腰轴带身形、带臂腿、带手脚，具有开合有度的协调性。例如，《天仙配》“路遇”董永做功选段“家住丹阳”的身段，即便是上身部位的转头，“王派”身法也是立腰、立颈、上仰转头或下坑转头，动作显得立起而优美；即使是悲痛凄凉的情绪，也能让观众有一种美的感受。这正是唯美是图的戏曲美学原理在“王派”身法上的充分体现。在接下来的“大姐说话欠思忖”“何况我卖身傅家去为奴”和“这件事儿真稀奇”等演唱中，“王派”身法的以腰带身、开合有度的综合表演特色都得到了尽善尽美的表现。（三）“王派”步法。“王派”步法最为特色：立腰、沉臀、提胯、勾脚、朝外迈步、起落稳健，辅以仰身仰首或坑首、一开一合，这些一看便知是“王派”步法。例如，《天仙配》“路遇”董永做功选段“含悲忍泪”：董永第一次上场内唱导板“含悲忍泪往前走”，当唱到“走”时，一脸忧伤地上场、迈步，一步、两步、三步……这几步尽显“王派”步法立腰、沉臀、提胯、勾脚、朝外迈步、起落稳健的特点，体现了生行八字步勾脚朝外、脚跟贴地行走的生步功夫，同时还体现出了人物此时此地满腹忧愁、悲痛行缓的情形；在后来的几步中，似乎还能感受到人物在恍惚中无意识走下一个小坡的小匆匆步法；接下来是立步、警醒、看女子、急撤步、再上步演唱下句等“王派”步法，将董永初次路遇的复杂心理表现得情在理中，又美感十足。“王派”步法在小生步法中显得潇洒飘逸，在老生步法中显得沉着稳定；在《天仙配》董永角色中尤显突出，同时在《女驸马》刘文举、《牛郎织女》金牛星、《罗帕记》王科举、晚期的《风尘女画家》潘赞化和早期的《夫妻观灯》王小六等角色中都得以突出地体现。其特色鲜明，跟者无数。

可以说，“王派”步法曾经一度风靡了无数专业剧团的演员和广大的戏迷观众。该步法好看难学，容易东施效颦，走火入魔，刻意模仿会常出笑柄，因此常看常体会，备好基本功，在此基础上，把握好立腰、沉臀、提胯、勾脚、朝外迈步、起落稳健，辅以仰身仰首或坑首、一开一合的特点，就能传承好“王派”步法。

洒脱流畅的表演

就表演的假定性来说，凡表演皆有程式，由于艺术家运用的物质材料性质不同，艺术语言不同，民族地域风格不同，就使所反映的客观生活的形貌也不相同。通常所说形似神似之别、写意写实之别、虚拟摹真之别等，就是客观生活经过不同艺术手段、不同艺术方法和不同观点在创作上的表现，从而也有了不同种类、不同程度的表演程式。中国戏曲的表演程式是运用歌舞手段表现生活的一种表演技术格式。“四功五法”和音乐伴奏皆有程式，是戏曲表演的主要特点。这一特点制约着戏曲形象创造的一切方面，也贯穿于舞台演出的结构体制。生活的自然形态和任何一种表演因素，如果不转化为程式，就不能统一于戏曲的舞台演出风格。从这一点说，程式是戏曲创造舞台形象的特殊艺术语汇，没有程式，就没有戏曲的表演艺术。王少舫正是完美地运用了黄梅戏特殊的艺术语汇，将戏曲程式天衣无缝地糅入人物的表演里，浑然天成。可以看出，戏曲表演必须要有程式艺术，而黄梅戏艺术又必须将表演程式融入角色之中。“王派”表演正是这样有机地把握住了这个火候。

“王派”表演是指王少舫流派表演风格的综合特色，重在黄梅戏的人物刻画。其特点为：融技于戏，从行入手，从人出发，创造“这一个”。一是融技于戏。戏曲是以演员为中心的舞台艺术，所谓“角儿”的艺术，同时说明了戏曲演员的功夫要全面精深，否则成不了角儿，也站不了舞台中心的位置，成为舞台的中心。戏曲角儿的“活儿”一方面是技艺，一方面是艺术。艺术源于生活又高于生活，艺术离不开技艺又要高于技艺，因此，戏曲艺术是美的技术，还要融入美的艺术中去。“王派”表演是具备四功五法的融技于戏的黄梅戏表演，这在王少舫所有的角色表演中都得到了体现。“王派”表演在处理《夫妻观灯》王小六首次出场、首段唱腔的表演时是独具匠心的。“王小六”这个角色名称是黄梅戏男性行当的符号，可生可丑，可正可谐，过去曾以丑行扮演，后以二五小生表演。“王派”表演属于后者，“王派”传承者或以二五褉子带水袖表演。该戏开场锣鼓是长槌接六槌，王小六在六槌中上场，“王派”表演在急走中借用了一个屈膝仰身甩手疾跑的丑角表演，既反映出该戏该角色的原始表演的传承，又表现出人物看过正月十五元宵花灯的欢快心理；当唱到唱腔第四句“今年看灯又是我带头”之后，这里有一个刹一槌的锣鼓，“王派”表演结合锣鼓，做了双抓袖、拧身、单吸腿、蹦脚、背袖提袖、立腰看地、后侧面对台下、亮相一系列小动作组合，表现出人物连年看灯都是第一的得意和急于回家带妻子看灯的喜庆精神劲儿；六句彩腔唱完，还是在六槌的锣鼓声中，“王派”表演运用了掸尘、抬腿、换手、擦汗等生活小动作，既有生活气息，又准确规范，既是生活动作，又是戏曲艺术的表演，把一个古代青年在正月十五元宵节喜看花灯的心情表现得生动活泼，活灵活现。在这里，我们看到了“王派”表演是把唱功技术和做功技术融入到了王小六人物的刻画，表演流畅，并成功刻画出了一个黄梅戏的“活小六”形象。二是从戏曲行当入手，从人物角色出发，创造黄梅戏的“这一个”。所谓做人做艺的表演艺术家，主要是指演员创造出了鲜活的人物形象；所谓戏曲流派艺术家，应该是指演员创造出了一个剧种各具风格的“这一个”完美形象。做艺如做人的“王派”表演从戏曲行当入手，从人物角色出发，创造出了一个又一个鲜活的黄梅戏“这一个”完美形象。如“活小六”“活董永”“活文举”“活金牛”“活科举”和“活包公”等。例如，《罗帕记》“回帕”王科举表演选段“三喊赛金”。话剧影视角色是人物与演员的结合，而戏曲角色是演员、行当与人物的结合。王科举就是王少舫、小生或老生与王科举的结合，构成了黄梅戏“王派”表演的王科举角色。首先，王少舫是一个演员扮演了王科举的青年时期到老年时期。从人物年龄的长度、演出时间的长度到唱腔字句的长度来看，这个角色是很吃功的。其次，王科举这一角色是用三个行当表演。三个行当一是小生，二是须生，三是老生，或者是两个行当小生和老生含须生，这在有些院团是要用两个行当两个演员来饰演的，而王少舫是一人担纲胜任，前面小生的潇洒，中间须生的飘逸，特别是后面老生的沉稳，“王派”表演是泾渭分明，各显其美。再次，王科举这一人物心理变化很大，表演难度更大。“帕”是《罗帕记》全剧的核心物件即道具，而“疑”则是全剧矛盾冲突的根源，更是王科举的心理病根。“王派”表演的王科举这个戏曲角色就是演员、行当与人物的结合，但表演起来非常不易，何况该角色的内心活动和内在变化较多，好在戏曲表演有较多的外化功能，这就是“四功五法”。“王派”表演善于运用黄梅戏的外在体现手段，很完美地演绎了“三喊赛金”的表演。弄清了“三喊赛金”的因果缘由，前后轨迹。有了这个理解，就能明了“王派”表演的技术思路和艺术方法。“回帕”的“三喊赛金”片段，充分说明了“王派”表演是从戏曲行当入手，从人物角色出发，创造出了黄梅戏“活科举”的“这一个”戏曲人物形象。

“王派”表演将共性的戏曲表演程式化用到了舞台角色个性之中，其黄梅戏表演规范而流畅。

剧目注重因“角”选戏

犹如程式性的戏曲表演一般，“戏文”戏曲剧本的创作也是有着自身的戏曲程式规律，如因剧（剧种）写戏、因团（院团）写戏和因人（角儿或演员）写戏等。那么，戏曲演员选戏也是因行（行当）选戏、因人（角色或人物）选戏和因专（专长或特征）选戏等。“王派”剧目是充分地做到了这一点。

“王派”剧目的特点主要重在角色的创造。(一)因行选戏，重在角色。“王派”代表人物王少舫的表演艺术，可谓生、净、丑、综，文武昆乱不挡，以京剧作底蕴，黄梅来体现。“王派”因行当选择演什么剧目的特点，在于生角行当的戏皆会于一身，无论是文武小生还是老生的戏，甚至花脸抑或小丑的戏，都善于把握，尤其是精于小生。正是由于“王派”小生的这个特点，会行多，会戏多，丰富了“王派”小生的表演。同时，这给“王派”小生也定出了一个高度：演好“王派”小生，需要具备文武小生、老生、花脸或丑角的基本功。这样，“王派”小生在黄梅戏众多剧目中都能选到自己的角色。如小生戏《蓝桥会》的魏魁元、《梁祝》的梁山伯、《春香传》的冯梦龙，二五小生戏《天仙配》的董永、《夫妻观灯》的王小六，小生、须生、老生戏《罗帕记》的王科举，老生、老丑戏《女驸马》的刘文举，老生、花脸戏《牛郎织女》的金牛星，花脸戏《陈州怨》的包拯，小三花戏《打豆腐》的小六，等等。从以上的选戏中可以看出，“王派”的因行选戏分为两种：一是因自己的行当选戏，二是因戏中角色综合行当选戏。（二）因角选戏，重在角色。“王派”以适合自己的角色选择剧目，重在人物的创造和刻画。例如，《天仙配》的“董永”一角。戏曲里常说的“戏包人”，正是说明了选好戏就是成功的一半。“王派”剧目《罗帕记》是王少舫“人包戏”的典型杰作。剧中主人翁王科举从青年、壮年到老年，“王派”运用戏曲行当的小生、须生到老生，将王科举人物性格和情感的儒、猜、疑、忌、嫉、思、迂、悔、痴、醒等情绪变化表现得淋漓尽致，入木三分。“王派”善于琢磨这类难演的性格人物，并演出了一个“活科举”形象。这是继“王派”情感人物“活董永”之后的又一个舞台人物经典创举，而这一经典的特点在于完全以戏曲人物的心理刻画和体现来取胜，即所谓“人包戏”。（三）因专选戏，重在角色。以专长、擅长和特征来选择剧目，重在角色创造，这也是“王派”剧目的特点。老生是王少舫的专长，他又善于诙谐风趣的丰富表演，加之他的形象和嗓音特征，王少舫多选择第一配角的剧目，不仅给剧目增色，又同样能演出精彩的角色，唱出经典的唱腔。例如，《女驸马》的刘文举刘大人形象，时而老生扮，时而老丑演，活脱脱地创造出黄梅戏舞台上的“活大人”形象。可见，他没选择剧目中的小生李兆廷和冯益民角色，而根据自身特点来选择刘大人形象，是量体裁衣的判断。从而，《女驸马》又成为了“王派”的代表剧目。再如《牛郎织女》的金牛星角色。据说，当时电影导演组觉得，王少舫演男主角牛郎可以，但演第一配角金牛星更为合适。王少舫欣然接受了这一任务，他依据自身的专长、擅长和体貌音色特长，或老生，或花脸，将金牛星这一配角演得丰满了，演活了。

因专选戏，重在角色。“王派”艺术给我们留下了丰富多彩的剧目及栩栩如生的角色。

一以贯之的创新

习近平总书记在十九大报告中提出，要“推动中华优秀传统文化创造性转化、创新性发展”。一则，文化从来不是一成不变的，而是伴随着历史的进程，随时发生着或快或慢的、时显时隐的、这样那样的变化；二则，文化是人们精神活动的产物，当然会随着社会生活的变化而变化；三则，文化是人们有意无意创造和传承的；四则，文化的转化和发展，在许多情况下是自发完成的。一个文化事项被赋予了新的内容、新的属性，就是一种转化。推动中华优秀传统文化的创造性转化和创新性发展，不只是一个号召，不止于停留在纸上、存活在人们观念中的尚不可及的远景，而是在火热生活实践中随时随处发生的充满活力的时代大潮。

戏曲艺术从宋元杂剧、明代南戏、四大声腔、明清传奇、戏祖昆曲、花雅之争到徽班进京、京剧形成，再到今天的 348 个剧种，无不从创新中发展而来；从十三绝、三鼎甲、四大名旦到五大剧种，也无一不从创新中发展而来；从京剧的前后四大须生、南麒北马、大小四大名旦、净丑流派，到豫剧的常、陈、马等流派，再到评剧、越剧的众多流派等等，都是从创新中发展而来。当然，王少舫“王派”也是这样。

可以说，流派即创新。流派不仅仅是一个剧种繁盛的标志，也是创新的代名词。因为有了创新，这才有了新的一家流派。流派来自创新。王少舫的“王派”正是在他的一个又一个的创新中才形成了他独自的新流派。

“王派”创新，贯于始终。正因为有了王少舫自始至终的不断创新，才有了今天黄梅戏的“王派”艺术。这也说明了戏曲流派艺术是要通过创新才能称之为艺术流派的。“王派”创新体现在王少舫的唱、念、做、表和剧目排演上，同时表现在他整个的黄梅戏舞台艺术创作中。从几个代表性的关键词来分析“王派”

的创新。（一）“京托子”。黄梅戏界不乏创新之辈，有借用京剧锣鼓的，有学习越剧布景和服饰、借鉴越剧化妆的，还有音乐家王文治用胡琴托腔之说，其间，王少舫“京托子”的绰号，便是“王派”创新的典型案例。如何使黄梅戏更好听，创造更美的听觉，20世纪中叶，王少舫在黄梅戏艺术实践的不断改良中想到了一种方法：用“京胡托腔”（伴奏）。开始，同行不解，场面笑谈，为此，王少舫落得个“京托子”的外号。创新是要付出代价的。在“京胡托腔”的实践中，观众从好奇到接受，从认可到喜欢，从此也就见怪不怪了。黄梅戏“京托子”的创新，它的价值和意义在于促成了黄梅戏文场伴奏的形成，推动了黄梅戏音乐艺术的发展。（二）“花脸行”。黄梅戏的花脸即戏曲净行。黄梅戏不能说没有花脸表演，只是分的没有那么细，那么规范，那么主要。但是，可以说黄梅戏花脸行当的确立始于“王派”王少舫。王少舫是京剧出身，而立之年前后正式转行黄梅戏。正如“黄梅戏的梅兰芳”、“现代黄梅戏之父”、老艺术家丁永泉当时对王少舫的劝说：“你演京剧是个好角儿，如改唱黄梅戏一定是个‘好佬’。”此后，王少舫为黄梅戏的编、导、音、舞和表演等方面做出了巨大的贡献。其中包括对花脸行当的创新。“王派”花脸的创新，首先是对黄梅戏花脸唱腔的规范，在花脸声腔上强调声如洪钟的唱法；第二是以花脸行当作为主要角色，突出人物的内在刻画；第三是借用京剧铜锤花脸和架子花脸的表演方法，丰富和确立了黄梅戏的花脸程式创作手法。（三）“王派腔”。“王派”创新最大的亮点在于声腔，他的唱腔始终都在变化着，而又始终保持着“王派”特色不变。如“王派”的实音、冲音、半音和京音等。这几种声音，不仅体现了“王派”男腔的本色唱腔，更体现出“王派”声腔的创新特色。“王派”声腔创新是在继承传统和保护优长的基础上创新发展黄梅戏的男声唱腔，而不是有悖于黄梅戏剧种的本色。黄梅戏的唱腔属于本嗓演唱，原音原色，而非时下一些虚声假音，捏着喉咙故作声色。“王派”唱腔首先在这方面为后人立下了一个榜样：本嗓演唱，传承了黄梅戏田园之歌、山野之风的演唱传统风格——本色实音。

“王派腔”在继承传唱的基础上进行了改良和创新。一是“王派”冲音。“王派”唱腔无论是花腔、三腔、平词和主腔等都是朴实、醇厚、韵浓、有力度，且流畅、饱满，特色鲜明，尤其是主腔中的冲音。所谓“王派”冲音，是指王少舫在处理黄梅戏男腔高音“哆”在尾音和装饰音运行时运用的是有力快闪、急速而饱满的一种运腔方法。这是在传统的平缓正常行腔上的一个改良，听起来很有力道，很带劲。二是“王派”半音。黄梅戏传统男腔少有半音处理，“王派”唱腔进行了艺术创新，不论是悲哀低沉的情绪，还是喜乐欢快的情感，经常善用半音来传达。半音的色彩很微妙，往往给人以一种新奇的感觉。正是这种新奇的色彩，给“王派”唱腔带来了奇特的风味，同时丰富和发展了黄梅戏的男声唱腔。“王派”半音又常与滑音相伴而行腔，更加增添了“王派”唱腔新的魅力。三是“王派”京音。“王派”唱腔最大的创新之处，在于将京剧的咬字、发音和行腔等技法运用于黄梅戏的男腔之中，使得黄梅戏男腔大气、宽厚、饱满。这在“王派”的大小戏中都得到了体现，如《罗帕记》的王科举、《陈州怨》的包拯和《风尘女画家》的潘赞化等人物唱腔，巧化京音，以京韵为底蕴，拓展了黄梅戏的声腔，很多唱腔现已成为经典的“王派”唱腔。黄梅戏声腔发展到今天，除了音乐家们的创作创新之外，最为主要的是王少舫等一代又一代一大批黄梅戏表演艺术家的创新演唱和传唱。戏曲是角儿的艺术，没有角儿们的典范演唱，唱腔是难以流传开来的。与此同时，表演艺术家的创新演唱最为关键。没有创新就没有各自的个性、风格和流派，也就很难传承。拿什么创新？王少舫借用了京剧，严凤英习学过京昆，黄新德也唱过现代京剧，乔志良也曾是京剧出身，等等，正因为有了艺术家们不断地横向纵向借鉴与创新，黄梅戏才有当年进城不到十年便成为全国五大剧种，才有今天安徽唯一的一类剧种的地位。其间，“王派”男腔的创新功不可没。

“王派”创新的“京托子”“花脸行”和“王派腔”等，可以概括代表“王派”创新的早期、中期和后期，可以说是贯穿始终，特别是“王派”唱腔自始至终都在创新发展着。当然，“王派”创新不仅体现在时间的一贯性上，还体现在各个方面。如“王派”在主持安庆民众剧院时期的导演创新、舞美创新，在“省黄”时期的改编创新、排演创新，尤为出色的还有“王派”表演别致的身段做派和念白创新，以及其独有的台步创新等等。

“王派”表演创新，贯于始终，正因如此，终成“王派”。

王少舫以其精湛的系统化创造形成了“王派”表演艺术，一如斯氏所言完成了“创造角色和戏剧的‘人类精神生活’”。可以说，一代宗师王少舫是新中国成立后黄梅戏主要代表之一，其“王派”艺术是黄梅戏正式步入城市后生角第一个流派。其浑厚醇正的演唱、规范纯朴的念白、规整别致的做功、洒脱流畅的表演、剧目因“角”选戏和一以贯之的创新，构成了王少舫“王派”艺术的六大基本特征，也形成了黄梅戏“王派”的表演艺术体系。

“王派”表演艺术体系对于黄梅戏不可磨灭的伟大贡献，代表着“梅开一度”和“梅开二度”的黄梅盛世，代表着黄梅戏生角表演难以超越的第一高度，代表着黄梅戏男生声腔难以企及的第一典范，是安徽乃至全国黄梅戏十分难得的珍贵财富，应是黄梅戏生角传唱的首要经典，应是被重提和传承的宝贵遗产，时不我待。毋庸置疑，“王派”表演艺术体系的推动、传承与发展，将对黄梅戏男腔艺术、生角表演乃至整个黄梅戏艺术文化起到积极的必然的促进作用，其传承发展意义广泛而深远。“王派”表演艺术体系弥足而珍贵，用之而弥新。

【作者简介】韦京东，国家一级演员，中国戏剧家学会会员，安徽艺术职业学院副教授。中国首批MFA硕士研究生，我国第一位戏曲表导演艺术硕士，第一位双师型黄梅戏专业“学科带头人”，被授予文化部文化艺术中心“艺术大家”称号。

怀念王少舫

郑立松

结识少舫

初识少舫是在 1945 年抗日战争胜利后，我从农村到安庆读高中。他在安庆华林剧场（现在的胜利剧院）唱京剧，已经是“角”。学生星期六不上自习，总是到剧场看他的戏。当时安庆有三家京戏、两家黄梅戏、一家电影院。高中三年我看京剧时间最多，而且最欢喜看王少舫的戏。他与丁永泉、潘泽海、丁翠霞、丁紫臣、王剑峰等搞京黄合演，我更喜爱去看。我看过他反串《登州找子》的旦角贾金莲。我看他与吕艳香（京剧名旦）演《盘丝洞》中间穿插的“西洋舞”，他领着众妖女翩翩起舞，引起台下观众高声叫好。他演京剧连台本戏（提纲戏）《狸猫换太子》的包公，不开脸，而是揉脸粗眉，像电视剧出现的包公形象。安庆观众十分欣赏，怪不得他有江南“小包公”之称。这仅仅是我这个小观众对一个演员的记忆，但台下并没碰过面，这是新中国成立前的事。

结识王少舫是在 1952 年安徽省在合肥举办的暑期艺人训练班。我是被省文化局派去参加艺训班的一名戏改干部，他是安庆市民众剧院主委。有幸我们都在三大队学习，三大队有黄梅戏、泗州戏、越剧三个剧种，其中黄梅戏由各团派来的主要演员有王少舫、严凤英、潘璟琍等三十多人。我被指派为三大队副队长，因为黄梅戏是我家乡剧种，理所当然在黄梅戏这一方队。与家乡主要演员在一起同吃、同住、同学习，我感到无比欣慰。学习上是紧张的，晚间各剧种（包括曲艺演员）还组织晚会演出。严凤英和潘璟琍（反串小生）在晚会上演出了《蓝桥汲水》，王少舫演出了提纲戏《秦雪梅》等等，引起强烈反响。省委省政府领导和省城各界惊喜地发现安徽还有这么好的剧种——黄梅戏，以及王少舫、严凤英等一批好演员。王少舫、严凤英随着黄梅戏的走红，也成为家喻户晓的名角。

声名鹊起

1952 年末结束前夕，华东区行政委员会文化部屠岸（艺术局副局长）等一行到安徽调查戏改情况，发现了安徽剧种丰富，回到上海向领导汇报，建议调安徽的黄梅戏和泗州戏到上海展演。华东文化部立即采纳建议，向安徽省文化事业管理局下达了调演令。

喜讯传来，大家深受鼓舞，局领导亲自调兵遣将奔赴安庆组织赴沪演出队，选定剧目加工修改提高。我和余建民（省话剧团导演）、李霍勤（女，当时在艺术科帮助工作）等坐了十个多小时汽车到了安庆。当时安合路路况极差，有“一去二三里，抛锚四五回，上下六七次，八九十人推”的俚语来描述。我们在安庆地、市委的领导下开展工作，并由党委出面把在安庆军分区文工队的王兆乾借调来工作，安庆文联刘芳松、王圣伟，市文化馆馆长班友书同志都来参加。安庆民众、胜利两家民营剧团积极配合，抽调演员王少舫、严凤英、丁永泉、潘泽海、丁紫臣、张云风、陈炳炎、刘俊云、吴来宝、黄正昌、张荣华、饶庆云及音乐人员王文治、王文龙、饶广胜、方启凤、方集华、方集富等四十人左右。

经过两个剧团演员共同展演传统剧目，最终确定《打猪草》、《兰桥会》、《路遇》（即《槐荫会》）作为传统剧目代表加以修改。新排现代戏是老舍的《柳树井》，王少舫在民众剧院排演的《新事新办》。三个小戏曲我负责与演员在剧场边排边演边加工提高，少舫担任导演兼演员，有几个现代戏由余建民担任导演，王兆乾担任《柳树井》作曲。三个小戏基础较好，主题稍加改动，即可达到推陈出新的目的。《打猪草》是牧童对歌，但演出粗俗，金小毛脸上画着白豆腐块，表演动作平平。我将这三个剧目在内容方面加以改动：《路遇》第一句唱词是“父王西天把旨降，命我下凡配董郎”，把她改成向往人间，私自下凡；董永是一名秀才，把他改成农民；《蓝桥会》中兰玉莲是一个有夫之妇，把她当成等郎媳；清除《打猪草》中粗俗唱词和对白。

主题确定以后，在排练场上边排边写唱词，演员记不得唱词，就给一个单片（即角色唱词）。少舫既是导演，又担当《路遇》中董永和《蓝桥会》中的魏魁元。排这三个戏，少舫精心设计每个角色造型、着装色彩。如董永原穿的小生褶子，他改成二五褶子，头戴的方巾帽，他别出心裁地设计出“一把抓”的帽子（现在广为应用，其他剧种都移植过去了），这三个戏排练成熟后再定稿。这三个戏演出成功，导演起到决定性的作用。《打猪草》载歌载舞都是少舫现排现编，这一台戏 1952 年 11 月 8 日在上海剧场连演数场，场场爆满，赞声如潮，轰动了浦江两岸，《解放日报》《大公报》《文汇报》纷纷发表文章赞扬。著名音乐家贺绿汀说，看到黄梅戏，闻到了泥土的芳香，这称得上是“梅开一度”，也是少舫与凤英首次台作演出，剧目是《蓝桥会》。

再现辉煌

1954 年华东会演。华东举行首届戏曲会演，安徽举行了选拔汇演。我 1953 年在安庆整理的《闹花灯》被选中参加华东会演，该剧的导演、编舞是少舫，首演是吴来宝和王少梅。参加华东会演时，由王少舫、潘璟琍主演，而拍电影《恭贺新禧》（改编于黄梅戏《夫妻观灯》）时主角换成了王少舫、严凤英。

王少舫、王少梅、潘璟琍、吴来宝、张胜英集中排练《天仙配》时，我被指定为导演组成员之一，主要是因为我是《路遇》的改编者，对剧本比较了解，与演员处得来。洪非同志执笔的《天仙配》是从辞窑开始。接着是鹊桥、槐荫会、上工、织绢、满工、槐荫别、上天，接着梦会。通过彩排后，开会征求意见，我的意见是从鹊桥开始，删除“辞窑”，得到了导演组一致同意。少舫说在“辞窑”这场戏中，董永一个人独自在台上表演了十多分钟，感到很沉闷，同意删除。对结尾的“梦会”有两种意见，一种是保留原剧送子的影子，是对重逢的期待；一种意见认为作为爱情悲剧处理更有震憾力，会上未做决定。到上海时快要演出前，还是把“梦会”删除了，不但删除了“梦会”，把傅公子、傅小组的戏也删了。

华东会演《天仙配》剧本获一等奖，王少舫、严凤英获表演一等奖，王少舫还获《天仙配》导演奖。记得在会演的开幕式上，他代表安徽代表团在大会发言（安徽代表团有徽剧、梆子戏、泗州戏、庐剧、曲子戏等多个剧种）。

王少舫是严凤英的良师益友

严凤英比少舫小十岁，一直称少舫为大哥，虽然盛名于黄梅戏界，但毕竟不是科班出身，缺乏基本功。她通过与少舫配戏，得益颇多。在排《天仙配》过程中，少舫是得心应手完全放松，严凤英有时感到不完全到位，少舫总是耐心引导，甚至做动作示范。机灵的严凤英一点就通，经过演出磨炼，最后达到最高境界。如二人合演《兰桥会》，是正规的生旦戏，上海戏曲界行家评价是有“大家风度”。

严凤英从心眼里敬佩这位老大哥。过去在胜利剧院与刘庆云、汪少云配戏，只要把自己角色演好就行了，谈不上配合默契。跟少舫配戏就大不相同了，觉得自己大有提高。记得王、严二人到省团评工资时，王少舫月薪 360 元，严凤英月薪 300 元，王比严高，严认为合理公正。演出广告上王排在左边，严排在右边，严也欣然接受。

1986年5月29日，我出差到台肥，与黄山音像出版社谈妥到北京录制《天仙配》盒带后，就特意去看望王少舫。他热情地握着我的手，要我在他家住上两天。我俩相谈甚欢，谈黄梅戏的发展，回忆严凤英……最后王少舫还提出，希望退休后与夫人到安庆定居，要我跟文化部门领导谈谈，由公家提供一个场地，他到安庆地区各剧团选拔几个好苗子，义务培养几个小生、老生演员，我表示一定能促成这个善举。在他家待了一天我就匆匆回到安庆。谁知，这成了最后一面，7 月 19 日我在北京农影厂录音棚内就听到少舫去世的消息。

王少舫一开始是京剧名角，30 岁时正式离转唱黄梅戏，一唱就是 36 年。他的大半生戏曲生涯在黄梅戏，他把京剧和他接触的剧种扬剧、评剧、越剧等艺术全部融化到黄梅戏中，不是硬搬、死套，而是天衣无缝地对接融合，大大地丰富了黄梅戏的演唱技巧。

【作者简介】郑立松，黄梅戏史学家、掌故专家和优秀编剧，新中国第一批黄梅戏“戏改”干部。1953 年组建安徽省黄梅戏剧团，郑立松是成立省黄梅戏剧团的主要负责人之一。他一生执着于黄梅戏的创作和研究，同仁们都尊称他“郑老”，是黄梅戏事业发展繁荣进程中关键性的人物之一。

笔谈之三：声腔篇

BITAN ZHI SAN SHENGQIANGPIAN

漫谈王少舫先生的声腔艺术

王仁安

王少舫先生的声腔艺术是黄梅戏有史以来最为成熟、最具代表性的声腔艺术，是黄梅戏生角唱腔的极品，已达到最高的艺术境界，成为黄梅戏一大艺术流派。

自从《天仙配》和《女驸马》两部电影放映以后，黄梅戏在国内外红了，严凤英、王少舫的名字已家喻户晓。黄梅戏红了是因为黄梅戏好看、黄梅调好听；严凤英、王少舫出名了，是因为他们戏演得好、唱得好。他们的唱腔，深深打动观众的心，让观众久久难忘。由于他们卓越的艺术才华和非凡的创造力，把一个地方小剧种，唱到同大剧种齐名，成为“五大剧种”之一，创造了一个时代的辉煌。

戏曲艺术的声腔，具有很强的创造性。在演唱者的后期创作的过程中，形成了戏剧性的声腔。这种声腔是戏剧情节的一部分，是人物形象的一部分，演唱者的最后创作，就是在声腔中情感的创作、人物性格的创作，也是剧种艺术韵味的创作。

严凤英、王少舫两位艺术大师之所以唱得好，是因为他们是创造性地演唱，在唱腔中表现出了他们深厚的艺术功力。同样的唱腔，他们就能唱得精彩，唱出与众不同的韵味。他们的声腔艺术成功率很高，在短短的十几年时间里，创造出很多丰富多彩的精美唱段，成为黄梅戏的经典。他们为黄梅戏的发展做出了历史性的重大贡献。

严凤英、王少舫的艺术成就，是两座黄梅戏艺术高峰，至今还无人超越。他们的创作经验正在深深地影响着黄梅戏的发展，是黄梅戏发展的动力和典范。我们深入研究、开发两位黄梅戏大师的创造经验，将会提高黄梅戏的艺术品质，会让黄梅戏有更感人的魅力。

由于本人对严凤英先生的艺术素养所知不多，不敢妄言。但偏爱王少舫先生的艺术，并曾有幸得到先生的亲身教诲，现将点滴的学习心得，与大家探讨、与大家共勉。

王少舫先生的唱腔特点是满功满调、浑厚有力、韵味无穷，并且非常质朴、大方、平易近人，让观众特别喜欢，有亲近感。特别是他那浑厚的黄梅戏韵味，深深地迷醉了观众，具有很强的艺术魅力。他的唱腔貌似浅显，其实内涵深邃。声腔通俗易懂，色彩丰富，艺术品质精美。其唱腔广泛流传海内外，是影响深远的黄梅戏艺术流派。

中国戏曲界的艺术大师们，在打造精品唱腔时，把功夫下在唱腔深处，注重声腔的内在品质的构造。把技巧藏在下面，在声腔外表找不到技巧的痕迹，这叫“技巧不外露”。从而形成独特的艺术风格，精美的艺术流派。

王少舫先生的声腔，是一种创造型的声腔艺术。他在每一段唱腔中，都有自己的创作，都能唱出自己的艺术风格。写在纸面上的唱腔曲谱，在综合性戏剧艺术里，是作曲家完成的前期创作，要把曲谱塑造成为立体的、活的形象，演员须进行再创作。演员在规定的情境中，根据人物的性格和具体情节，用声音、情感、表现技巧，给予曲谱形象化的体现，这就是演员的“再创作”。

由于演员的艺术修养不同、创造能力不同、创作方法也不一样，王少舫先生不是轻描淡写地在人物的唱腔中点染上概念化的“喜、怒、哀、乐”，而是深层次地再创作，是全身心投入的创作。他运用“现实主义的创作方法”和传统戏曲中精湛的技术手段，根据以黄梅戏为本的创作理念，注重在唱腔中塑造人物和创造浓厚的黄梅戏韵味。

在唱腔塑造人物形象中，他有几种方法：首先是在唱腔的声音色彩上塑造人物形象。根据剧本的人物性格，创造人物性格的“声音造型”。

比如在《天仙配》中董永的声音造型，一声“含悲忍泪”，人物尚未出场，在声音中就听到了老实忠厚的性格特征。不是老生腔，也不是小生味道，就是一个老实人董永的声音。很鲜明、很形象、很有个性的人物性格的声音造型，无论他是悲伤还是高兴，唱段中都是这种声音形象贯穿他全部唱腔之中。

同样在《女驸马》中的刘文举，也是有特定的人物声音造型。由于这出戏的总体风格戏曲色彩很强，刘大人的声音塑造也颇具戏曲味。王少舫先生运用戏曲老生行当的声音色彩，与丑角声音味道糅合起来，创造了刘大人这个特殊的“官高位重、老谋深算、油腔滑调”的声音形象。

在《罗帕记》中王科举这一人物的声音形象，则采用前后两种声音色彩来表现。在前部重点表现他新婚一年的夫妻恩爱甜蜜的生活，采用小生行当甜美多情的声音形象。而在后部，特别是在“描容”中，人物已经在心灵深处受到了重大的创伤，随年龄的变化，人物的声音变得沧桑、沉重、悲凉。用带有老生色彩的声音形象，既有厚重的艺术分量，又能深刻地表现人物心境。把“描容”一段唱得厚重、深刻，形象地表现了人物的性格。

在唱腔中塑造人物，最重要的是真实地表现人物的思想感情。王少舫先生是首先深入理解剧本，体验剧中人物的思想、情感。在此基础上，从剧本生活出发，从人物性格出发，把全部情感投入到角色之中，进行人物性格的深度创造。他的唱腔中情感的分量都很重，感染力很强。

如《天仙配》中“含悲忍泪往前走”一段，在第一句“迈腔散板”中唱“含悲忍泪”时，真实地塑造了董永那“满腹忧愁、卖身为奴”的心境。在其后边的唱腔中，用那真情实感的语气，表现董永在行路中遇到七仙女时那种在观察中的自言自语，在思考中的细心判断，语气生动真实，表现董永心理过程非常细腻。这种精细、鲜明的情感，深深吸引了观众，抓住了观众的心，使观众紧紧跟随董永和七仙女的命运走下去。

在“卖身纸写的是无挂无牵”一段把董永那“心事重重、谨慎胆小”的复杂情感表现得淋漓尽致，特别真实。在“大姐待我情意好”一句唱腔里，则表现了董永被七仙女的真情深深地感动了。他用那种带有惊喜和感动的声音、发自肺腑的语气，在无伴奏下的清唱中，字字情真意切，句句韵味醇厚，深深地感动了观众，把人物的情感淋漓尽致地表现出来。

在“满工对唱”的唱腔中，表现了董永获得自由，走向幸福甜美生活的心理状态。他用甜美如蜜般的语气，唱出的每个字都让人感到甜透了心窝，生动地表现了董永此时此刻的幸福感。

在“龙归大海鸟入林”一段则又唱出另外一番光景。董永在品味甜美现实生活中，有着对未来生活的向往。这时的声腔充满热情和力量，奔放的声音中充满信心和勇气，唱得波澜壮阔、热血沸腾、激荡人心。

在《春香传》的“爱歌”中，唱得意境高远，形象地表现了李梦龙如同进入了梦幻境界。他用童话般的语气、多情的音色唱出“你变那长安钟楼万寿钟……”，声腔意韵悠长，精美极致。

同样是《春香传》，同样是李梦龙，在“别歌”中运用了深沉、温柔的声音和劝慰的语气，深刻地表现了李梦龙与春香别离时难舍难分的深情。这段唱，王少舫先生的声腔语气运用精致，“你我不是永别离，功名成就再聚首……”轻轻地唱，清清楚楚地吐字，如玉玑落盘，颗颗粒粒奉送到春香的眼前与耳畔，唱颂到她的心灵深处。唱出李梦龙在耐心劝慰的谆谆话语中，不断给春香倾注希望和力量。声韵柔美，情真意切。给人们留下绕梁三日、不绝于耳的艺术效果。

在《罗帕记》“逼帕”一场中 “我看她泪如泉涌”一段，王少舫先生把自己全部情感投入到唱腔之中。在他演出现场清晰地看到他两眼中的怒火燃烧，心中的泪水在流淌，他的情感达到忘我的状态，在声腔上的表现激烈又深情。唱腔出字沉重，行腔苦涩，表现王科举心中那强烈的恨和深深的爱所形成的强烈的心理冲突。唱得沉重深刻，产生了震撼心灵的力量，深深地感染了观众。

《春香传》剧照，王少舫饰李梦龙、严凤英饰春香

王少舫先生的声腔，塑造了许多鲜活的人物形象。用声腔抒发人物的情感、以情动人是他声腔创作的最基本的特征，也是他最有光彩的特质。

王少舫先生在声腔艺术创作中，塑造人物是一个方面。他还有更重要的创作目标：把黄梅戏唱腔唱出韵味，唱出精彩，唱出黄梅戏剧种最高的艺术品位。

王少舫先生心中有个黄梅戏剧种声腔发展的蓝图。在他演唱的剧目中，不断进行了多方面的声腔艺术探索，每个剧目中都有新的创作、新的探索。看得出，他有计划地要通过创新补充黄梅戏作为大剧种在艺术上的不足之处，力图创造更丰富多彩的声腔功能，提高剧种的表现力，升华剧种的艺术品质。这种意图充分体现在他创作的唱段之中。

正因为他对剧种艺术建设有着明确的目标，所以在具体唱腔创作中，都带着这种强烈的使命感。在每段唱腔中唱出浓厚的黄梅戏韵味，唱出水平，唱出高质量，就成为他创作的重要目标。

王少舫先生的唱腔，最讲究韵味，也最会“卖味”，他真可谓是一位杰出的“黄梅戏韵味大师”。他在创造韵味上有丰富经验，有多种办法。

第一种方法，就是在唱词上挂韵，就是唱词的每个字上，用韵白的方式上韵再唱，而不是将白话字用在唱腔中。字上挂韵就是字上有味，每个字都有韵味，在唱腔中就构成了一种唱腔的“底韵”。这种字上带韵味的方法，就是拼音的方法，在唱腔中把字拼出来，特别要强调这个字的拼音过程（不是直白地把字一下唱出去）。从字头、字腹到字尾，在旋律中一层层地吐出字，从字头打开到字尾归音，层次分明，是一个圆满的吐字过程。字要唱圆就有韵味，简单直白没有拼字的过程，字在唱腔中就显得浅薄，没有厚度必然韵味平淡。字在唱腔中，旋律给予的时间有长有短。有的字是一个音符表现，时间短，没有一层一层拼音的空间，需要在旋律的时间内完成这个字。王少舫先生在一个音符唱一个字时，唱得也很圆满有厚度。如果遇到一个音符散板式地唱一个字，这就有了用拼音创造韵味的条件。在这种条件下唱的韵味更有色彩，比如“抒我情怀”的“怀”字和“受皇封”的“受”字等等。还有的在一个字上，旋律是用两个音符表现的。比如“受苦情”中的“受”字和“苦”字，都是两个音符唱完一个字。这样的字更能发挥用拼音方法创造韵味的效果。还有三个或多个音符表现一个字的，这样的情形很多，如“受苦情”中的“情”字，“却是为何”中的“何”字，还有“往前走”中的“走”字等等，都是三个以上的音符唱一个字。这正是创造韵味的最佳条件。王少舫先生在这种情况下，在每个音符上都要点染润色，创造了丰富多彩的韵味效果。

比如在“看娇娥”中的“娇”字是三个骨干音符表现一个字。在这三个音符上运用拼音的方法，在一个字上变换三个不同发声位置，一个字唱出三个音色：由“娇……奥……熬”三个音色唱出三层韵味，再落到“娥”字上。字唱得立体、饱满又有层次，多色彩，在一个字上挥洒出多种浓厚的韵味，是他最常用的方法。王少舫先生这类创造韵味的例子举不胜举。

有一种理论说“声乐重声，戏曲重字”是很有道理的。戏曲重字，是因为戏曲的声腔是用来表现情节的，是全剧情节的组成部分，如果字唱得不清楚，戏剧情节就交代不清，情节就连贯不起来。戏剧的核心又是塑造人物，人物由大量唱词来表达情感，唱词是人物要表达情感的具体内容，也就是人物要说的话。“重字”，就是把字唱得清清楚楚，唱好字是大戏曲艺术家们共同的艺术品质，戏曲唱腔在字上的讲究很深奥。王少舫先生对唱腔中“字”有很多讲究。他的唱腔不是为了完成唱腔旋律而唱，是通过唱腔旋律把字唱得更好，是“以腔托字”“以字行腔”的唱法，他唱腔中的字，如人物在说话一样，字字珠玑地送到观众耳边，带着韵味送进观众的心里。他的字在唱腔中，个个饱满有力、清晰。他的韵味，很大程度是来自在字上的多种变化。唱字的技巧，成为他创造韵味的有利载体，很多有韵味的唱腔，都是在字上表现出来的。字与韵紧密相连，字韵一体，字上挂韵，带韵唱字，要在字上出味。这就是王少舫先生唱腔艺术的一大“诀窍”，也是他创造韵味的重要方法。

第二种方法：王少舫先生的唱腔，还有一个特点，他的唱腔是波浪式的行腔。唱腔起伏跌宕，强弱对比明显，在音量轻重变化中行腔，有立体声腔的特质。低声与高声、轻唱与重唱波浪式的变化，在强中有弱、轻中有重、平稳中有起伏，动态滚动式行腔，很有活力。有时犹如“微波荡漾”，有时会唱得“波澜壮阔”，不断地创造唱腔活力。

他这种唱法的特点是：重出字轻揉腔，或是轻出字重揉腔，形成起伏，增加旋律动态效果。轻与重，是根据人物的情感节奏和语气的表现形式运用。这样唱法，唱腔就有了活力，同时大大地增加了韵味的色彩。

王少舫先生的声腔色彩不是单一色，而是多种色彩，细心品味他的唱腔，每一段都有一种特殊的精神内涵。比如在《女驸马》中，刘文举一共四段唱，他唱出四种精神状态，四种色彩。

在“朱笔头上一点红”中，他用充足的气息、有厚度的吐字，在醇厚【平词】唱腔韵味中，唱出刘文举那“官高权重，老谋深算”的人物内在精神状态，同时唱出醇厚的黄梅韵味。声音浑厚，沉稳行腔，宽阔的胸腔共鸣，是很有分量的。

在“恭喜你少年得志名扬天下”中，他用大开大合的唱法，大起大落，开放式的吐字，满功满调，铿锵有力。唱得喜气冲天、神采飞扬，恭维奉承、眉开眼笑。这种别具一格的表现方法，收到精彩的艺术效果。

在“臣闻书生李兆廷”一段中，则表现了另一种味道。这段唱的唱法，不急不慢，平出字，平行腔，神情中藏着“神秘”“暗示”的意味，刻画出老奸巨猾的人物品格。

在“眉清目秀美容貌”一段中，却又别具一格地唱出了新的风采。他用夸张的语气、炫耀献媚的神态，用足底气，高声远唱，声腔中带有虚伪滑稽的色调，唱得刘文举丑态百出。

在一个人物中，根据人物在不同的规定情景、不同心理状态，具体地表现此时此刻的思想情感，是多侧面塑造人物的高明手段。人物丰满了，韵味多彩了，可谓是大艺术家的大手笔之作。

在声腔中塑造人物、创造韵味，需要有力的技巧来实现。所谓“无技不成戏”就是这个道理。

“听戏如品茶”，品茶是品味道，听戏也是听“味道”。这种“味道”就是人物情感的韵味、声腔旋律的韵味和演唱风格的韵味。王少舫先生声腔的主要特点，就是唱感情唱韵味。这种艺术境界是怎样创造的？我们可以用解剖的方法，以“描容”为例，尝试寻找他唱腔内在创作轨迹。

“描容”是一段分量很重的唱腔，是王少舫先生经过很长时间的积累，自己谱曲，多次修改完善，下了大力气，用了真功夫创作出来的“重量级”的唱段，唱出了王少舫先生的最高艺术水平。这段唱腔内涵深厚，技巧运用精湛，韵味厚重。其中有工笔画的精美，又颇具大写意的浓墨重彩的风格。这段唱腔是类似京剧【反二黄】的黄梅戏【慢平词】，这是黄梅戏的生角唱腔中前所未有的唱腔样式，对黄梅戏的唱腔体制是一种重要的补充和发展。这种唱腔技巧性很强，演唱难度很大，需要扎实的演唱功力才能唱出震撼人心的分量。王少舫先生这段唱腔，堪称杰作。

“鲜艳彩墨染笔尖”

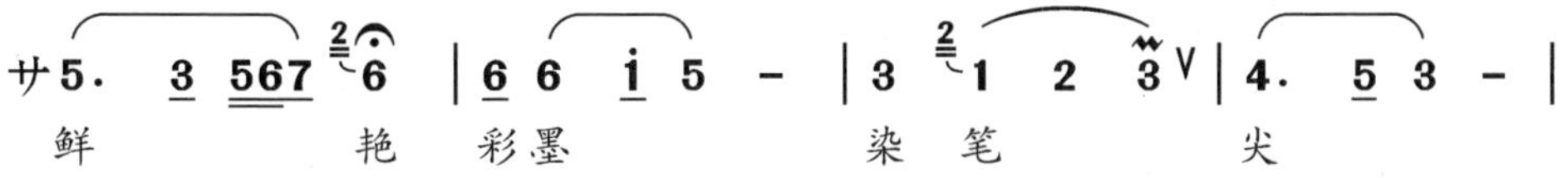

王少舫先生用沧桑、沉重的声音，有力的胸腔共鸣，如火山喷发般的爆发力，发出埋藏在心底的悔恨与思念。唱“鲜艳彩墨”四个字，用力出字，紧接着见棱见角的行腔，向上层层递进，在“艳”字上，字音迅速打开上扬，变成一个长音，向深远处挥洒。用沉重苦涩的语气唱“彩墨”两个字，用力收住尾音，一个有力的小停顿，另起慢唱“染笔”两个字，表现人物内心情感转入思念。再动情地唱“尖”字，在散板自由节奏中，从带有哭腔的声音中轻慢出字，在长音中唱“尖”字，从弱到强，慢慢加力，用力度型润腔技巧强调最后一个尾音，随后紧接顿住，唱出人物提笔时复杂心态。

“抒我情怀，且把娘子容颜留”

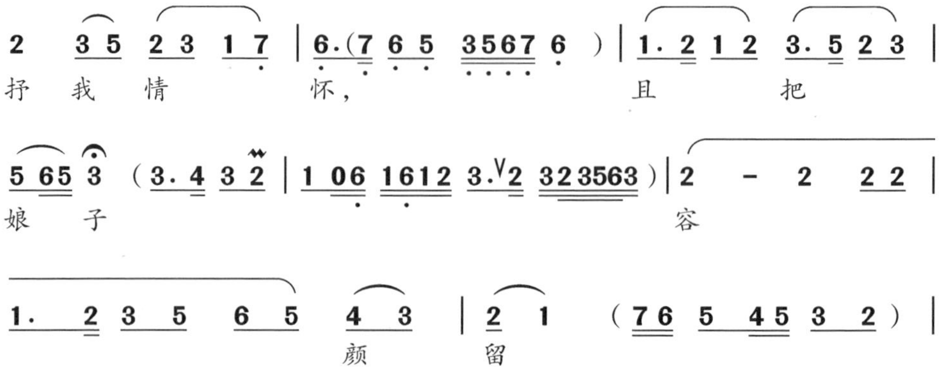

王少舫先生以稍平缓而又沉重的语气唱“抒我情怀”，声音宽厚、低婉，情感深沉，唱出王科举压抑很久的心声。再用平静的语气唱“且把”两个字。当唱到“娘子”两个字时，触动伤心处，内心阵阵作痛。声音变得悲伤，略有颤抖的哭音在声腔中流淌。用力度的变化在深层涌动，推动声腔波浪起伏，表现出声腔深层情感的分量，尤为强烈！

唱“容颜留”三个字上，深情轻唱“容”字，在行腔中逐渐加力，字后的行腔有棱有角，有力度地向上，一层层地推到“颜”字。“留”字轻收落下，但尾音留有余韵。

“满头青丝如墨染”

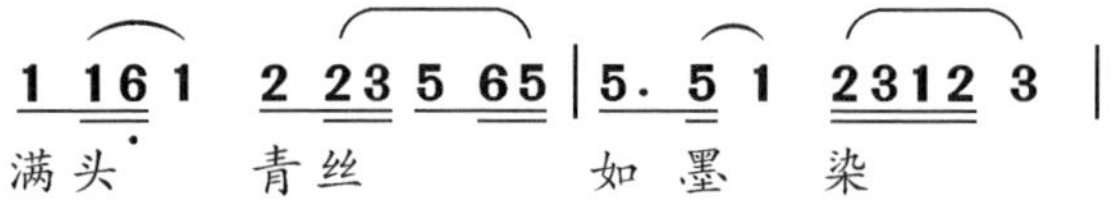

这句唱腔语气亲切，如面对其人，似唱如说，如同对妻子讲话，真切清晰。然后加重语气，重唱“如墨染”。

“芙蓉脸面更温柔”

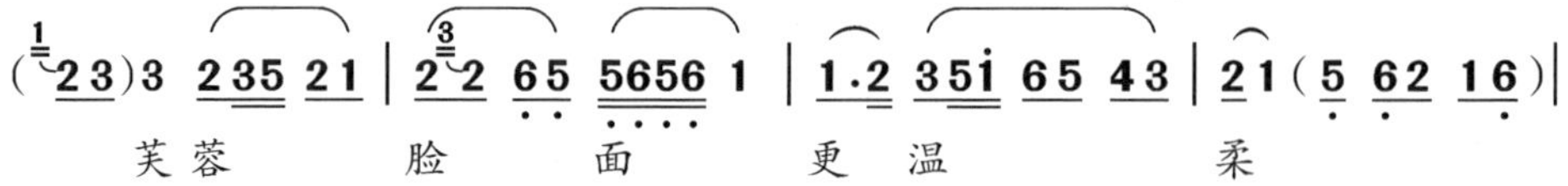

“芙蓉脸面”四个字加重语气，用力揉腔唱，在“温柔”二字上唱出一个波澜，如海浪激荡般的情感浪花。大力度的情感抒发，大起大落的行腔，震撼人心。

“巧笔难把笑容画，只画这晶晶双眼热泪流”

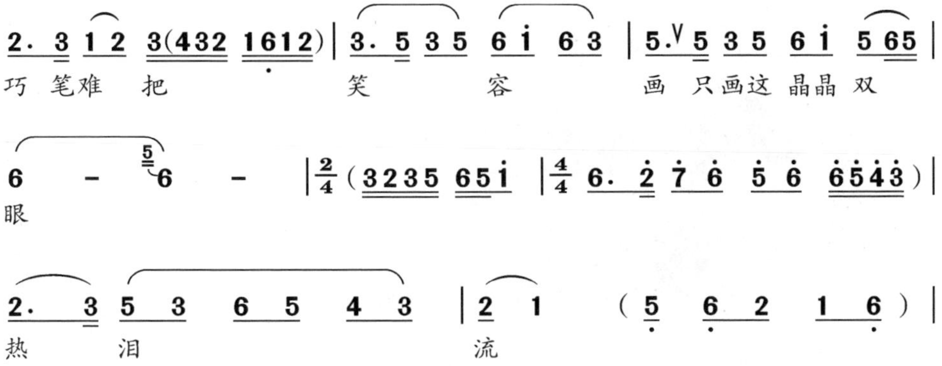

王少舫先生用清晰有力的吐字唱“巧笔难把”四个字，加大音量、加重语气唱“笑容画”三个字，稍放慢速度唱“笑容”两个字后，用力顿住“画”字。同时加快节奏推出下句唱：“只画这晶晶双眼热泪流。”这是一句人物情感激烈动情之处，王少舫先生唱这句时，在唱到“晶晶双眼”四个字时，心灵震颤了，在“眼”字上撕心裂肺地唱了一个长音。这声音中有伤痛、有思念、有深深的悔恨，如泣如诉的声调飘荡回响在长空。当唱到“热泪流”时，心中的泪水随声音流淌出来了。可谓是字字情，声声泪，唱得令人心碎。

“玉体婷婷迎风立，长袖飘飘怨悠悠”

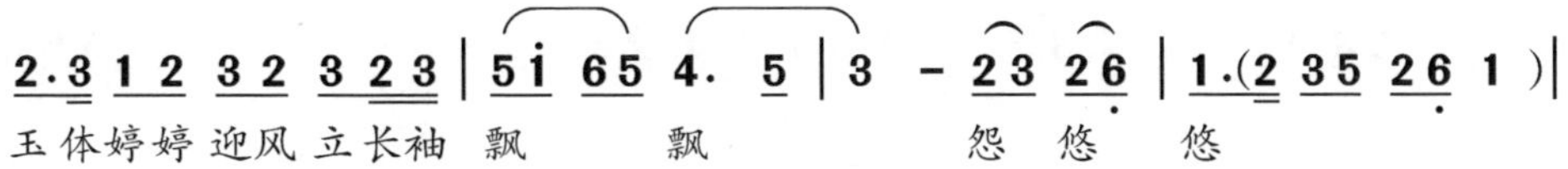

这两句一气呵成。在“玉体婷婷迎风立”中，字字心酸，表现王科举在记忆中浮现出妻子被逼，迎着风雨离家时清晰的婀娜身影。用痛心的声音唱“长袖飘飘”，在两个“飘”字上，用哭声重唱，把“飘”字拉长，艰难的出字、凄凉的声音、强烈的感情渲染，唱出了此时此刻王科举的切肤之痛和久远的思念。

化 妆

“百褶罗裙裹玉膝”和“欲动金莲伴夫游”两句，用温情、亲切的语气，细腻的行腔，表现王科举重回当年美满、恩爱的生活记忆之中。

“泪和彩墨一片深情画中留”

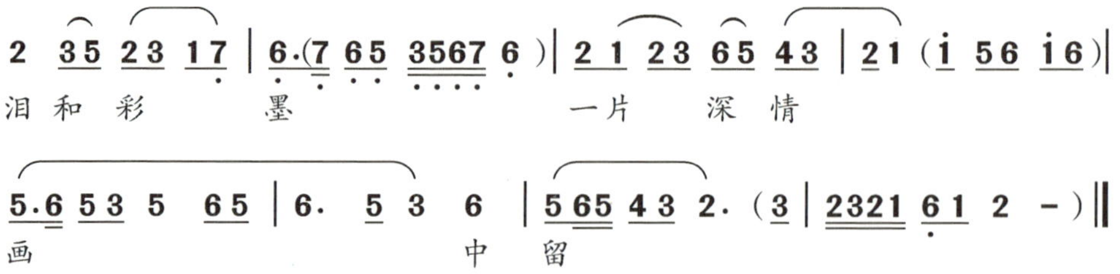

这一句用深情怀念的语气演唱，在“画中留”三个字上，作了大力度的渲染。声音更加饱满，字唱得圆润有力。行腔厚重，一个落板的长音既是深情的寄托，又是自我安慰，唱得意味深长，韵味浓重，意韵深远。

纵观王少舫先生的声腔艺术全貌，有两大突出特征：

1. 戏曲化的特征。他所运用的发声、吐字、行腔、气息、节奏的原理，都是戏曲艺术中最有代表性的精华。

2. 醇厚的黄梅戏韵味特征。他所有的声腔创作中，坚持黄梅戏的本体特色，坚持黄梅戏发祥地的本土特色、语言特色，坚持以黄梅戏为本的创作原则，吸收其他艺术精华，巧妙融化在黄梅戏的独特风格之中。王少舫先生常说：“我们黄梅戏肚子大，胃口好，会吸收，能消化。”他升华了黄梅戏的品质，坚持用黄梅戏的特色表现生活，用黄梅戏韵味塑造人物，在不断创新中强化黄梅戏个性，在塑造人物的同时创造更鲜明多彩、更醇厚的黄梅戏韵味。

王少舫先生对黄梅戏有一种可敬的使命感。他树立了永远值得学习的崇高艺术思想，他用艺术成果确立了黄梅戏一个响当当的艺术流派，他是当之无愧的黄梅戏艺术大师。

（2014 年于威海）

【作者简介】王仁安，曾于 1960 年被选为吉林省四平黄梅戏学习队的导演兼演员，送到安徽省黄梅戏剧团学习三年。拜乔志良先生为师，学习导演，曾两次以助理导演身份参加乔老师排演的《告粮官》《罗帕记》全过程。拜王少舫先生为师，重点学习《天仙配》《碧玉簪》《罗帕记》的表演艺术，得到王少舫先生的珍贵传授。后为“四平地区黄梅戏剧团”导演、演员。现任“东北黄梅戏学会”常务副会长兼秘书长。

王少舫声腔艺术浅析

精　耕

王少舫先生是一位艺术风格鲜明并极具个性的艺术家。他在艺术上的成功与许多艺术大师有着相同之处。然而由于经历、环境、天赋、素质的不同，他又有别于他人而自成一家。这种艺术个性和风格来源于他创造性的劳动，他不仅根据自身条件尽可能广泛、深入地吸收和继承前人的艺术实践成果，更重要的是他能在不同的历史条件下进行新的艺术实践。在他的整个艺术生涯中，无论是演唱、表演，还是编创、教学，均具有开放性、拓展性与超越性，比较系统地、多层面地在黄梅戏艺术的各个方面取得了创造性的成就。用别林斯基的一句话来说，就是达到了“独特的、完整的、自成一体的世界”。

识别一个剧种，首要的是识别这个剧种的声腔。声腔，顾名思义，即这个剧种的地域语言与唱腔旋律的结合体。对于中国戏曲声腔，特别是就京剧来讲，行当齐全，声腔有派，争相辉映，各具色彩。如旦行有“四大名旦”等，生行有谭、余、严、马等，流派纷呈。然而大多数地方剧种由于历史的、社会的多种原因，一般都是以女腔为主，剧种声腔的发展不够平衡，生行的声腔常处于尴尬地位，影响了剧种的全方位发展，削弱了剧种的审美感染力。这在北方和西北的梆子以及南方的各个地方剧种中都可得到印证。

王少舫与女婿陈精根（精耕）合影

然而黄梅戏则不同。新中国成立初期在第一届华东会演上一亮相，黄梅戏就被千万观众所接受和喜爱。“小女子本姓陶呀子依子呀”“年年有个三月三”“夫妻双双同到傅家湾”等男女声腔很快传唱于大江南北。这除了黄梅戏语言易懂以及它的曲调容易上口等主要原因外，和王少舫先生对黄梅戏生角行当的声腔独具魅力的演唱和创新也是分不开的。特别是《天仙配》《女驸马》《牛郎织女》等众多的影片和舞台剧的推出，使黄梅戏生行多种唱腔的展现得到了广大观众的喜爱与传唱，出现了专业和业余学唱黄梅戏“无生不学王”的生动景象。这无疑证实了王少舫先生对黄梅戏声腔艺术的贡献是巨大的，在中国地方剧种特别是黄梅戏的声腔发展史上是不可多见、不可忽视和亟待研究的一个课题。因此，对王少舫先生的艺术研讨应是多方位、多层面的。这对于继承和发扬他独具风格的艺术成就，对于进一步丰富和发展我国的戏曲艺术，特别是黄梅戏艺术都具有重要意义。本文仅从黄梅戏音乐这个层面，对王少舫先生的声腔艺术作浅略赏析。

一见钟情，改弦易辙

王少舫先生自幼随父学京剧，9岁在上海拜师鲍小林，13岁登台演出。1933年他随父跟班到安庆演出，住在南洋旅馆。一个偶然的机会，他听到旅馆里一位洗衣大姐唱黄梅调《苦媳妇自叹》，这一来源于民歌的优美、朴实的曲调深深地打动了王少舫年轻的心灵。他后来常说：“这是我第一次听到黄梅调，它深深地吸引了我，南洋旅馆那位洗衣服的大姐把一个苦媳妇受折磨的苦情演唱得叫人揪心、伤感……我觉得这种声腔贴近生活，能打动人。不久我就学会了这个段子。这也是我第一次演唱黄梅戏。”

抗日战争期间，安庆沦陷。京剧艺人和黄梅戏艺人滞留在城里，为了生计，“京黄同台”合演，使得王少舫有了更多学习与了解黄梅戏的机会。在黄梅戏老艺人丁永泉先生的热情赞许与推崇下，他开始演起了黄梅戏，并与黄梅戏结下了不解之缘，而且一发而不可收。他曾对我说：“在那个时候，我对黄梅戏可以说是一见钟情了，黄梅调比京剧朴实、亲切、动听，唱腔平易近人。唱好了，观众也会像唱京剧一样给你来彩。”然而，要一个在京剧舞台上挂牌的角儿改行来唱一个地方剧种也绝非易事。1950 年，在众多黄梅戏艺人的盛情邀请下，在党的文艺政策陆续出台，特别是“五五指示”发表后的一段日子里，王少舫经过一番激烈的思想斗争，毅然带领全家（妻子、妹妹、弟弟等）改唱黄梅戏。他做出这种抉择是要有胆识、勇气和决心的，动力是他热爱、追求“心中的艺术”——黄梅戏。

学习传统，发展传统

黄梅戏的传统风格并不是固定不变的，它在表现新题材、新内容的过程中，不断地发展变化，逐渐演变成一种新的风格。

1. 王少舫喜欢《苦媳妇自叹》和丁永泉演唱的《劝姑讨嫁》，是由于这些来自民间的小调具有说唱性，像拉家常一样亲切感人。虽然这样的黄梅小戏能在一些小的演出环境中轻松演出，然而进入城市舞台，如果还是一味地保持那种原始状态，就不能适应城市的生活节奏和需要了。王少舫进入黄梅戏领域后，把京剧和其他剧种的剧目带进黄梅戏舞台，对黄梅戏“三打七唱”的伴唱形式和同台演出调高（即演唱的声音高、低）无标准等问题进行改革。他把为自己操琴的琴师小喜子带上黄梅戏舞台，每当他唱时，锣鼓一完，京胡就为他托腔，因之王少舫当时被誉称“京托子”。刚开始，胡琴的加入使许多艺人张不开口，感到难以适应。王少舫就与大家商量，要大家慢慢来，开始是年轻人先跟上了，渐渐地连一些年纪大的艺人也习惯了。以后他与琴师王文治先生合作，创造了一系列的黄梅戏胡琴过门，用二胡来伴奏，从此胡琴正式成为黄梅戏的主奏乐器。1950 年后，王少舫在安庆民众剧团被推举为主任，成为剧团的领头人。为了促进黄梅戏进一步发展，他不但排演了大量的古装和现代剧目，而且与司鼓、琴师等有关人员商量，做出较具开放性和拓展性的决定：在安庆、芜湖、青阳等地广罗乐手，在场面上，增加了筝、三弦、琵琶、二胡、笙等民族乐器。演出移植剧目《白蛇传》时，新的乐队阵容和王文治先生新创的一曲《西湖山水》，使得安庆民众剧院观众如潮。此时，黄梅戏音乐伴奏形式已初具规模。

2. 黄梅戏初期的唱腔相对而言还不能脱离民歌小调和说唱音乐的原生状态，基本上还是五声调式的句幅短小的上下句唱段，变化不大，表现力不够丰富。要想表现一些题材庞大、戏剧情节比较复杂的戏，王少舫先生总觉得唱腔的表现力不够。为此他煞费苦心地在实践中不断摸索，逐渐编创出一些新的乐句，大大地丰富了黄梅戏唱腔。

A.【平词落板】的展衍。1939 年，王少舫在安庆初演黄梅戏，与潘泽海等合作演出《秦雪梅》，他演商林。每当唱到“老天爷成全我夫妻团圆”这句【平词落板】时，他总嫌唱的情感渲染得不够到位。经过一番琢磨，他终于编创出一句既符合人物情感，又酣畅动听的【平词落板】。我们来看一下曲谱。

原来的男【平词落板】：

谱例一

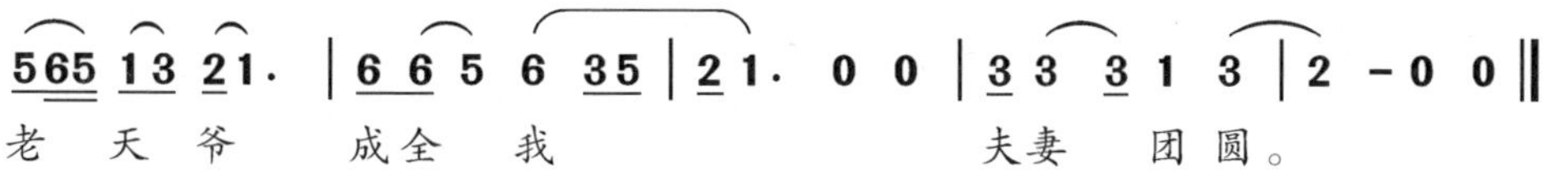

编创后的男【平词落板】：

谱例二

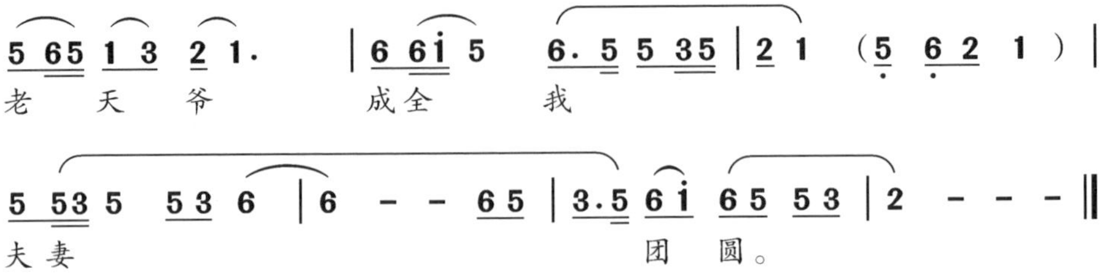

这种【平词落板】一直保留到今天，已成了真正意义上的传统男【平词落板】了。

B. 男【平词行腔】的扩充。为了表现一种忧愁、伤感的情绪，王少舫先生在演《渔网会母》和《梁山伯与祝英台》时，唱出了新的行腔样式。

原来的男【平词行腔】：

谱例三

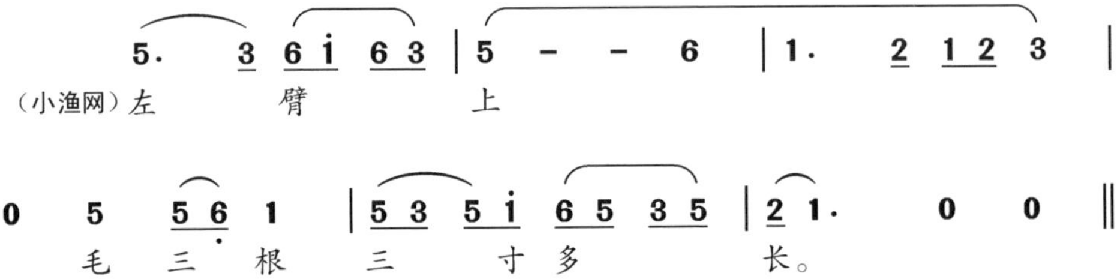

编创后的男【平词行腔】：

谱例四

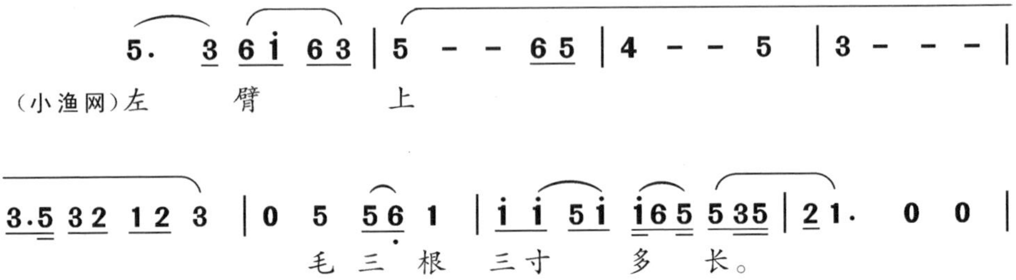

句幅由3小节扩充为5小节，增加了8拍的时值。他又进一步扩充了《梁祝》中的梁山伯【行腔】：

谱例五

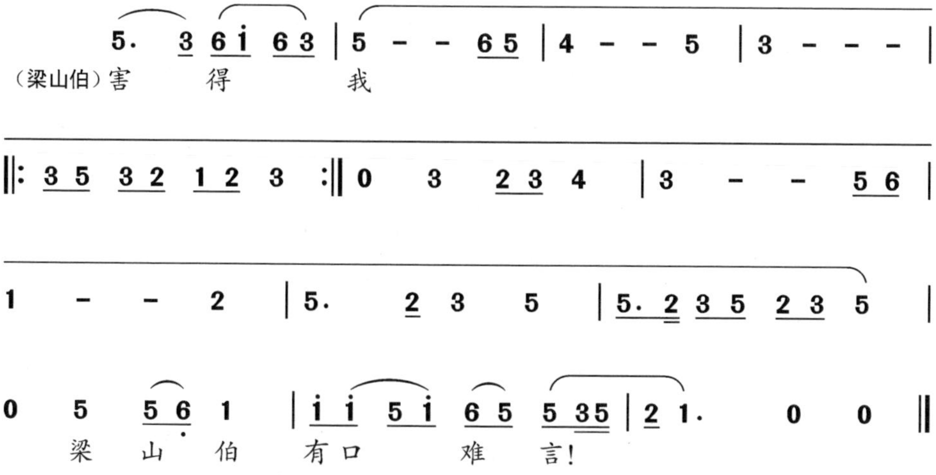

扩充了11小节，增加了32拍的时值。

C. 男【平词迈腔】的变化。王少舫从小习京剧，在他的脑海中聚集着丰富的皮黄腔音调，因此当他演唱男【平词迈腔】时，有意无意地（也是演唱的情绪需要）把清角音“Fa”（七声音阶中的下属音“**4**”）带入了腔中。这一细微的变动却使得原先五声音阶的【平词迈腔】的演唱酣畅大方、炯然生辉。早年间艺术大师梅兰芳看过《蓝桥会》后曾说：“在合肥看到了黄梅戏《蓝桥会》，严凤英、王少舫分饰蓝玉莲、魏魁元，他们的表演艺术早已达到了成熟的阶段……他们在动作和表情里面吸收了一些京剧和昆剧的表演艺术，使人看了并不感觉生硬……”

原来的《蓝桥会》传统的【平词迈腔】是：

谱例六

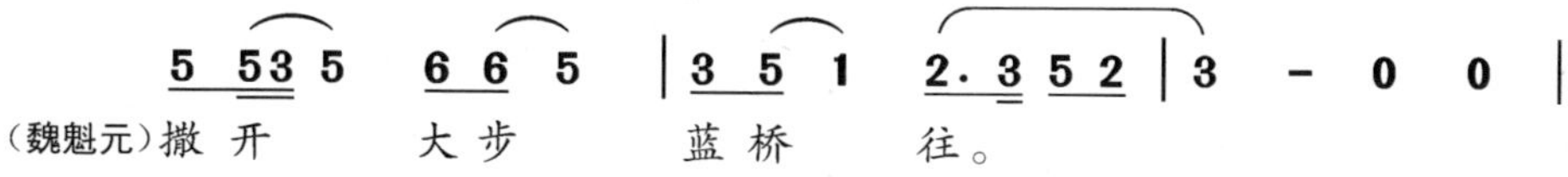

王少舫演唱的【平词迈腔】则是：

谱例七

不仅如此，在表现比较忧伤、悲切的【平词】乐句时，他也常把这一清角音“**4**”融入，成为他演唱时的一种风格，收到了极好的演唱效果。

谱例八

《梁祝》：

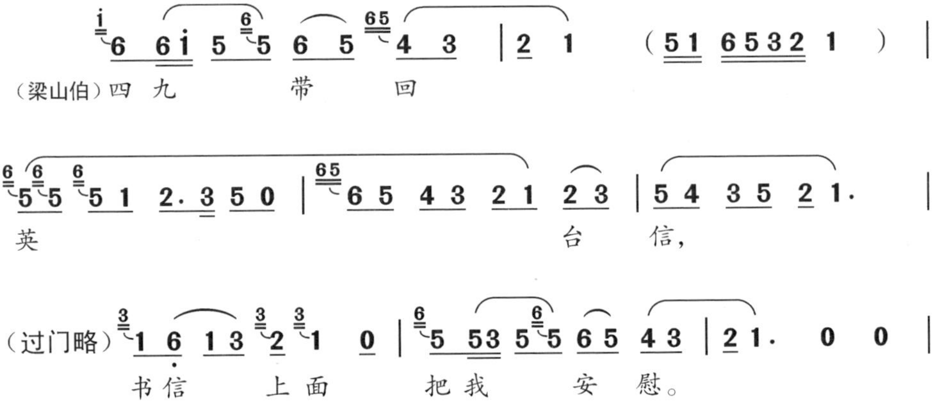

真切地表现了梁山伯此时内心的痛苦和悲伤。

谱例九

《天仙配》：

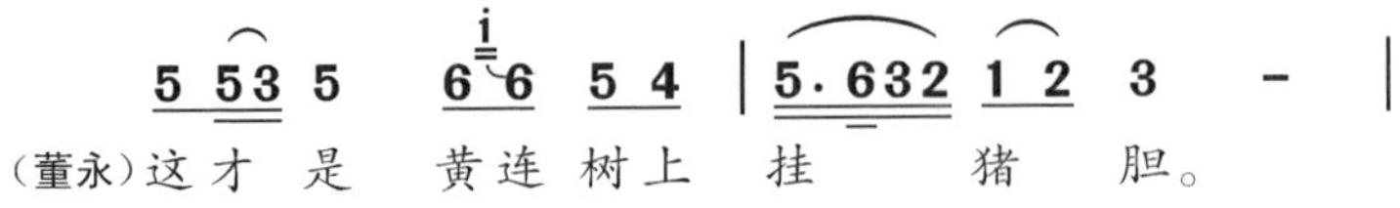

表现了董永的悲切之情。

谱例十

《箭杆河边》：

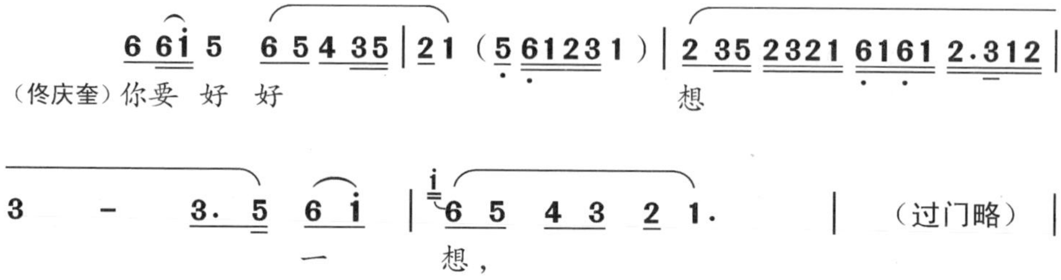

这是佟庆奎对赖子的深切期望。

D. 男女【对板】旋律的美化。为了表现惆怅、缠绵、觉悟、喜悦的情景，在男女【对板】的对唱段落中，王少舫先生别具匠心地把变宫音“Xi”（七声音阶中的导音“7”）巧妙地糅进【对板】的旋律中，丰富了唱腔的表现力。

谱例十一

《梁祝》中的【对板】：

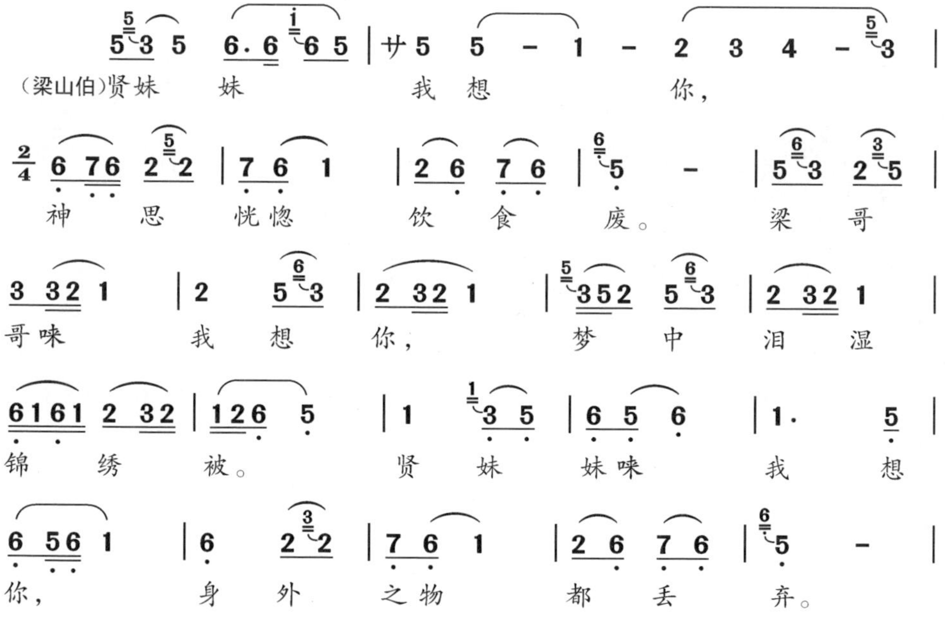

这是男女各唱两句的【对板】，“$\underset{\cdot}{7}$”的加入，加强表现了两人惆怅、深情之恋，感人至深。

谱例十二

传统的男女【对板】：

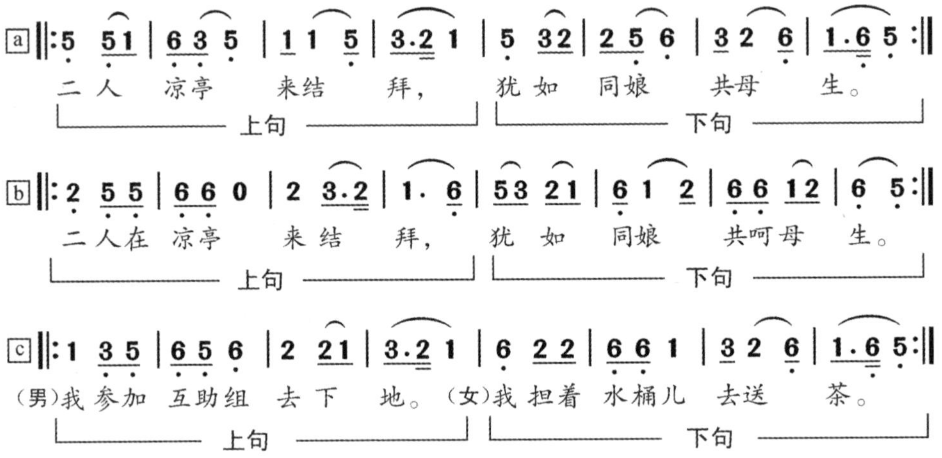

（《新事新办》中男女各唱一句的【对板】五声调式）

改编后的男女【对板】：

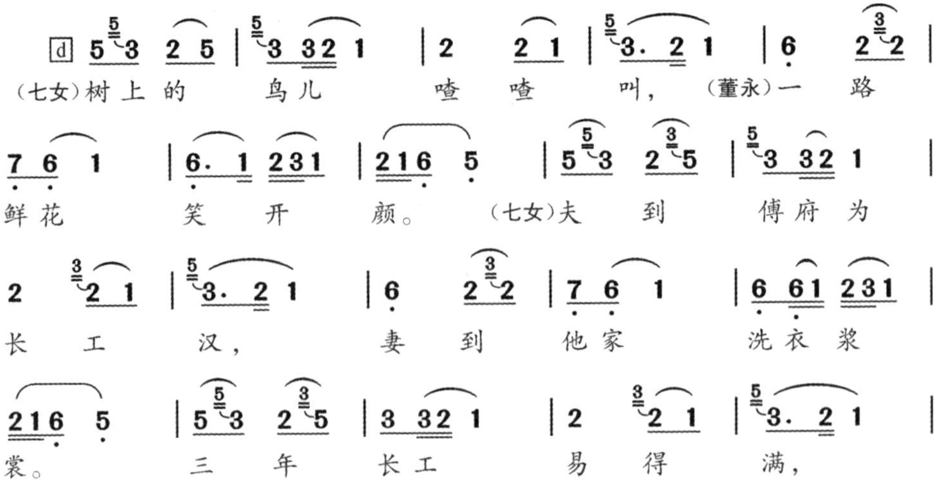

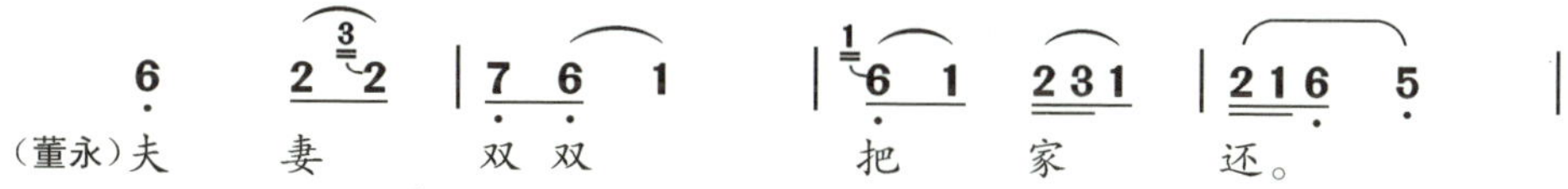

（《天仙配·路遇》）

在这段男女【对板】唱段中，由于变宫音“7”的加入，王少舫把演唱处理得很巧妙，唱腔显得格外甜美、深情。

勇于革新，硕果累累

如果说王少舫在进入黄梅戏领域初期，为丰富声腔的表现形式，在一些乐句的处理上有一些成功的尝试，那么20世纪50年代以后，特别是在党的“双百”文艺方针的指引下，他与时白林、王文治、方绍墀等音乐工作者通力合作，大胆革新，才使黄梅戏声腔艺术有了质的飞跃，进入了一个崭新而辉煌的阶段。

王少舫生活照

他常常谆谆告诫我们：“音乐是戏曲的重要组成部分，黄梅戏要发展，音乐要起龙头作用，要有我们的特色，要有别于其他剧种。观众喜欢听我唱，无非是黄梅戏易懂好听，我唱的一些唱段符合人物的情感，把剧中人的心情给唱出来了，因此能感染、打动观众。”我认为这就是他的秘诀。为了使演唱“符合人物的情感”，王少舫先生是花了大量心血的。他曾说：“黄梅戏音乐改革不能乱来，它有自身的规律……我们是唱黄梅戏的，始终要坐在黄梅戏这个椅子上来改。我们黄梅戏肚子大、胃口好，要吸收别人好的东西，把我们黄梅戏的唱腔旋律和板式

（节奏）丰富起来……只有这样才能立于不败之地……”王少舫先生是这么说的，也是这么做的。

1. 老腔新唱，化平庸为神奇

略举三例：

A.《新事新办》：

谱例十三

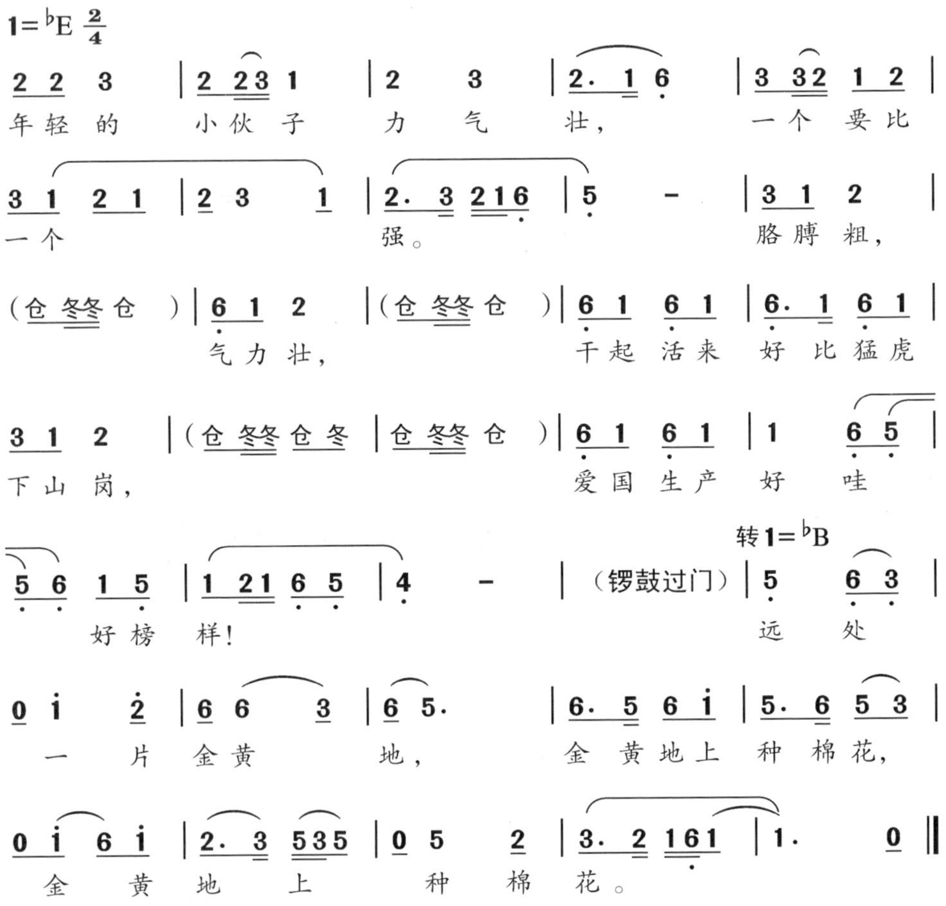

这是一个由传统【彩腔】【数板】和黄梅戏小调《大蓝桥》曲牌重新组合而成的优秀唱段。分析起来恰恰也是同主音自然转调的佳例。王少舫先生富有青春活力的演唱，把翻身后的青年农民形象表现得栩栩如生。虽事隔50多年了，现在听起来仍如同一段绝妙的新腔。

B.《罗帕记》：

谱例十四

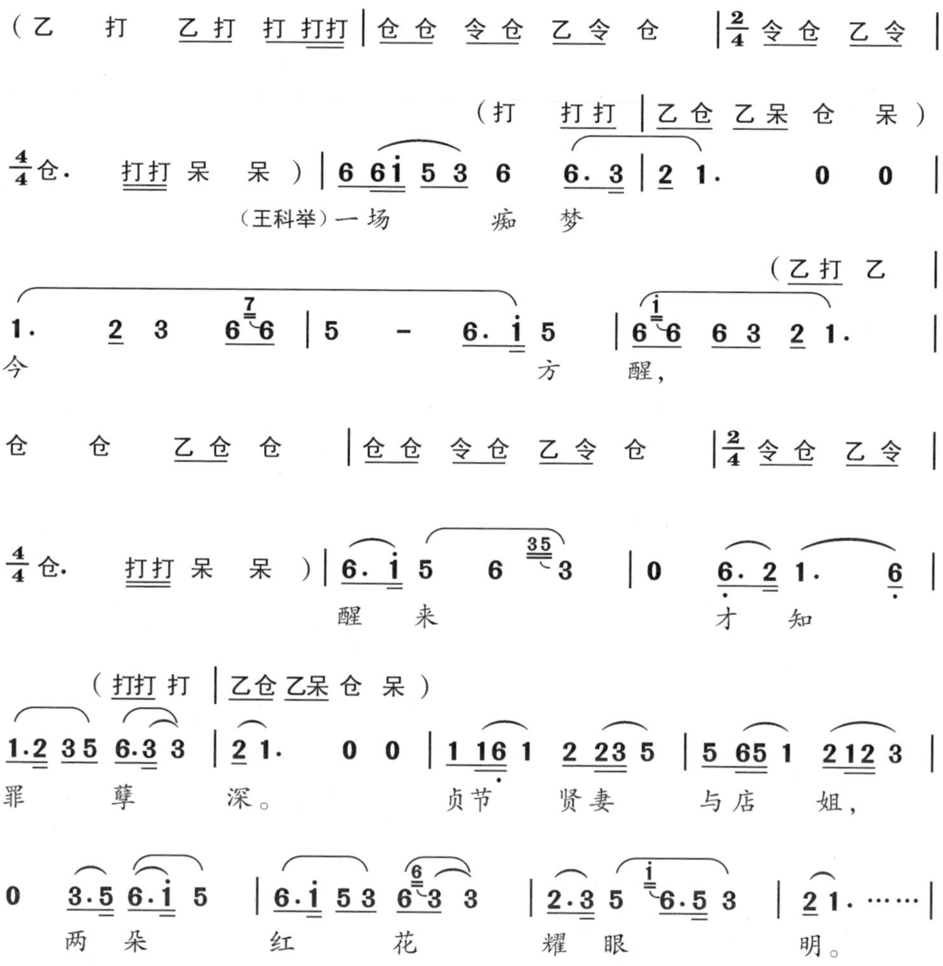

这是王科举经过对妻子陈赛金逼帕、休书、离异，经历一番情感纠葛，冤情大白后的一段自我解嘲和忏悔认错的唱腔。王少舫先生唱的是地道的传统老腔【平词】，不用丝弦而是用“三打七唱”的伴奏形式绘声绘色地清唱，在剧

场中收到了事半功倍的效果。

C.《女驸马》：

谱例十五

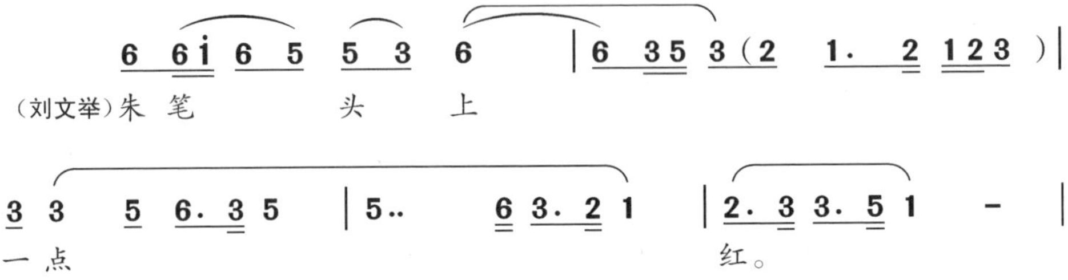

马维喜唱腔：

谱例十六

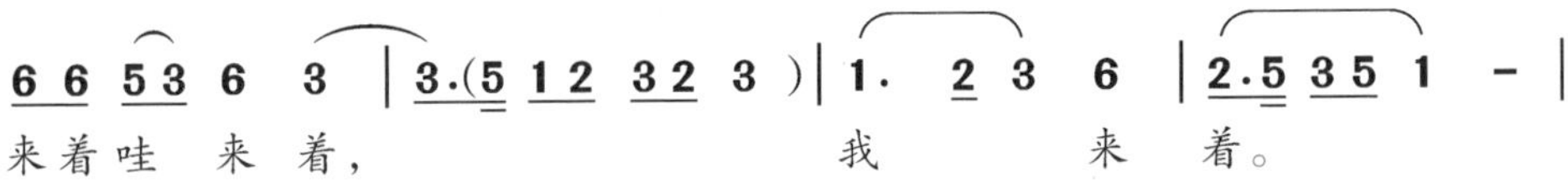

“朱笔头上一点红”是在排练《女驸马》时，王少舫先生给刘文举精心设计的一个唱段。这个腔原来是老艺人马维喜唱的【平词】的一个起板句。安庆同行说马老的唱腔是“歪歪腔”（意思是马老演唱时音色不好，演唱的声音直，而且还不搭调）。但是王少舫先生独具慧眼，认为马老的起板腔很有特点。经过加工润腔后，得到了意想不到的绝妙效果。特别是在唱到“一点红”中的“一点”二字时，用他那宽厚的音色以情带声，出意行腔，演唱得韵味醇浓，别具一格，真可谓化平庸为神奇，让听众久久难忘。

2. 变化旋律是为了贴近角色

A. 我们把舞台剧《天仙配》与电影《天仙配》两个版本中“卖身葬父”的唱段分开来赏析：

a. 舞台剧《天仙配》:

谱例十七

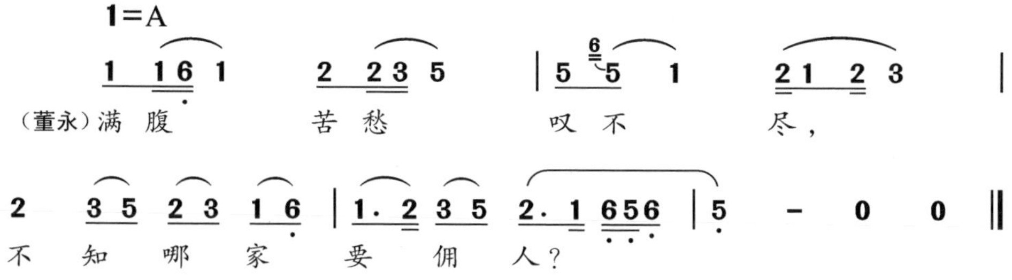

按常理，最后一句应落到男【平词落板】的“**2**”音上去，但此段却落到“**2**”的下方五度音“**5**”上。其一，改动了旋律的落音，让声音低沉下去，符合董永当时凄苦无奈的内心世界。其二，落板音变“**2**”为“**5**”，回到了以宫为主的男【平词】曲调的属音上，和原来【落板】的终止感相比，相对稳定得多了。落在低八度的 E 上，拉宽了男【平词】的音域，一般演员唱起来比较吃力（低不下去，或低下去后唱得不好听），而王少舫先生运用他的演唱技巧，把当时董永泣不成声的形象表现得淋漓尽致。无独有偶，在电影《天仙配》中也安排了这么一个段落。

b. 电影《天仙配》:

谱例十八

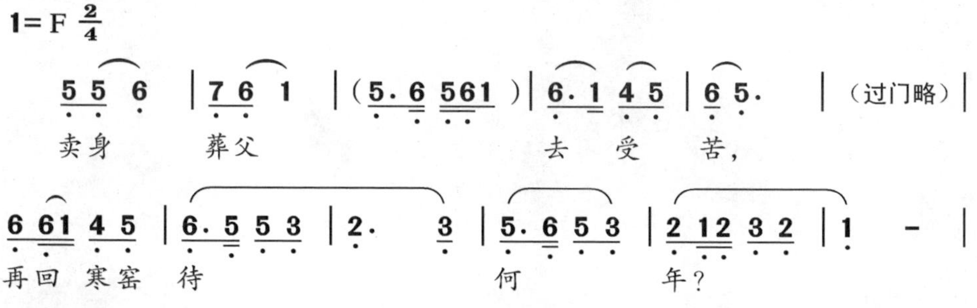

同样是为了贴近角色而改变了原来的旋律，拉宽了音域（落在低八度的 F 音上，相当于男中音的音域）。王少舫先生在电影厂花了很长时间练声，运用娴熟

的演唱技巧，把这句演唱得感人至深。

B. 我们来看看《女驸马》中刘大人的一段唱：

谱例十九

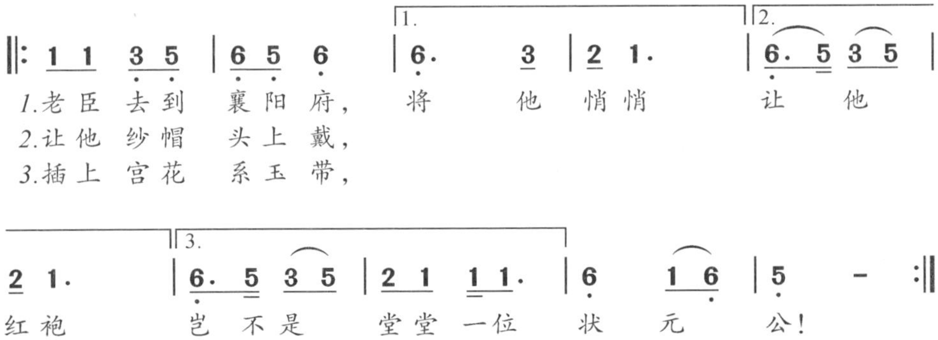

《女驸马》剧照（左为王少舫，右为马兰）

同一【彩腔数板】的旋律，只作了些细微调整，完全是以字和神韵来行腔，运用大跳（五度 6 3 、七度 6 5 ）、滑音（ 6↷ 3.↷ 5 ）和八分音符切分音（ 1 1· ）。夸张得体的演唱，加上巧妙的抑扬相间的念白，配以锣鼓节奏，使得整个唱段达意传神，醒耳动听，将刘文举阿谀奉承、献媚讨好的内心世界展露无遗。

C. 人们常说，好的歌唱家演唱时犹如在说话一样，让听众感到自然亲切。王少舫先生的演唱也达到了这种境界。仅举几例：

谱例二十

《年青的一代》：

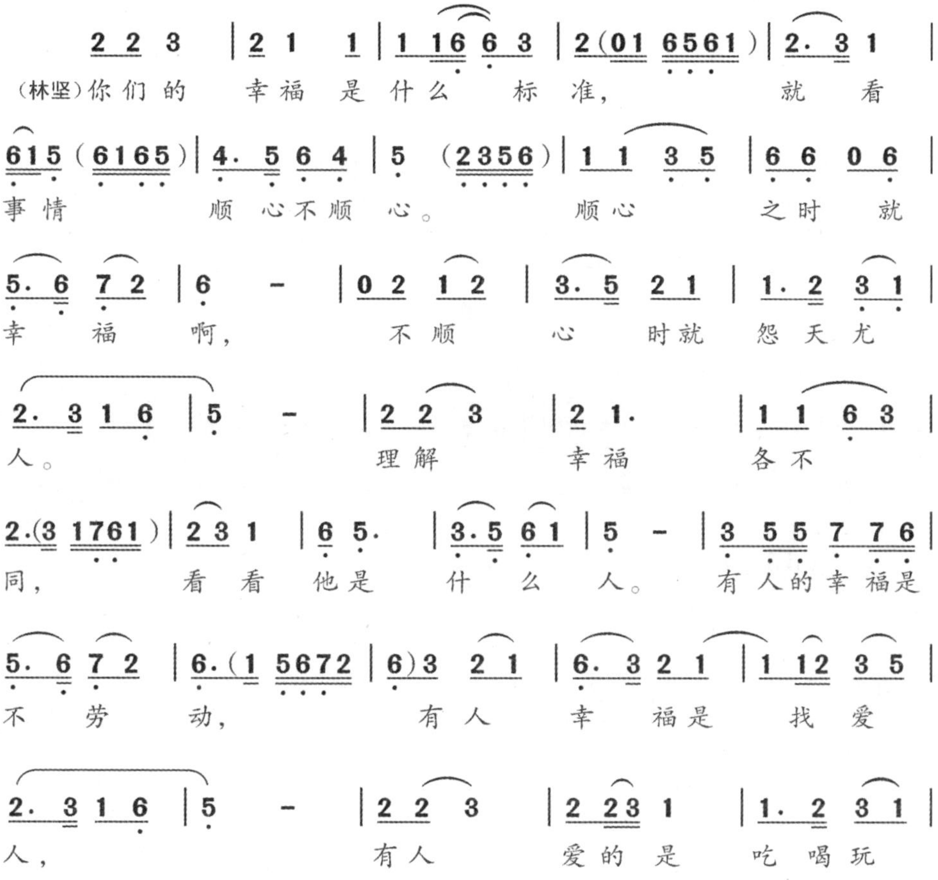

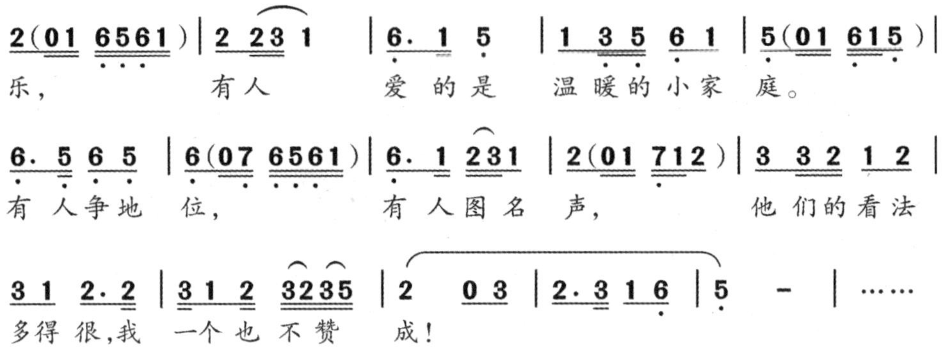

这段唱表现林坚对年轻人的亲切关怀，运用传统的【彩腔】【数板】做基调，几乎没有过门，层层深入，一气呵成。节奏时而紧缩，时而扩张，张弛有度，轻松自如。旋律虽有变动，加了偏音、装饰音、切分音，是为了配合演唱的语气、声调、口语化，没有一丝雕琢之嫌，而是唱得情真意切，娓娓动人。

谱例二十一

《电闪雷鸣》：

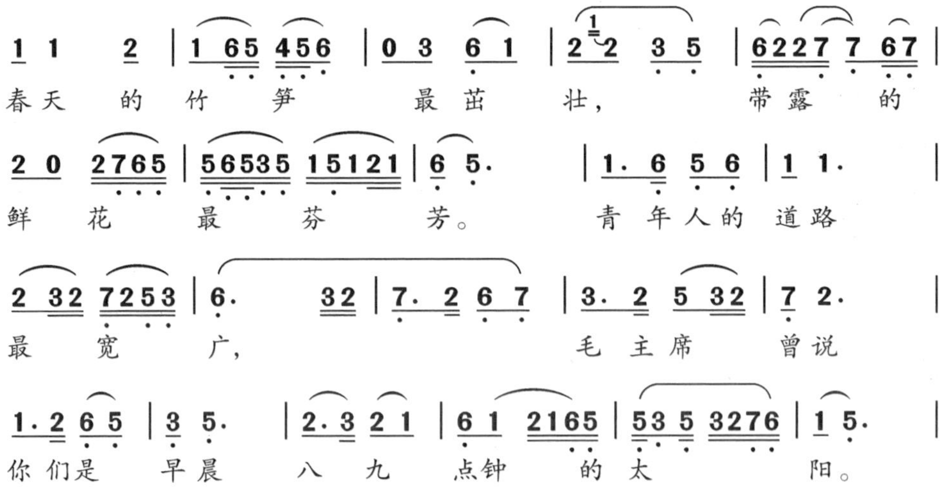

这一段也是以【彩腔】为基调改编的唱段。王少舫先生通过对【彩腔】旋律的加花润腔，使这段唱腔字正腔圆、甜美圆润。特别是“毛主席曾说你们是早晨

《电闪雷鸣》剧照，王少舫饰雷凯忠

八九点钟的太阳”这一长达 17 个字的乐句安排得妥帖，演唱得婉转流畅、丝丝入扣，表现了老工人对青年人的殷切期望，给人一种温馨、亲切之感，使传统的【彩腔】焕发出现代气息和青春活力。

为了表现现代生活，王少舫先生编创了很多贴近生活、贴近现代人物的声腔。在一些唱段中，即使是一些短小的乐句他也不轻易放过。他常常提醒我们：“唱腔的旋律变化无穷，要想让观众听了既清楚又悦耳，作曲的人一定要练好声调、音韵和语气的基本功，也就是要弄懂韵律是怎么回事。有了准确扎实的声调音韵知识，加上唱时的语气变化，就使创造出来的音乐语言（唱腔）字正腔圆、顺当悦耳了。”举几个短小乐句，看他是怎样把握细微处的：

谱例二十二

《军民一家》：

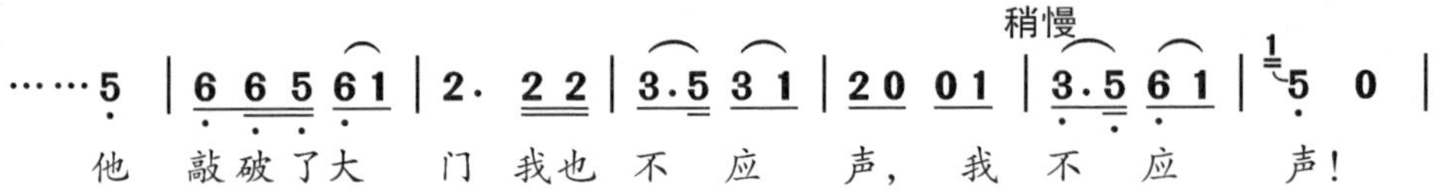

第一个“不应声”唱出后，意识到声音大了容易暴露；第二个“不应声”笑着窃窃私语，把张大伯那种既风趣又幽默的神态逼真地勾勒出来。

谱例二十三

《江姐》中的甫志高：

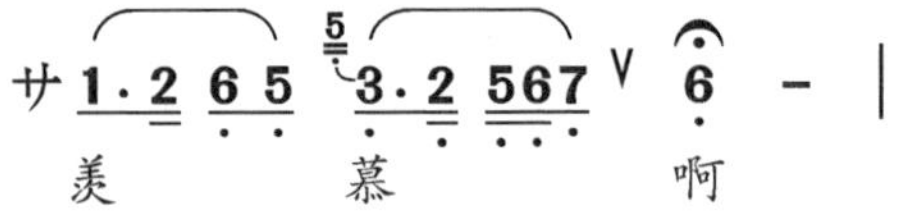

《箭杆河边》中的佟庆奎：

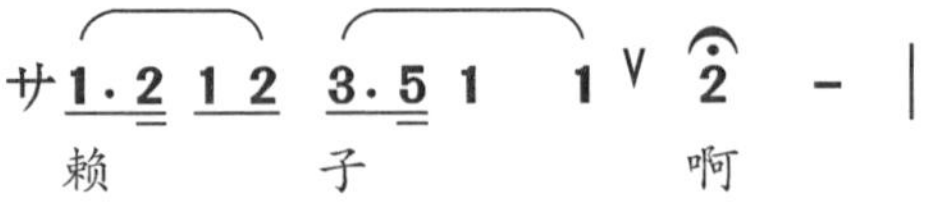

这些都是不同人物、不同情绪的【叫板】吟唱，从而引出下边的唱段，把人物的音容笑貌以及内在的情感活灵活现地展现出来，乐句虽短却能画龙点睛。像这类的妙句，无不渗透在王少舫的舞台实践之中，举不胜举。

3. 变化节奏是为了渲染情感

为了表现戏剧情绪的多种变化，描写不同人物内心的矛盾与斗争，除了旋律因素外，随之而来的必须是用各种不同的节奏给予支持，这种不同的节奏就是戏曲中不同的板眼。王少舫先生十分重视板眼的变化，他对板眼（节奏）的变化很有研究。现举几个大家比较熟悉的唱段就可略见一斑：

谱例二十四

《天仙配·路遇》：

这是王少舫先生最具代表性的唱段。这个乐句运用了男【平词迈腔】的旋律，把节奏打散、拉宽，运用力度型和装饰型的润腔手法，声音从弱渐强，音色从涩滞到明亮，把一个卖身葬父、满腹辛酸、忠厚老实的音乐形象先送到了观众的耳际，此时是“未观其人，先闻其声”，起到了先声夺人的艺术效果。这种【导板】，早已成为黄梅戏常用的一种板式了。

谱例二十五

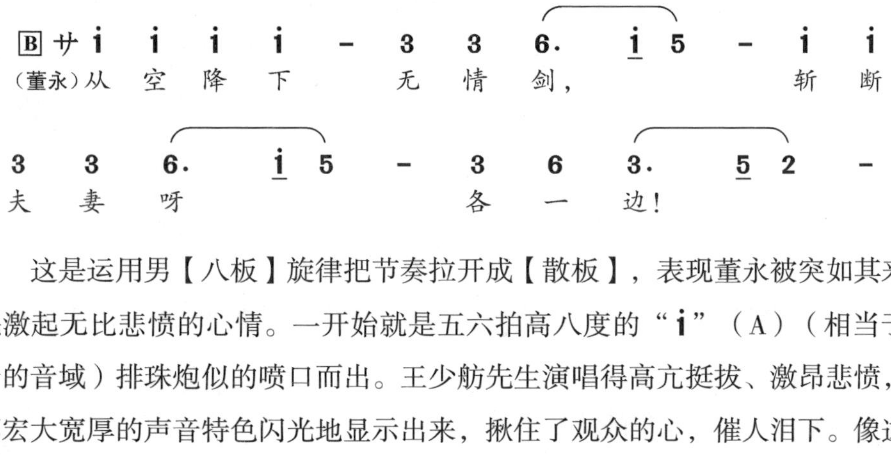

这是运用男【八板】旋律把节奏拉开成【散板】，表现董永被突如其来的噩耗激起无比悲愤的心情。一开始就是五六拍高八度的“i”（A）（相当于男高音的音域）排珠炮似的喷口而出。王少舫先生演唱得高亢挺拔、激昂悲愤，把他那宏大宽厚的声音特色闪光地显示出来，揪住了观众的心，催人泪下。像这样以【八板】拉散来表现情绪大波动的戏剧性【散板】，在以后的黄梅戏剧目中经常使用。

谱例二十六

《牛郎织女》：

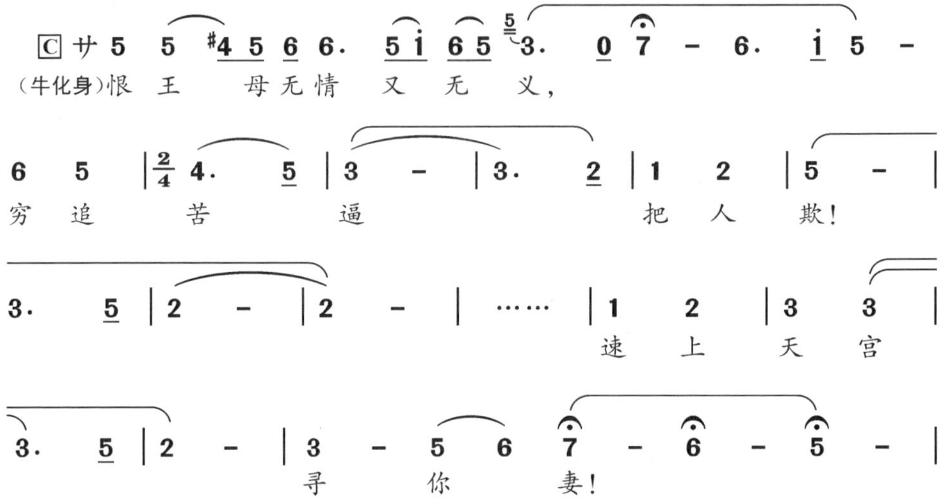

这一段吸收了徽剧【高拨子】音调，并唱成【散板】，作为唱段的开头和结尾。中间用男【八板】的旋律把节奏放大成为一种【宽板】，这样的节奏既能配合演员在舞台上的动感表演，又能完美地展现牛化身那种慷慨大义、献身相助的非凡气度。王少舫先生将这一段演唱得紧而不乱、火而不爆，声声铿锵，句句珠联，给人一种酣畅淋漓之感。

王少舫先生在把握剧目中一些大的关键性唱段时，特别精心地为黄梅戏铺排了一些类似京剧【反二黄】式的慢板唱段。20 世纪 50 年代《梁祝》中的“山伯临终”，20 世纪六七十年代《箭杆河边》中的“今后你要知过改过，奋发图强”，《罗帕记》中的“描容”以及后来《海港》中的“共产党恩比天高”，《风尘女画家》中的“忽听琵琶”等唱段，他都逐字逐句地揣摩、推敲，在节奏上安排得张弛有度，演唱时常常高潮迭起、荡气回肠，给人一种完美的愉悦，也给黄梅戏艺术宝库中增添了不少难得的精品唱段。

4. 极力塑造不同行当的唱腔

王少舫先生熟悉京剧中生、旦、净、末、丑各行当。他常说："行当的划分是有科学性的，因为它能表现各种戏剧人物不同的年龄、身份、性格等特征。我们黄梅戏也应在演唱、表演上逐渐发展行当。我说的行当不是死搬硬套，而是根据黄梅戏自身的情况不断摸索，形成自己有特色的行当。行当是一种夸张的艺术手段，我们要用这种手段来丰富和提高我们黄梅戏的艺术品位。"这段话说得是何等中肯！他在艺术实践中也身体力行，为发展黄梅戏行当的声腔和表演呕尽了心血。我们不妨闭上眼睛稍微回忆一下，各种鲜明活脱的人物形象就会在我们的脑海中接踵而来：《夫妻观灯》中的王小六、《补背褡》中的干哥哥、董永、许仙、小渔网、郭暖、李梦龙、石达开、侯朝宗、王科举、金牛星、老渔翁、刘大人、黄丞相、唐德隆、二孔明、何老爹、林坚、佟庆奎、雷凯忠、甫志高、崔镇午、张大伯、马洪亮、潘赞化等等，数不胜数。他在创造这些角色、演唱这些不同行当的唱段时，总是事先设身处地地揣摩人物的精神状态，然后从其身份、年龄、性格、语言、声调、感情的内在节奏、旋律的长短高低、腔间的衬字、板式的安排、演唱的音色、发声的位置等诸多方面，精心设置，统一权衡，着力表现。因此这些不同的人物形象在舞台上就被赋予极强的生命力，真实鲜活，感人至深。特别值得一提的是，他在晚年为丰富黄梅戏花脸行当声腔做出了杰出贡献。他在《陈州怨》《包公赔情》中饰演的包拯给人留下了深刻的印象。他留下的这种花脸行当的唱腔，在以后的现代戏《遥指杏花村》《未了情》等艺术实践中，都得到了可喜的传承与发挥，受到京沪戏曲界专家、学者和广大观众的赞许。

声情并茂，炉火纯青

王少舫先生的艺术魅力的另一个重要方面是他的演唱别具一格，声音和情感有机融合，浑然一体，感人至深。他的演唱以事先创作、设计的唱腔为依据，再根据剧中人物的内在情感进行创造性演绎，充分发挥唱腔内在的艺术构思和意图，以感染观众。例如，他晚年饰演的包拯在公堂上怒斥侄儿包勉时的演唱，真可谓“实大声洪，痛快淋漓”，表现了包拯刚正不阿的清廉本色，给人回肠荡气之感。在“内审张娥”时，他唱的还是花脸腔，却演唱得柔美、谦和，表现了包拯爱民如子、体察民情之心，令人听后如饮醇醪。对于这些演唱，他特别注意“声”，从声音上说，是建立在正确的呼吸基础之上的有支点的声音，把声音“立”起来。因此他的发音结实、宽厚而又圆润，上下贯通，随着剧中人物情感的变化，自如运转。其低音浑厚深沉，高音则用了脑后音和鼻腔共鸣，便有了花脸行当的特定音色。再加上他对顿、断、连、挫等技巧灵活娴熟的运用，使演唱极具表现力。

例如，在饰演《罗帕记》中的王科举时，他很注意声音尤其是音色的塑造。当时我为他拉琴伴奏，发现他前四场小生行当的演唱，与后几场须生行当的演唱大不相同。前者声音注重圆润悦耳，他用装饰性变化的演唱技巧使音色变得柔美、

身段示范

含蓄，如行云流水，使小生行当的声音飘逸、潇洒。而后者声音则变得宽厚、结实，来表现须生行当的沉稳、大方。他在舞台上的表演，一个身段、一个水袖、一个眼神的运用、一句声腔的音色变化，都有鲜明的目的性和内涵（这一点，在他表演《天仙配》中的董永和《女驸马》中刘大人的念白与唱腔时，由于行当不同，对演唱的音色也进行精心安排，给人以明显不同的感觉）。他善于深入角色，将剧中人物的表演（融入了程式的创造）和声音都融化在人物内在的情感之中，变成一个活生生的艺术形象，并真切地表现出来。如《罗帕记》第四场“逼帕”，王科举怒斥陈赛金后，见陈赛金变成了泣不成声的泪人儿时，王科举唱道：

谱例二十七

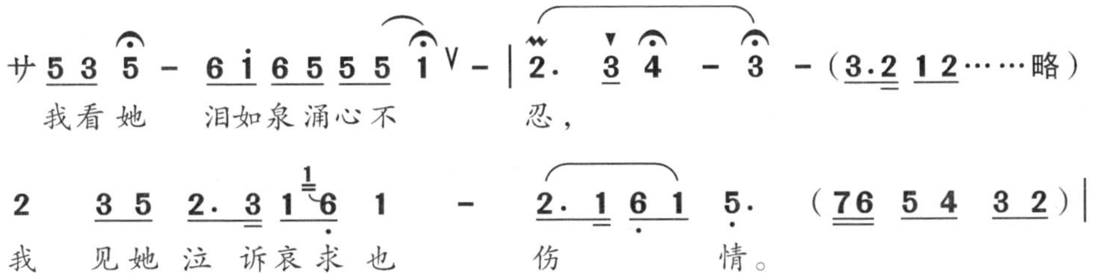

“我看她”三个字是隐隐含蓄地看着陈赛金演唱，唱至“泪如泉涌”四个字时，他感动了，不愿再看一眼了，激动地、慢慢地、痛苦不忍而自责地唱出“心不”二字（停顿一下），再内在地轻声吟唱出“忍”字。他把“忍”字的拖腔由强变弱（用颤音极度痛苦地唱出），并运用眼神和痛苦的面部表情变化配合音乐过门，效果极佳。特别是唱到“泣诉哀求”时，他用声音的顿、断来表达自己的哽塞，伤情、怜悯地唱出“也伤情”三个字。此时观众都被他声情并茂的演唱与表演征服了，剧场中也仿佛只有观众的呼吸之声……

王少舫先生在声腔表演上还有一个值得注意的特点，就是他善于用力度变化的手段来刻画人物。这不仅表现在人物前后的对比变化上，就是同一个唱段他也安排得细致入微、惟妙惟肖。这种演唱风格在他所塑造的众多艺术形象里比比皆是。例如，对于《天仙配》中的董永，他的力度横切线安排大致是：弱

（“上工”“路遇”“磨房”以悲、平稳为主），强（“分别”以悲愤、抗争、控诉为主）。以“龙归大海”唱段为例，此段是兴奋的中强力度，喜悦之情溢于言表。特别是“董永今日回家门”与“龙归大海鸟入林”两个乐句形成赞美与激动、喜悦的力度对比；“从空降下”唱段和“哑木头”唱段是强力度爆发，形成抗争与悲愤力竭的不同情感冲击的力度对比。这种在唱腔音色、音质和力度等方面都隐含着强烈对比的演唱特色，给观众的感受是很深的，真可谓是引人入胜，扣人心弦。

声音和演唱技巧从某种意义上来说是手段，只有把这些手段和内在情感、含义真正地完美结合，才能变成不朽的艺术形象。演唱者对人物的思想感情阐释得越深刻、越具体，所塑造的人物形象就越生动、越感人。王少舫先生的演唱与表演无疑给我们后辈树立了可供学习的光辉典范。

“业精于勤，行止常新，思练不懈，积聚艺成。”这是王少舫先生生前总结自己的艺术生涯时的切身体会。他十分热爱他“心中的艺术”。他在晚年身体多病时，仍然孜孜不倦，勤奋耕耘，并悉心培养接班人。他的心中永远装着黄梅戏艺术，永远装着热爱他的观众。在他受到不公正待遇的时候，他也坚定地说：“黄梅戏就是我生命的依托，观众是我最好的朋友，我就是倒下也要倒在舞台上！”他为黄梅戏事业奋斗到最后一分钟，真正做到了鞠躬尽瘁，死而后已。他走的是一条既复杂艰苦又符合戏曲规律的艺术道路，他所留下的艺术瑰宝是永存的。

【作者简介】精耕，著名黄梅戏作曲家、安徽省黄梅戏剧院国家一级作曲。曾为 100 多部黄梅戏舞台剧作曲、配器。代表作：《陈州怨》、《风尘女画家》、《无事生非》（作曲奖，文化部嘉奖）、《遥指杏花村》（作曲奖）、《柯老二入党》、《游春》（作曲奖）、《啼笑因缘》（作曲奖）、《未了情》（文华音乐创作奖），电影《血泪恩仇录》《苏东坡》以及电视剧《玉堂春》等。

从《罗帕记》的一段唱腔谈王少舫的唱腔设计

凌祖培

自从电影《天仙配》上映，一曲“含悲忍泪往前走”响遍了国内和海外，也使王少舫声名鹊起。广大观众不但知道严凤英，同时也认识了王少舫。

有关王少舫在《天仙配》《女驸马》中的表演、演唱已经有许多文章论述了。去年在安徽省黄梅戏剧团欢庆成立五十周年的日子里，我从他们院由徐高生、潘汉明编选的两大厚册《黄梅戏优秀唱腔选段》中看到了《罗帕记》中有四个选段，其中三段唱腔的作曲署名为时白林、王冠亚，唯有“描容”这段唱腔署名为王少舫作曲并演唱，引起我的注意。因为我还不知道王少舫自己能设计唱腔。于是我就仔细地拜读了这个唱段，觉得这是一首很有特色的唱段。这段唱腔不但表达了唱词中所蕴含的跌宕起伏的感情，而且是在黄梅戏主调平词类的唱腔基础上设计、演唱出来的，所以富有黄梅戏的韵味。后来我又从王少舫先生的女婿精耕处借来唱片仔细认真地聆听，更是觉得此腔通过王少舫的演唱，把王科举在描容时的心境细致入微、贴切精到地通过唱腔的旋律以及演唱时的抑扬顿挫、强弱疾徐表达出来。下面，我把这段唱腔详尽地加以剖析。（后附曲谱）

这段唱腔是在店主儿子汪锦龙（其实是他自己的儿子）无意的说话中触动了他，使他感慨悔恨万千，怀念妻子陈赛金，抒发出自己的内心独白。整个唱段有十六句唱词。从唱词的内容来看，可以分为四个层次，下面依次分析。

第一个层次中的第一、二句是有感而发，引起自己怀念妻子陈赛金，取出妻子陈赛金的画像，挂将起来。然后用舒缓自由的节奏唱出第一句唱腔“一腔忧恨难排遣”。这句唱腔取材于平词迈腔，前面稍加改动，在中高音 **6** 上，几次用了无限延长以表达自己的悔与恨，非常熨帖地把心中的悔、怨、恨、愁通过唱腔表现出来，尤其是中音 **4** 的自由延长更是加深了怨与愁的情绪表达。然后在过门声中挂起了妻子的画像，唱出第二句唱腔“对我贤妻诉忧愁”。这句唱腔的运用，又不是原封不动地采用平词的下句唱腔，而是把这句唱词的前四个字“对我贤妻”用平词的第三句 **1 16 1 2 23 5 | 5 56 1 2 12 3 |** 稍加删减改动，即成现在这个样子（请将此腔与新腔对比一下，尤其是“贤妻”两个字，只需把第二小节的二、三两拍去掉，把第三个字自由延长即是新腔）。下面“诉忧愁”三个字是用平词的下句 **0 3 2 3 2 1 | 1 21 5 6 1 – | 2. 3 5 3 6 5 3 5 | 2 1（i 5 6 i 6）**来完成任务的。按我对少舫设计这句唱腔的理解，“诉忧愁”是要慢慢地去诉说的，而且还要通过回忆的过程，所以需要思索。因此，少舫把“诉”字用了一个音的 **2** 慢拖腔，把两小节缩成一小节，原第三小节稍加改动，又因要表达“忧”字的感情，把“忧”字的唱腔用一个 **4 3 | 2 1** 小二度的下行进行，突出了忧郁伤感的情绪，恰到好处地达到了要求。

下面自第三句起进入第二个层次，第二个层次自“满头青丝如墨染”至“欲动金莲伴夫游”一共有八句唱词，具体描绘了王科举在观画时看到妻子陈赛金形象后触景生情对妻子的怀念与忏悔。这八句唱词中的第一、二两句都是用的平词第三句和第四句的旋律，仅在唱词“脸面”处将原唱腔 **1 21 5 6 1 –** 改动为 **2 2 7 6 5. 6 1**，就使唱腔变得柔美委婉动听。接着下面第三、四、

五、六句加工程度比较大，但也更精雕细刻，使唱腔更精益求精而精彩纷呈，很有些像作文章中所说的“豹肚”吧。现在我们看王少舫是如何设计这四句唱腔的：七字句的唱词前四个字，平词的第三句也可以这样唱 1 16 1 2 12 3，但是王老却把前面的 1 16 1 丢弃不用，只用后面的 2 12 3 并稍加处理，就将第三句中的“巧笔难把”和第四句“玉体亭亭迎风立”的唱腔解决了，解决得精美无缺又省工省料。这种紧凑的处理手法是有目的的，他是为了把第四、六两句拉长，形成鲜明的对比。我们再回头来看第三句“巧笔难把美容画”，全部采取紧缩、紧凑的手法，而且把和第四句中间相连接的过门也省略了，紧接第四句“只见她晶晶双”的唱词，然后将“眼”字用较高的 6 音拖长四拍，下面用了一个全部在较高音区的过门连接，突出了与第三句的对比。又以同样的手法与原理，在第六句的唱词旋律上，对“飘”字的处理，用了一句从 1 开始的六度下行到 3 的优美动听的旋律。纵观王老在这四句唱词的唱腔设计，有快有慢，有长有短，再加上王老在演唱上的强弱处理和演唱时带有感情的唱法，使得唱腔让人听了久久不能忘怀。在第七、八两句唱腔的处理和第一、二两句一样，仅改动一个音符，将“脸面”的“面”字曲调 5 6 1 改为 5 6 3 5 给“金莲”的“莲”字唱，其他旋律全没改动。

《罗帕记》剧照，王少舫饰王科举

第三个层次是四句唱词，分两个内容。王科举由于看画想起了妻子陈赛金，祈求她在天之灵保佑他早日得中做官。而造成了现在的局面完全应该归罪于姜雄，因此王科举做官之后，捉拿姜雄为妻报仇，并将赛金的事迹奏禀皇上封赏旌节、树立牌坊，使其英名流传万世。我们来看王老的唱腔是怎样设计的。首先，这四句唱词，前三句唱词可以划分为七个排比式的三字句，前两个三字句用平词第三句的前半句唱，从第三个三字句起，连续地在三、四、五、六四个三字句的每小节的第一拍的强拍上用半拍休止，加强了力度，表现出王科举的愤慨和嫉恶如仇以及他报仇雪恨的决心。第七个三字句不用半拍休止，一是为了紧凑，二是为了突出第四句的前半拍休止，使其更有气势，急转直下地用平词的落板暂时结束了这个乐段。但是，这些还是幻想，因为此时自己仍在客店，以上这些仅是自己的一个愿望而已。于是接着下面用徐缓渐慢的过门转向散板，这里用了两句散板，第一句散板是把宫调式的男八板在徵调式上唱散，第二句是用女腔平词截板加以变化，带着疑问的心情结束了全曲。

综观以上分析，可知王老不仅是个表演艺术家，能演善唱，他设计出来的唱腔，不但能恰如其分地表达剧中人物的思想感情，而且戏曲韵味浓厚，具有黄梅戏独特个性。所以我认为他是一位懂得音乐的设计家，一点都不夸张。他是我们这些黄梅戏音乐工作者学习的榜样。

描　容

金芝、苏浙、李健庆、乔志良 词
王少舫 创腔、作曲、演唱
凌祖培 记谱

1=♭B $\frac{4}{4}$

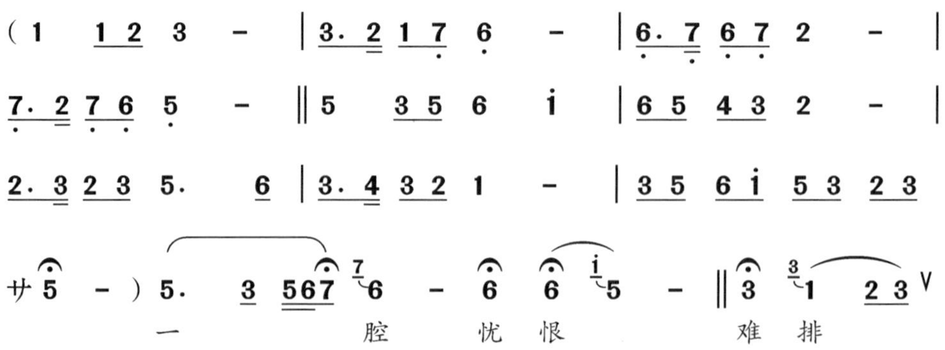

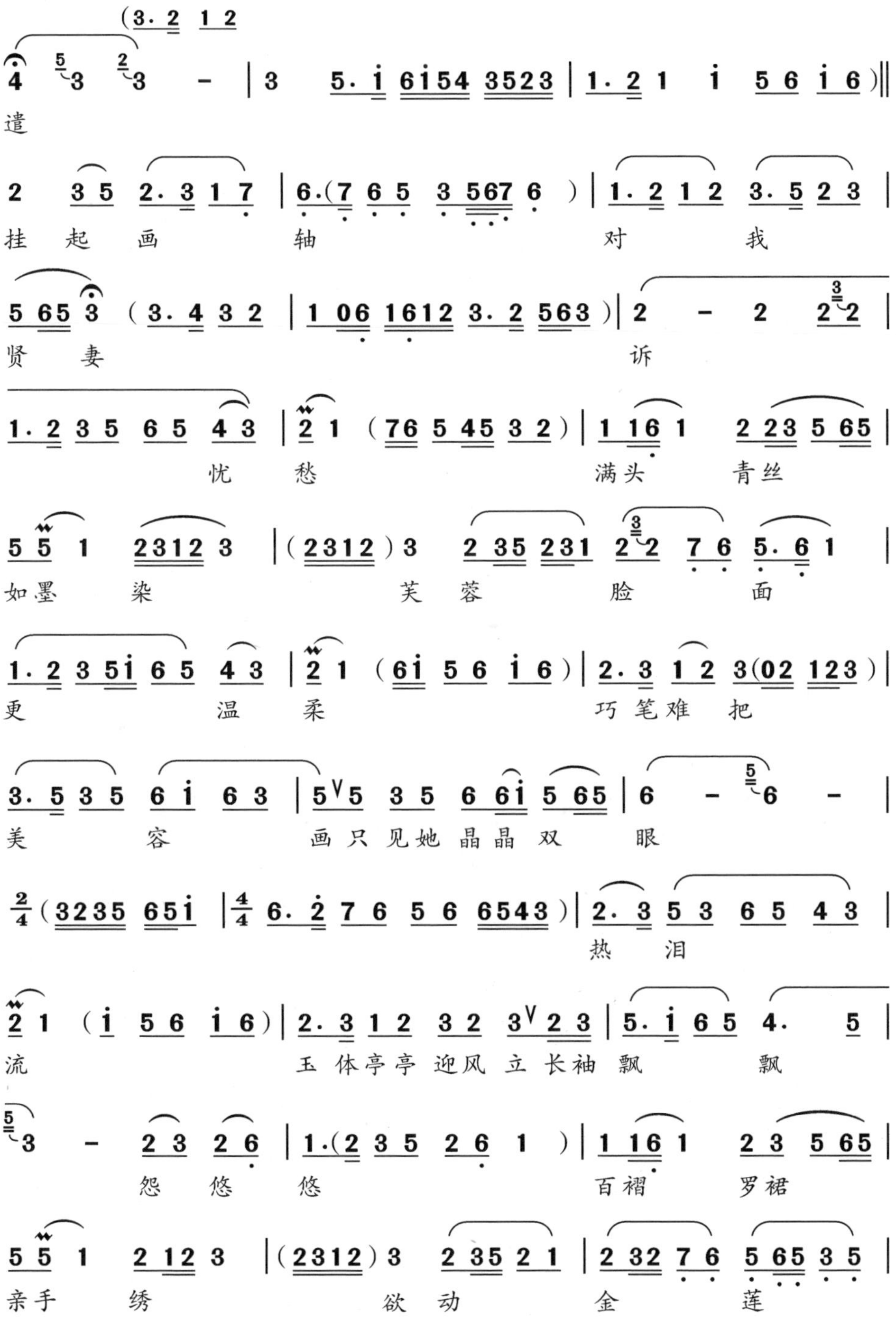
遣
挂起画轴对我
贤妻诉
忧愁满头青丝
如墨染芙蓉脸面
更温柔巧笔难把
美容画只见她晶晶双眼
热泪
流玉体亭亭迎风立长袖飘飘
怨悠悠百褶罗裙
亲手绣欲动金莲

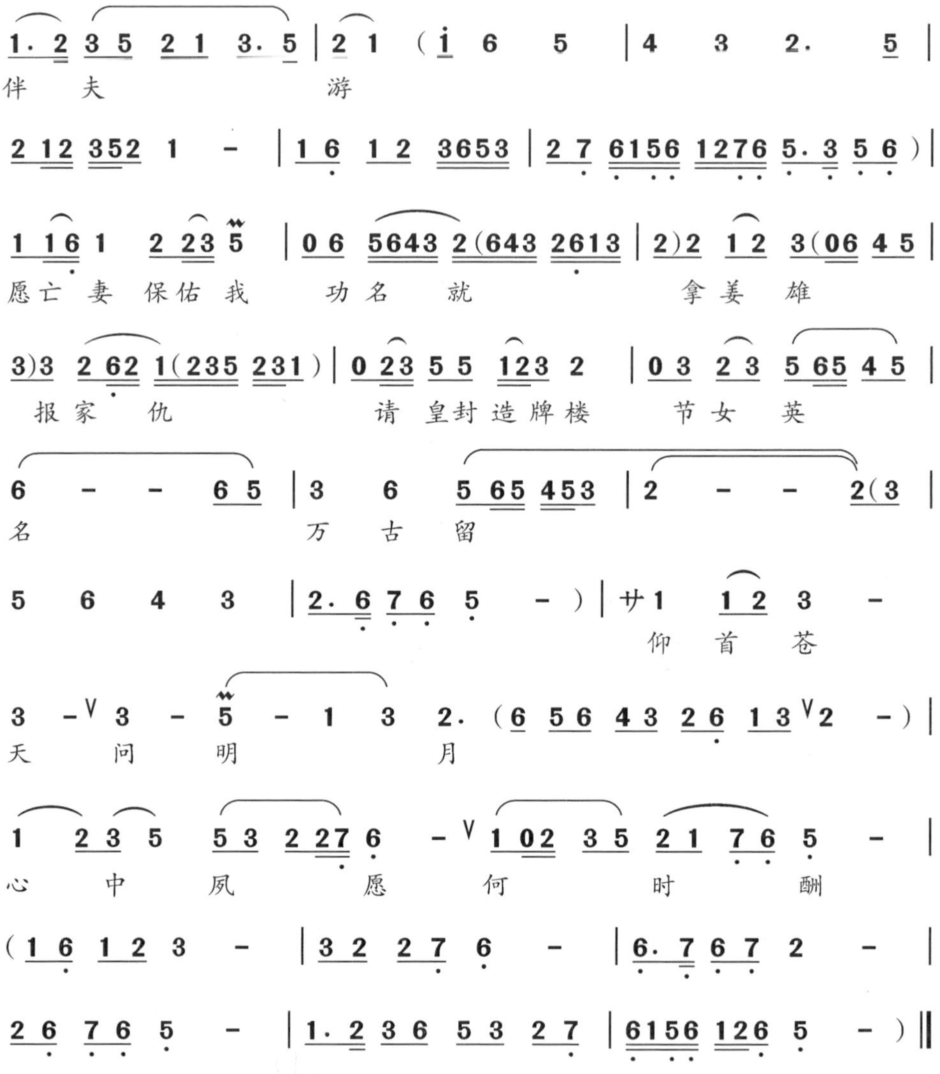

（原载《严凤英、王少舫的艺术历程》2004.11）

【作者简介】凌祖培，黄梅戏音乐教育家、作曲家，安徽黄梅戏学校教师。

谈王少舫在《天仙配》《女驸马》中的两段唱腔

精　耕

以声悦人　以情感人

黄梅戏著名演员王少舫先生的声腔是广大黄梅戏喜爱者所熟悉的。他在《天仙配》中饰演董永时所唱的那些脍炙人口的唱段，给人留下了深刻的印象。他的嗓音宽厚，气量充沛，韵味十足，声腔别具一格。现在我们试以《天仙配》路遇中“含悲忍泪往前走”这一唱段为例，来看看王少舫先生是怎样演唱的。

董永因父亲病故无钱安葬，在无路可走的逆境下，只得卖身为奴，换来棺木掩埋父亲，辞别寒窑，拖着沉重的步伐悲悲切切地去傅员外家上工。这段唱腔是以黄梅戏的男平词为基调的。一开始的唱词是“含悲忍泪往前走”，在乐句的安排上选用了男平词唱腔中的迈腔，为了表现董永满腹辛酸与悲伤的心境，王少舫先生把迈腔节奏给拉散，在演唱开始句中“含悲”二字后安排了一瞬间的小停顿，意在按捺哭泣之声，紧接着在怏怏地唱出“往前”两个字之后，换了一个气口，把“走”字慢慢放出。其时在唱腔旋律上用了一个清角音（Fa），在行腔中运用了力度型和装饰型的润腔手法，声音从弱渐强，音色从涩滞到明亮，打破了传统平词迈腔的格式，而形成黄梅戏的导板式乐句。此时董永尚未出场。观众未见其人先闻其声，这一导板式乐句的演唱起到了先声夺人的艺术效果。随着唱腔的引出，一个老实憨厚、忍痛含悲的董永形象展现在人们的眼前。

董永手拿雨伞，肩背包裹，步履沉重地行走在郊野古道上。此刻乔扮成村姑的七仙女则等在路口掩袖偷看。当他俩目光在一瞬间相撞时，董永不由一怔，心头忐忑不安，唱出“见村姑站在路口却是为何”。“却是为何”是这句的重点，王少舫先生在演唱“为何”二字时，在“为”字上加了一个前倚音 $\dot{1}$（Do），意在强调疑问。在唱“何”字时把气息放缓，声音唱平，节奏稍稍拉慢，仿佛在思考，在猜测…… 5 3 5 $^{\dot{1}}$6 5 ^{5}3. 5 | 2 1.（却是 为 何）尔后旋律下行，节奏平稳，以低回的语势唱出“她那里用眼来看我，我哪有心肠看娇娥”，以突出董永满腹辛酸，无心旁顾，与七仙女的含情脉脉形成对比。王少舫先生在唱到“我哪有心肠”这几个字时，配合音调的再度下行将节奏再度放慢，运用胸腔共鸣，以字行腔，把董永那种朴实憨厚的性格准确而生动地刻画出来。演唱得深沉含蓄，韵味醇厚，感人至深。

董永毕竟是个老实人，在这种场合下他丝毫没有纨绔子弟的轻浮和邪想，父亲在世时的谆谆教导又隐隐地在他耳际回响。在演唱“爹爹在世对我说过，男女交谈是非多”时，王少舫先生很有匠心地把“对我说过”的“说”字轻声缓慢地唱出，意在缅怀追忆，仿佛爹爹教导时的情景又浮现在眼前。唱至“男女交谈”处，在旋律上把“男”字安排了一个七度的下滑音 | 5 ^{6}5 6 $\underset{\cdot}{2}$ |，再上行至平稳的主音 1（Do），唱出“女”字。“是非多”的“非”字用渐强的语势从 5（Sol）音先下行小三度至 3（Mi）音，再一跃而上跳至 $\dot{1}$（Do），跳了个小六度。王少舫先生在处理这两句唱腔时，精心安排这些大幅度的下滑、上跳的演唱技巧，是为了刻画董永当时考虑到男女授受不亲、怕惹是非的心理状态，演唱得细致生动、惟妙惟肖。

于是，董永当机立断，决意避开七女，不走大路往小路而行。这时唱腔“大路不走走小路”虽又运用了传统迈腔，但王少舫先生把唱腔的节奏安排得规整、稍快，演唱时力求干净利索。在唱至“走小路”的“路”字时，在行腔中用了一个半拍的小停顿：2 3 5 65 | 0 1 2 ……颇有无可奈何、匆忙赶路之态。随着音乐伴奏，董永在小路上匆匆而行。突然，七女又在路口亭亭玉立，此刻董永的心情开始烦躁不安，心中在暗暗嘀咕，潜台词仿佛是：“我让了你，你又来拦路，你是怎么回事呀？”在唱到“又只见她那里把我拦阻”这句时，王少舫先生充分利用胸腔共鸣在低音区迂回，“又只见她那里”几个字几乎是一字一音地唱出，“拦阻”二字节奏加快，先出音后出情，是一种暗自嘀咕、埋怨情绪的流露。紧接着的唱词是“回转身来再把大路走”，在这儿曲作者再一次运用了迈腔的旋律，将迈腔进行了扩充，唱成 | 2 3 5 65 4 0 5 | 3 - 0 0 |（走），这个“走”字与开始的“往前走”的“走”字在演唱的情绪和方法上截然不同。为了表现董永此时无奈、埋怨烦躁心情，在迈腔旋律中的 **5**（Sol）和 **4**（Fa）两个音上都用重音唱出：2·3 5 65 4 0 5 | 3 - 0 0 |，运用力度型润腔手法，不含糊，不拖沓，顿挫得当，入情入理。当董永再次返回大路，七女又在路口与他相遇时，他再也不能按捺自己的情绪了，此时实有发泄之慨，立刻对七女提出质问，破口而出：“你为何耽误我穷人工夫！”这一句是截板，王少舫先生不是按传统的演唱方法一散到底，而是在“穷人工夫”四个字上加强语势，似乎是一字一板，截然而止，唱出了感情。

新颖脱俗　别具匠心

《女驸马》是黄梅戏优秀传统剧目之一，它是继《天仙配》之后被搬上银幕的第二部黄梅戏戏曲片，深受广大观众的喜爱。黄梅戏著名演员王少舫先生在这个戏中塑造了一个利禄熏心，在皇帝面前阿谀奉承、谄媚讨好、颇有心计的大臣刘文举的舞台形象。为了赋予这个角色外表上道貌岸然，而内在却曲意逢迎、奸诈圆滑的两重性格，王少舫先生除了调动表演、化装、服饰等艺术手段外，尤其在唱腔的处理和安排上别具匠心，很见功夫。特别在“金殿”一场戏中，当刘文举保荐的“驸马”冯素珍在皇帝面前与聪慧机灵的公主相互配合道出真情，使皇帝为此处在欲斩不能、欲留不容的极度矛盾之时，刘文举又眉头一皱、计上心来，在皇帝和公主面前大献殷勤，力图排解。戏到此刻，王少舫先生演唱了一段精彩的唱腔——“臣闻书生李兆廷”，有力地烘托了剧情。他时而轻声低唱，时而又慷慨陈词，得意之时竟眉飞色舞、手舞足蹈起来，把刘文举那副逢迎拍马的嘴脸暴露无遗，引起了观众的哄堂大笑。下边我们来共同欣赏这个唱段。

“臣闻书生李兆廷”这段唱腔是黄梅戏主调音乐中的彩腔类唱段，它是王少舫先生和音乐工作者根据黄梅戏彩腔数板的形式创新、改编而成。唱腔的开始句，打破了原来的彩腔数板必须在彩腔第二句后才能转入的传统习惯，唱段一开始便开门见山地唱出了彩腔数板的音调。第一句唱词王少舫先生吐字刚劲有力，以洪亮的声音迸发出新荐的驸马“李兆廷”三个字，仿佛亮出了一张王牌，把刘文举在皇帝面前那种自以为是、胸有成竹的神态，像画师作画那样先用浓墨重笔粗线条地勾画出来。接下去第二句“才貌胜过冯素珍”，在演唱上用了对比型润腔手法，首先把音量突然收拢，将“才貌”的“才”字含而不露地揉声吟唱，“貌”字 2 1 用擞音装饰，唱成 2321（貌）。紧接着在唱出“胜过”二字的瞬间把声音刹住，唱成 | 6̣ 1 0 |（胜过），随即放开音量脱口而出“冯素珍”三个字。此刻在处理“冯素珍”三个字时虽唱得干净、利落，但在语气和语势上颇有贬低冯素珍之意。这种一收一放、先抑后扬的演唱，把刘文举此时在皇帝面前极力献媚讨好的神态和他善于故弄玄虚的那套手腕，在字里腔间活灵活现地显露了出来。

接下去便是六句彩腔数板，让刘文举所谓的“妙计”层层铺出。这六句唱腔

在乐句安排上每个上句的乐汇相同，都是 | 1 1 3̣ 5̣ | 6̣ 5̣ 6̣ | ，以这七个音为支柱而唱出三个既有层次、腔又不严格重复的下句。下面我们来看看王少舫先生是怎样安排这三个下句唱腔的。第一个下句“将他悄悄带进宫”在旋律上比较平稳，王少舫先生把“将他”二字的“将”字用装饰型润腔手法唱出，把原谱中的 | ^{1}6̣. 3 |（将 他）装饰唱成 | 1 61̣ 6̣ 3 |（将 他），而且在演唱这个下句时处理成轻声弱唱，唱“悄悄”二字时音量收弱，带有一种神秘的色彩，仿佛给人一种偷偷摸摸、鬼鬼祟祟的气氛，露出刘文举办事诡计多端、为人奸猾的一面。

第二个下句“让他红袍穿上身”，在演唱“让他”的“让”字时，王少舫先生有意识地把“让”字从低音 6̣ 一跃而至中音 5，用了七度大跳的上滑音，演唱得从容俏皮，意在炫耀刘文举官位显赫，能左右他人命运。在很风趣地唱出“红袍”二字后，轻松自如、爽爽快快地唱出“穿上身”三个字，把刘文举在皇帝面前那种力挽狂澜、洋洋自得的神情淋漓尽致地勾画了出来。

第三个下句“岂不是堂堂一个状元公”是这六句数板的高潮，也正是刘文举心生一计、苦心钻营要亮出的这张王牌的谜底：让李兆廷做状元公。因此，王少舫先生在演唱这句时情绪比前几句更为炽烈、激动，节奏则进一步明快、跳跃。为了突出刘文举此时要讨得皇上的欢心，表现他新推荐的驸马李兆廷比冯素珍还要高出一筹的心理状态，在唱到“堂堂一个”的“一个”二字时，他用了一个四分音符切分音 | 2 1 1 1· |（堂 堂 一个）用喷口唱出，点出了刘文举极力吹捧炫耀而又堂而皇之的嘴脸。

这六句彩腔数板，王少舫先生在演唱时刚柔相济，运用得很适当，吞吐收放十分自如，引人入胜。随着唱腔的进行，他的表演也进入高潮，依附着人物情绪的层层推进，他弃唱改诵，大声地朗诵起“皇家招他为驸马……”这几句唱词，并在节奏鲜明的锣鼓声中有机地运用了甩袖踢袍的舞蹈动作，着力渲染。此刻的舞台气氛犹如异峰突起，把剧情一下子推向了高潮。不仅如此，为了让整个唱段这种热烈的情绪一气呵成、贯穿到底，王少舫先生在唱腔的最后一句“万岁又得栋梁臣”的“臣”字上加了一个衬字“哪”，

| 1·2 31 | 2 0 1·6 | 5 - |

栋 梁 臣 哪 哈 哈

。这样一来，既能使唱词演唱得字正腔圆，又能自然地引出刘文举得意的笑声，这样的处理真是独具匠心、耐人寻味！

人们在听唱时总讲究听“味儿”，常常说“某某人唱得韵味浓，有味儿”。其实唱腔的味儿浓厚并不在于旋律的花哨、节奏的多变，只要演唱者能根据剧中人物情绪的进展，精心地推敲和安排唱腔，做到抑扬顿挫得当，收声归音自如，有时简单的旋律、不复杂的节奏，也能唱出很有“味儿”的唱段。王少舫先生之所以能把这段简单的彩腔数板演唱得如此诙谐别致、新颖脱俗，其奥妙也就在这里。

（原载《黄梅戏艺术》1986 年第 1 期、第 4 期）

王少舫与黄梅戏锣鼓

王文龙

今天参加王少舫先生诞辰90周年座谈会，非常高兴。从《天仙配》开始到《无事生非》结束，我们在一块工作了20多年。他所演的不管是大戏、小戏、古装戏、现代戏或是他和严凤英合作的戏，基本上都是我担当司鼓。王少舫老师不仅是表演艺术家，还是一个戏曲改革家，他对黄梅戏事业，不仅在声腔上、音乐上、表演上，而且在服、导、化、灯光、布景、培养接班人等多个方面都做了大量改革工作，他所做的贡献在今天这个座谈会上是讲不完的，只能讲其中的一小部分。

我在民众剧团除司鼓之外还兼保管、灯光等工作。王少舫老师十分有才华，他的审美很有高度，对舞台上布景、灯光、服饰、头饰每出戏都有不同的要求和改革，这些大家谈了不少，我就不啰唆了。

我今天在这里要谈的只是王老师在打击乐方面的创新、吸收、融汇等，他是很有匠心和胆识的，王老师经常告诫我，打击乐在戏中有着特殊的地位与作用，作为戏曲的一个组成部分，打击乐与戏曲表演形式、表现方法有极为密切的关系。

大自开打、亮相，小至整冠、投袖，以及瞬间内心的活动、舞蹈身段都是以打击乐鲜明强烈的节奏来与之配合。打击乐中的司鼓，是戏曲乐队中整个演出节奏的总指挥。有两个概念不可混淆，就是技术和艺术这两者之间的关系，技术必须服从艺术，为艺术服务，反过来要在艺术中体现你的技术，这一点使我受益终身。比如一记签子打下去是为剧中人物服务的，是打人物的内心活动的，那就看你的艺术素养了，看你怎样利用这一签子来刻画舞台上人物角色的外形（身段）和内在（心理活动）的艺术表演了，就看打鼓佬的艺术水平高低了。如《天仙配》“路遇”中董永唱“大路不走走小路”后一签子（5.6 4 3 2· 打）“回转身来再把大路走”，两签子（2· 5 3 5 2 3 打 打）“你为何耽误我穷人的工夫”。董永那种老实无奈和七仙女聪明机灵两个角色在舞台上被动和主动一段戏，经这“几签子”的演奏，恰如其分地展示出来，获得极好的效果。

王老师说，黄梅戏打击乐的锣鼓来自安徽民间，要想把这些民间的打击乐打出自己的艺术风格，为黄梅戏的人物服务，不但要继承，还要吸收融合一些锣鼓的节奏、音色和不同的组合样式来为我所用。

王少舫在《罗帕记》中饰王科举

王老师的话对我启发很大，在20世纪五六十年代我就把安徽的十番锣鼓、岳西的高腔锣鼓、湖南的湘剧、安徽的徽剧、皖南的什样景等都展示到黄梅戏舞台上来，为我们黄梅戏服务，王老对我的做法非常支持，主动配合。如：黄梅戏《罗帕记》中“回家”一场是先有锣鼓的改良，再回到戏中编排身段，成为一种新的锣鼓节奏和音色，我把低匡锣、高顶钹和低音小锣组合成一种新的打击乐音色（有别于京剧和其他剧种），再把安徽十番锣鼓中的扭丝二、四、五锤组合成新的锣鼓点子。这种锣鼓使用改变发展了原有的黄梅戏二、四、六锤，王老师听了满口称赞，说这个锣鼓好，他根据这段锣鼓来设计“回家”路上的身段，结果配合得十分默契，使人耳目一新。这种改良的锣鼓在以后其他演出剧目中反复使用，成为黄梅戏打击乐中的一个组成部分。《罗帕记》在上海演出时许多专家称赞这种锣鼓的特色，认为黄梅戏这个剧种有着浓郁的山野风情。

王老师在声腔上的发展，必然在板式上也有所体现。为了摆脱“京托子”的影响，表现自己的风格特色，《女驸马》中刘府一场，刘文举的上场，王老师就要我为他设计黄梅戏的锣鼓，我就用黄梅戏传统中的“四不粘”按平词六锤锣鼓来配合刘文举的身段和演唱，让人听了有别于其他剧种锣鼓伴奏，这种伴奏形式一直沿用至今，已成为黄梅戏新的传统了。

在“万岁又得栋梁臣”唱段中，王老师为了表现刘文举逢迎拍马的舞台形象，在唱段中加上了数板，并把舞袖、踢袍等戏曲身段融入其中。王老师让我想点子搞出黄梅戏自己的锣鼓特色，不要搬用京剧锣鼓来配合他的表演，于是我就把黄梅戏传统戏《推车赶会》的锣鼓用到唱段中，使得这个唱段妙趣横生，得到了观众的满堂喝彩。

在“眉清目秀美容貌”唱段中，王少舫先生说这段唱情绪要更热烈些，促使皇帝答应这亲事，来弥补刘文举的失误。因此他鼓励我以小堂鼓、小镲、小锣加在过门和数板之中，使得这段唱腔高潮迭起，满堂生辉。

（原载《黄梅戏艺术》2011 年第 4 期）

【作者简介】王文龙，黄梅戏著名司鼓演奏家。

王少舫在安大谈艺

朱万曙

去年9月17日晚，安徽大学文科东楼401大教室里，爆发出一阵阵掌声、笑声。透过密集的人群，可以看见一位年过六旬的老人正侃侃而谈。他时而站起身，亮开嗓门唱起动听悦耳的黄梅调；时而又移开座椅，做起现身说法的表演示范。他，就是蜚声剧坛的黄梅戏著名演员王少舫同志。今晚，他应学校的邀请，在向同学们做关于黄梅戏表演艺术的报告。

我们这一代的大学生，都曾是“四人帮”文化禁锢的难民。“十年浩劫”期间，所听所见仅仅是八个“样板戏”，对于我们伟大祖先所流传下来的戏曲艺术根本不了解，或者了解得不充分，因此往往不能正确地对待这笔丰富的遗产。王少舫同志在赴香港演出途中，曾应邀去北京大学谈艺，受到北大同学的热烈欢迎。这次在安大谈艺，同样使不少同学重新认识了戏曲，认识了黄梅戏。

有的同学认为戏曲中的唱做念打仅仅是程式的搬演而已。但是，王少舫同志的艺术实践证明，戏曲并非形式主义的艺术。他说：“要演好一个角色，首先要把握住人物内在的东西，也就是性格和思想感情。”他举了《天仙配》中“路遇”一场董永表身世的那段唱为例：董永的性格特点是忠厚、老实、善良，在遇到七仙女几次拦路以后，他的心情如何呢？红日挂西，他要赶去上工，既然已经卖身为奴，去迟了主人会不客气的，这是一方面；另一方面，母亲早逝，父亲新亡，家道凋敝，心中有无限悲伤，所以当七仙女问及他的身世时，他内心就有一个从不愿讲到讲、从愿意讲到掏心窝讲的变化过程。“要演出人物内在的东西”，这是王少舫塑造董永形象成功的原因，也是千千万万艺术家们之所以成功的秘密所在。

不错，戏曲表演要运用程式，但程式正是为了表现人物性格与思想感情才得以存在的。程式固然是死的，人却是活的，一个有造诣的演员会充分运用程式而又不拘泥于程式地塑造栩栩如生的人物形象。王少舫同志结合自己的艺术实践，从唱、念、做三个方面举例，比较透彻地谈了戏曲程式如何表现人物这个问题。

唱，在戏曲中占有很重的比例，无疑也是充分程式化了，一板一腔都有规定。但演员在规定之中从人物的性格感情出发，可以加以发挥。《女驸马》中刘文举向皇帝献策——“臣闻书生李兆廷”这段唱，如果平平地唱下来，自无不可。但王少舫同志充分把握了这个“说他糊涂他糊涂透顶，说他聪明他聪明过甚”的逢

王少舫在安徽大学讲课

迎拍马、刻意钻营的封建官僚的性格特点，因此在唱这一段时运用了他那娴熟的演唱技巧，抑扬顿挫，有声有情。如“老臣去到襄阳府，将他悄悄带进宫”，这时声音放低，表现出似乎只有他刘文举才能献出如此妙计；“万岁又得栋梁臣”，突然高唱，他的心情是：又为皇家出了力，指日又会升迁了，该是多么得意哟！即使不看表演，单听这段唱，我们也能于字里腔间听出潜台词来，它使刘文举那副谄媚讨好和自作聪明的嘴脸，活灵活现地再现在我们面前。

在戏曲里，念白同样是塑造人物形象的一个重要手段。王少舫同志以他所演的《罗帕记》中王科举的一段念白为例：当王科举从店姐口中听说自己的爱妻与管家姜雄私通时，他气，他恨，他又将信将疑：“陈赛金，难道你，你你你真的做出此事？！不，不不不！想我夫妻，一年相处，恩爱情深……”在这段念白里，王少舫同志从人物性格与思想感情出发，把程式化的韵白变成了能真正表达人物内心世界的舞台语言。“陈赛金！”三个字，语气由低到高，由弱到强，交织着王科举的爱和恨；“难道你，你你你……”带有哭腔的语气，这是他恨的总爆发；但又立即吐出一连串的“不，不不不……”伉俪深情又占了上风。

戏曲程式中的“做”包括手、眼、身、法、步，但又因行当而各异。王少舫同志着重谈了眼神的运用。眼睛是心灵的窗户，是最能表现人物内心世界的。王少舫同志演王科举，当听到罗帕在姜雄手里之后，回家向陈赛金索帕，以证真假，陈赛金不知罗帕已失，仍欣然前去拿取。这时，王科举将信将疑：“我看她神色安然语温顺，她还是故作镇静还是真？只要宝物物件在……”唱头两句时，目光由陈赛金离去的方向慢慢转向台口正面，继而朝下，这是思考的目光，表明此时此刻王科举内心正徘徊不定；唱到第三句时，自己心中有了决断，这时眉毛抬起，眼睛直视前方。王少舫同志只用几个眼神，便淋漓尽致地表达了王科举当时的心境。

由此可见，戏曲并非简单的程式搬演，而是要从人物出发，在内心体验的前提下，充分运用程式表现人物，塑造人物形象。斯坦尼斯拉夫斯基的理论在这里同样得到了体现。

还有不少同学认为黄梅戏是“乡俚小曲”，唱腔比较单调，难登大雅之堂，甚至认为它算不上是一种艺术。王少舫同志着重谈了黄梅戏的吸收和发展，使同学们认识到黄梅戏是一个善于吸收的剧种，是一个有前途的剧种。

“黄梅戏肚子大！”王少舫同志提到这句话，同学们都笑了。他接着说，黄梅戏善于吸收营养，丰富自己的表现力。黄梅戏本来是草台班的“二小”“三小”戏，唱腔也仅仅是一些民间小调，但是，正由于它肚子大，吸收了京剧、昆剧、越剧等各兄弟剧种的长处，丰富了唱腔和表演，才在很短的时期内发展成为具有全国影响的大剧种。

接着王少舫同志又谈了演员的学习问题。他说，演员要广泛地学习，吸收营养，丰富自己创造的角色。他说他爱看话剧、电影，从中注意别人是怎样体验和表达人物内心世界的；他还学兄弟剧种、学歌舞……凡对他塑造人物有帮助的都学，甚至连街上小贩的叫卖声他都十分留心，仔细揣摩。别看这叫卖声听似简单，其中大有学问呢！晚上和白天的叫卖声不一样，不同性格的叫卖声不一样，同一种物品不同地方的叫卖声也不一样，这样一留心，到演出需要时就可以用上了。在《南国烽烟》里，他扮演钟大伯，上场时要叫：“卖冬笋！”王少舫同志借用了安庆小贩的叫卖声，使钟大伯一出场就富有特色，抓住了观众。

王少舫同志的这次谈艺，在我校同学中引起了很大反响。许多同学深有感触地说：“黄梅戏之所以这样美妙，能给予我们一种新鲜的艺术享受，是它博采众长以为己用的结果。”

由于更多的同学从心底喜爱黄梅戏，因此，今日安大校园里，处处有人唱“黄梅”。

（原载《黄梅戏艺术》1983 年第 9 期）

【作者简介】朱万曙，中国人民大学文学院教授、博士生导师，中国戏曲学会常务理事，中国古代戏曲学会常务理事。研究方向：明清文学、中国古代戏曲、徽学与地域文化。

缅怀、追忆王少舫先生

——追寻先生的足迹

精　耕

王少舫与精耕合影

在桂花飘香、秋风送爽的金秋时节，中共安徽省委宣传部、省文化厅、省黄梅戏发展基金会、省演艺集团等单位联合举办“王少舫诞辰90周年纪念座谈会”，深切缅怀黄梅戏一代宗师王少舫先生，这是进一步总结和弘扬王少舫先生所留下来的丰硕艺术成果和宝贵的精神财富，对当今“打好徽字牌、唱响黄梅戏”，促进和推动黄梅戏艺术事业的发展十分有意义的纪念活动。

作为王少舫先生的女婿和学生，在今天这个隆重的纪念会上我代表王少舫先生五个子女和他们的家庭、亲朋对举办如此规格的纪念性座谈会表示挚诚的感激与感谢，谢谢各位领导、谢谢参会的同仁与朋友们！

作为王少舫先生的学生、子女和后代，我觉得值得我们缅怀、追思和学习的东西实在太多，先生离开我们已有二十三个春秋，但他的音容笑貌常常在我们眼前闪现，他的谆谆教诲一直萦绕在我们的耳旁。经过多年的追随和对他的研究，我发现作为一个正派的艺术家，他在台上台下、人前人后、家里家外都显得极其平常和谦和，但在一些关键的时和事上又别具一格，显得格外倔强与执着。他的艺术人生是复杂的，然而又是十分简单的，总结起来就是四个字："唱戏、唱戏"。在他唱戏的人生中归纳起来有三个方面：（一）对党无比热爱，怀着感恩的心去唱戏；（二）对艺术怀着无比执着的精神去探索追求；（三）对自己、对家人、对子女严格要求："台上把戏唱好，台下把人做好。"

对党无比热爱，怀着感恩的心去唱戏

王少舫先生出身梨园世家。从祖父王奎山至生父王忠惠、母亲王孙氏都是唱京、徽戏的，用王少舫自己的话说："我生在戏班，长在戏班，从娘胎里就受到声腔的熏陶，从 5 岁起就欢喜唱。"日月蹉跎，生活不易，王少舫跟随着父母辗转大江南北，过着漂泊的艺人生涯。淮海战役胜利的炮声轰走了 1948 年的严寒，1949 年，20 多岁的王少舫在合肥敲锣打鼓迎接了中国人民解放军进城，从此在共产党的领导下为戏曲事业奋斗终生。1949 年 1 月，合肥军管会接管了原在合肥新民大戏院演出的京剧班社，并将它改为"新生平剧社"，委派王少舫为社长。带着翻身解放的喜悦和当家做主的主人公姿态，二三月间解放后第一个新春佳节，王少舫在剧社排演了《逼上梁山》《红娘子》《九件衣》等新的京戏剧目，为节日增添了欢乐气氛，受到了群众的欢迎、领导的表扬，并被安庆等地同行移植演出。同年 12 月，《皖北日报》颁布皖北地区各界人民代表会议名单，王少舫是合肥市的三名人民代表之一。

年轻的王少舫从心底热爱党，听党的话，服从组织调遣，积极为党工作。仅

电影《红霞万朵》剧照，王少舫饰青山伯

举几例：1950年王少舫到安庆探亲，并协助安庆京剧团排演从解放区传来的《红娘子》《九件衣》等新剧目，这期间安庆黄梅戏艺人丁永泉先生极力邀请王少舫改唱黄梅调，喜爱黄梅调又丢不下京剧陷入左右为难、十分困扰中的王少舫在党组织派人多次交谈与协商中毅然背着“欺师背祖”的指责“弃京就黄”，带着夫人雪寒梅、妹妹王少梅、弟弟王少童和他身边的一些同事改唱黄梅戏，并在党的领导下和文联等机构的配合下，在土地改革、镇压反革命、宣传婚姻法、破迷信、扫文盲等党的政治运动中排演了《仇深似海》《贪官与恶霸》《小二黑结婚》《打灶王》《父子争先》《新事新办》等新的黄梅戏剧目，引起了党和政府的重视并受到广大群众的热烈欢迎。当时安庆专署专员张伟群给王少舫为首的民众剧场写了一封热情的表扬信，改变了人民群众对黄梅小戏的看法，提高了黄梅戏的社会地位，为黄梅戏增光添彩。

王少舫先生在政治上积极要求进步。1953年，他带着自己改编、导演并主演的《夫妻观灯》赴朝鲜战场，在冰天雪地的战壕和山沟里为最可爱的中国人民志愿军演出。进入省黄梅剧团后他光荣地加入了中国共产党。他对党忠诚，就在“文革”受到不公正待遇、极其痛苦的困境中，他也对家中亲人和子女说“要相信党”。后来在恢复党组织生活时，他把他的工资仅留下家中的基本生活费，其余全部交党费，一直到“拨乱反正”之时。

对艺术怀着无比执着的精神去探索追求

王少舫先生带着深厚的情感和爱融入黄梅戏，是全身心、无保留、无怨无悔地融入，他把黄梅戏称作自己“心中的艺术”。他怀着无比执着的精神去探索追求他“心中的艺术”。他有一句名言：“黄梅戏是个年轻的剧种，是吃百家奶长大的。”他呵护黄梅戏，悉心抚养黄梅戏，精心雕琢黄梅戏，无论在声腔、音乐、表演、服、化、导等各个方面都身先士卒、极力追求、大胆探索，让他“心中的艺术”开花结果，力争在戏曲的百花园中争奇斗妍。因为我是搞音乐作曲的，仅从王少舫先生在音乐声腔上的追求与探索这点来看，也是永远值得我们这辈人努力继承与认真研究学习的。

王少舫先生常告诫我们：“音乐是戏曲的重要组成部分，黄梅戏要发展，音乐要起带头作用，这是我们的特色，有别于其他剧种。观众喜欢听我唱无非是黄梅戏易懂好听，我唱的一些唱段符合了人物情感，把剧中人的感情唱出来了，因此能感染打动观众。”

（一）众所周知，黄梅戏突破“三打七唱”以无弦乐到有弦乐伴奏是始成于王少舫先生的。他先以京胡**给音引唱**、跟腔，被称为“京托子”，到他与琴师王文治一块创造黄梅戏“过门”，以至他在民众剧院当领导时，为了发展黄梅戏，曾在芜湖、青阳等地广罗乐手，在场面上增加琵琶、笛、筝、三弦等民族乐器。

这种艺术积累与发展是呕心沥血的，也为黄梅戏音乐的大发展开了个好头。

（二）在黄梅戏的声腔旋律方面王少舫先生把【平词】【彩腔】的音域增宽放大，从传统唱腔的八度、十度音域扩展到十三度或更宽。他把七声音阶的“**4**”和“**7**”融入到黄梅戏【平词】类和【花腔】类声腔的基本乐句中，使得黄梅戏从五声音阶不着痕迹地引入到七声音阶，进一步增强和美化了黄梅戏的声腔旋律。例如：【男平词迈腔】（含悲忍泪）和【彩腔对板】（满工对唱）。

（三）王少舫先生在他的艺术实践中为黄梅戏的节奏、板式做了改革和发展，规范出导板、散板、摇板、垛板、快板等多种板式节奏与套路，丰富和充实了黄梅戏声腔的节奏形态。

另外，值得一提的是王少舫先生对年轻演员倍加爱护、推戏出人，培养人才不拘一格，共创佳艺，这是有口皆碑的。不论是安庆“民众”，还是省黄梅剧团

王少舫在安庆与青年演员交流

一批年轻小伙子或姑娘，王少舫先生都耐心指教、悉心培养，他从不把艺术（圈内人称玩意儿）饱入私囊，而是和盘托出，让他们学习、吸收，迫不及待地盼他们早日登台为黄梅戏增光添彩！从早期的潘璟琍、罗爱文、罗爱祥、张砚芳、丁俊美、潘忠仁等，到后来的夏承平、黄新德、张辉、马兰、吴琼、吴亚玲等，他们都有亲身感受，就不再赘述。

对自己、对家人、对子女严格要求：“台上把戏唱好，台下把人做好”

王少舫先生在艺术上一丝不苟、执着追求、严于律己。仅举两例：1985年由汪琪团长带队在江苏县城演出，当时他身患糖尿病，因多日演出劳累，有一天演出后半夜发高烧，找来医生诊断为急性上呼吸道感染，必须打吊针、静养休息。此刻他反而安慰担心的汪团长：“明天的日夜两场戏票不要退，我上午歇歇，两场戏我会演下来的。”两场演完后虽累得够呛，他还自慰地说：“观众是冲着黄梅戏和我王少舫而来，不演对不住……”王少舫先生对艺术有一股倔强劲，《罗帕记》最后一场有一大段跪地而唱的唱段，足有五分多钟，团长和舞台监督要给他一个软垫，他坚决不要，还说“戏比天大”，演员在台上就是演戏的，这样不妥。

20世纪50年代初，王少舫先生带着妹妹王少梅改编《闹花灯》为《夫妻观灯》，为黄梅戏增添了叫座的优秀剧目，该剧也成为王少梅的看家戏。拍完《天仙配》严凤英大获成功，名字也排到王少舫前面去了，领导找王少舫商量《夫妻观灯》让严凤英演王妻，王少舫满口答应。王少梅可不答应，在家里王少舫先是好言相劝，后来发了脾气，施展了“长兄为父”的伎俩，反而让少梅来手把手教凤英，后来这也成了艺坛佳话。

对待子女他更是严格要求。王依红是五个子女中唯一秉承祖业的演员，不因她是王少舫女儿在剧院就拥有优惠的条件，虽则她已从黄梅戏学校学成归来，但在角色分配上也不予照顾，按工作需要一视同仁。他常教导她干演员这行在台上“狮子老虎狗、样样能出手”，不管什么角色、什么行当你都要领会，角色不分大小你都要认真对待。因此王依红花旦、青衣、老旦、彩旦、丫头龙套都曾演过。如若在台上有过笑场或不应该的过错，散戏后回到家中的晚餐那真是不好过。记得她与王少舫先生初演《女驸马》，王依红饰演冯素贞，在台上她一看见她爸爸的大眼睛就怯场，不敢对视（平时王依红就怕她父亲）。回到家王少舫很严肃地教导她：“你也是戏校培养的演员了，戏比天大，过去戏班

王少舫老年照片

里有规矩，当场不让父，你这样没出息还能成为一个好演员吗？”自那以后王依红与她父亲同台演出就有了长足的进步。我是王少舫先生的女婿，早期在乐队拉主胡，他曾教导我：“拉主胡就是像正月十五舞龙灯一样，你是乐队的龙头，其他乐手是跟着你走的，你还坑着头在看曲谱能起领头作用吗？最好你不要看谱要背谱，一则与演员紧密配合，另一方面与打鼓佬一起把整个乐队带动起来，配合我们演员来演戏。”这个教诲使我受益匪浅，这以后不论大、小戏我都是背谱演奏，不仅使我的伴奏技艺得到了升华，而且对我的作曲专业大有好处。首先使我逐步地懂得了演员的演唱，更打开了戏曲作曲的思路。在剧团的演出实践中演员与乐队也常有配合不默契的地方，在演出中即使我这个龙头没错，其他乐手出了差错，演出结束在后台王少舫先生都要差人把我叫去当众诘问，不可回驳。现在回想起来他这种正人先正己的作风是十分高尚的。

王少舫先生在家是个慈父，是个好厨师，对子女的工作、生活关心备至，常年凌晨四点半、五点就起床把开水和早餐早早准备好，让大家准时上班。在他的影响下我们家的孩子工作都有提前半小时准备的好习惯。但遇到找关系、下放上调、找工作你可别开口，那只有一个字：“免”。回想起来当时虽心中不快，但现在五个子女一个个都能自立，真得感谢他老人家！

王少舫先生，您若在天之灵看到当今黄梅戏的发展和下一代的健康成长一定会感到欣慰，我们会在党的正确领导下，在进一步改革开放的进程中，追寻您的足迹，继承学习您的创业精神大步向前！

（2010 年 9 月 29 日精耕在“王少舫诞辰 90 周年纪念座谈会”上的发言，

原载《黄梅戏艺术》2010 年第 4 期）

悼念王少舫同志

——黄梅戏《无事生非》来京演出时的感赋

鞠　盛

呜呼少舫，音容犹新。讣告传来，举室震惊。剧坛不幸，又失巨星。怅望南天，魂牵我君。

犹忆昔日，负笈京门。初次观君，《夫妻观灯》，舞姿翩翩，余音犹存。从此嗜“黄”，愿作皖人。后观我君，得配天仙，情真声茂，动人心弦，一曲“比翼”，顿遍人间。从此“黄”剧，得登大雅，名列“五大”，为世所夸。电影电视，目接不暇，蜚声海外，光我中华。观众但赏，剧苑奇花，孰知我君，耕耘有加。

缘君少时，浸润京昆。初聆黄梅，如饮芳醇。久而不舍，壮志顿生，愿为此剧，敬献终身。不畏寂寞，不畏艰辛，不畏人言，不畏俗轻，移“京”入“黄”，匠心独运，口传身教，久而弥勤，瓜熟蒂落，水到渠成，黄梅面貌，果然一新。斩棘披荆，功岂能泯。

神州不幸，“浩劫”骤临，铲芝伐桂，烹鹤焚琴，煮豆燃萁，岂曰无因！“董郎”“仙女”，同罹灾星：“仙女”永逝，孰不痛心！“董郎”幸存，情亦可悯。祸首为谁，今日更清。何期流言，竟谓我君，以讹传讹，愈加不经。与事河汉，大相径庭，凡知君音，均为不平。劝君作答，用以澄清。君唯浩叹，但对人云：

"黄梅遭劫，剧苑凋零，时不我留，百废待兴。余时无几，焉得分心，个人荣辱，何足重轻。天长地久，不辨自明。"

君言如此，君行果然。精研艺术，律己更严。登台演出，从不知倦，何惧酷暑，何惧严寒，大梁独挑，配角不嫌。一曲《罗帕》，独秀江南。手眼身法，不减当年，炉火纯青，谁谓不然。观止于此，居常誉满。远出慰问，率为众先，攀山涉水，视若等闲。年近古稀，行同壮健，剧团内外，谁不称叹。"钱"风刮来，君行尤坚。不为利动，不为名牵，寸腥未沾，一尘不染。培育青年，堪称典范，敢惜心血，敢惜余年，一心唯念，青出于蓝。口传身教，更胜从前。皇天不负，十载辛酸，新德、建国，吴琼，马兰，新秀丛绽，后继无间。莎翁名剧，首入"黄"园，"莎""黄"结合，困难万千。君合众力，共同移山，大胆创新，一往直前。《无事生非》，终于上演，一鸣惊人，中外共赞。英相来信，声誉更添。应邀来京，全团腾欢，精益求精，重加排练。日以继夜，偕婿与男，寻音求韵，酌之再三。谁知剧成，此身竟歼！临终遗语，仅有一言："病魔误我，我心不甘！"

鸣呼少舫，诚可对天，艺固待承，德尤堪传。信誓旦旦，洗尽沉冤。淝水汩汩，天柱岩岩，巨星虽殒，光犹闪闪。《无》剧来京，盛况空前，每观此剧，常思君颜。怀君不见，情何以堪！蒙君交往，惠我实繁，我今悼君，愿达君前！我国戏曲，面临挑战，前景如何？有持悲观。誓与我君，续共比肩，推陈出新，以君为苑。令我戏曲，花开更艳，全球共仰，举世兴叹，时再举杯，敬为君奠！

（原载《黄梅戏艺术》1987 年第 1 期）

【作者简介】鞠盛，1922 年生，江苏靖江人。1940 年参加新四军，1942 年加入中国共产党。他是剧作家，但他的诗词造诣炉火纯青，是中华诗词学会的发起人之一。作品有《疯妇》（短篇小说集）、《孙中山诗传》、《沧江一柱——靖江人民抗英记》（话剧）、《风月同天——鉴真大和尚传奇》（电影剧本）等。

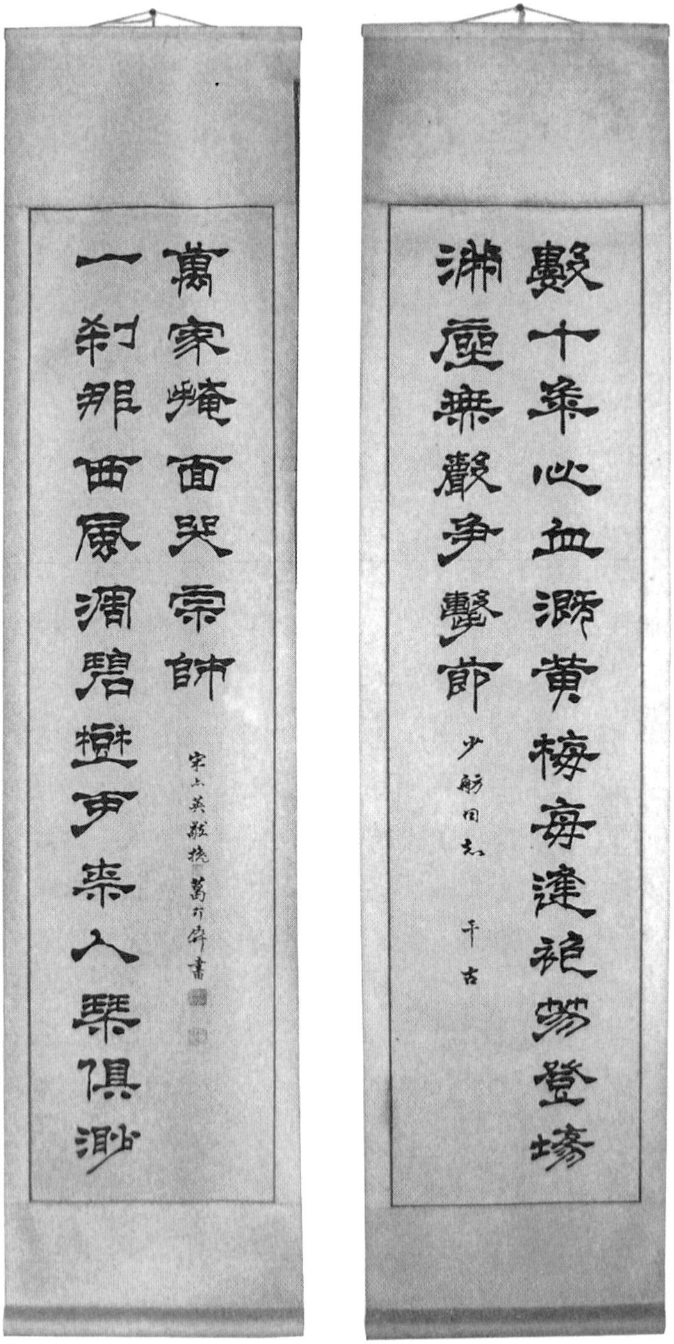

安徽省著名女词人宋亦英　敬挽
安徽省著名书法家葛介屏　书

口述篇

KOU SHU PIAN

病榻上忆王少舫

潘璟琍

精　耕：今天来的目的一个是看望您，看您身体恢复得怎样（有关病情治疗的情况……），其二就是想采访一下您：您父亲潘泽海和王少舫以前是什么时候开始在一块演黄梅戏的？你所记得的，想起来多少就给我们讲一点……

潘璟琍：王少舫同志跟我父亲潘泽海，他们俩可以说是老搭档，这个老搭档跟一般的搭档不一样，为什么呢？黄梅戏原来是来自于农村，是在农村乡镇里演出的小戏，后来进入到城市以后，它在表演和各个方面的艺术表现手段却都还是农村的那一套。王少舫同志因为从小从事戏曲工作，有深厚的功底，后来他觉得黄梅戏这个戏是不错的。原来他们京戏和黄梅调在一起合演的时候，是前半场演黄梅戏，后半场演京戏。因为先演黄梅戏，观众喜欢看，京戏那时候就稍微差一点，于是前半场后半场就这么对调了一下，叫“京黄合演”。

精　耕：那时候演员大概有多少呢？

潘璟琍：那时演员并不多，演员多了负担不了哇，他这个都是老板制的。有前台老板有后台老板，反正演员不是太多，黄梅戏演前半场，京戏演后半场。所以少舫同志在这个时候对黄梅戏的唱腔、对老的传统的东西接触得就比较多了，

王少舫（中）、戴保龙（左）、潘泽海（右，潘璟琍父亲）合影

比如钱悠远、程积善这些老前辈，他们比我父亲年龄都还大一些，少舫同志对他们的唱腔都熟悉。为什么呢？他接触得早；再一个他吸收外面东西比较快，能力也较强，在艺术上他是有一定的表现手法的。后来呢干脆就来一个角色！“京黄合演”时间长了以后，他干脆就都唱黄梅戏。他学戏呢，丁紫臣同志还教过他。因为他们年龄差不多大，丁紫臣喜欢玩，不大爱演戏，所以少舫经常找他教教戏。他总是向老前辈们学，所以戏路子、黄梅戏功底在那。你看他合作的都是这些同志，还有丁老（丁永泉）都在一起。所以唱腔、表演什么的，再配上他自己原来的基础，就比较丰富了。黄梅戏呢，原来自身在表演上就差一些，它来自于民间，唱腔好听，表演啊身段啊就不怎么样。艺人都是由其他行业兼职的，都是业余的，有事的时候就做事去了。像我爸爸他是油漆工，没有事的时候他就唱唱黄梅戏，等于是搞两行。不像王少舫同志呢他是专业的，他从小就有京戏功底，后来他干

脆就不唱京戏了，改唱黄梅戏。

精　耕：那是抗战时候？

潘璟琍：抗战后期了，胜利了。我记得那时好像不是“民众”，是前牌楼那个剧场，叫什么名字？……可能就是“华林”，我不大记得了。后来少舫同志就与我父亲那班人演正本大戏！我记得他原来排《秦雪梅》，还有《王清明合同记》，这都是他改编的。他没事在那看看书啊，思考思考啊，就把这些戏改成黄梅戏。《秦雪梅》中他饰演商林，《王清明合同记》中他饰演王清明，他是主角，我爸爸老是陪他演这些戏。

精　耕：这么说您看过您爸爸演戏？

潘璟琍：我所记得的，是我爸爸跟他在一起演的。那个时候他们也是喜欢演，两人配合得蛮好的。后来这当中好像有一段时间两人分散了。我们在安庆农村里，一直到新中国成立，这当中爸爸在哪里我们也不晓得，分开以后我爸爸还是在搞黄梅戏。实际上我爸爸演黄梅戏，我的祖父、祖母也不同意！好像戏班是被人瞧不起的，是下流的东西，硬让我爸爸去干油漆工，我爸爸就爱好黄梅戏始终就不干。新中国成立以后，也不记得是哪一年，一开始来了还是有京戏的，好像是在安庆前牌楼演京戏，我们在“民众”演黄梅戏。因为黄梅戏是地方戏，当地人都喜欢看，比如丁老的戏啊大家都喜欢看，所以京戏邀再大的角儿来也都是一两天，安庆人就喜欢看黄梅戏。黄梅戏前台老板叫汪巨中，就是汪少云的叔叔，为了生意，他就直接去请王少舫同志来演黄梅戏。丁紫臣说：“他会，我跟他同台演过的嘛，请他来试试！”少舫讲那很好嘛，黄梅戏也是我们国家，起码也是安徽主要剧种吧，大家都很喜欢，那就干吧。他当时也是想对黄梅戏起点什么作用。因为黄梅戏是来自农村乡镇的，所谓的功底、表演手段啊什么的都不怎么健全。有空的时候呢大家演演戏，平时各忙各的。王少舫同志到这里以后就不同了，他给黄梅戏带来一些他原来在京剧里学到的表演啊、身段啊等等。对我们青年演员（当时我们还是小孩子呢）他非常重视，大胆地起用，彭玉兰、陈月环、丁俊美当时都才十五六岁，但小的学得快，功底子、动作一教就会。他带领我们排演《唐伯虎点秋香》，陈月环演春香，彭玉兰演夏香，我演秋香，丁俊美演冬香，我们四个小孩就被少舫培训出来了。少舫说："一看这四个小家伙还整齐，接受能力又比较快，一讲就懂，一教就会了！不管怎么讲，扮起来就漂亮，观众就欢迎！"他大胆地使用我们这些小演员，上台没演好也让你演。他总是讲，你在台上不要怕，总是鼓励。这样就增强了我们的自信心！比如讲我吧，我虽然小时候也练过一点功，有好多戏我也演不了。少舫老师要教我演《贵妃醉酒》，我们黄梅戏过去没有这些戏，戴着凤冠，穿着蟒袍，哪有这功夫？我哪搞过这些东西？我们黄梅戏没有这些戏，但他就教你演，把着手教！雪老师也教身段（雪寒梅老师是王少舫爱人，也是唱京戏的）。演了《贵妃醉酒》，还有《嫦娥奔月》啊，是少梅演前半截（王少梅是王少舫妹妹，也是京剧演员），我演嫦娥奔月以后的戏；唐明皇回月宫，我就演嫦娥舞蹈那一段，专门跳一段舞。剧团要生存就要吸引观众，要与其他剧团竞争才能有市场。当时我们安庆民众黄梅剧团如果不这么搞的话，哪能有后来的红火呢？安庆的观众都喜欢看，街头巷尾一片赞扬声："民众剧团小伢子们演得还真不错呢，戏演得还真可以！"

这样一来少舫同志就更有兴趣了！他是民众剧团的团长、主演，又是导演，在当时安庆地方政府的领导和支持下，他开始根据社会政治形势排现代戏，比如《大家进步》《抗美援朝》《打灶王》《志愿军》等。配合形势变化，他大胆使用小演员，所以像彭玉兰、陈月环、丁俊美、周九龄、丁紫旺还有我等一批青年演员，就把这些戏给顶了起来。就这样带教着、带学着、带演着，无形中就好像一个小科班。

精　耕：那个时候早上练不练功啊？

潘璟琍：练哎，早上练！我们有个老师，叫张惠山，唱京戏花脸的，他指导我们练功。

精　耕：你讲的这些老师是王少舫同志去过以后请的，还是你们"民众"开始就请的？

潘璟琍：好像是少舫同志进民众黄梅剧团之后就开始了。因为他是团长，是

王少舫在《党的女儿》中饰钟大伯

负责业务的，而且他是唱京戏的，所以特别重视演员练功。后来教我们练功的老师还有周培义，也是京戏班的，周还有一个哥哥，也是演京戏的，带大家练功。

精　耕：王少舫与潘泽海演戏，你认为他俩演得最好的是什么戏？你所记得最感兴趣的、对你影响最深的是哪些戏？

潘璟琍：《秦雪梅》是他们俩合作的，演得很受观众欢迎！他演商林，我爸爸演秦雪梅。

精　耕：还有什么戏啊？

潘璟琍：爸爸和少舫合作演戏演得很多，还有个《王清明合同记》，连台本戏。什么情节我不记得，那时我还小。

精　耕：还有黄梅戏传统戏，你们演过什么大戏啊？

潘璟琍：大戏我记得好像就是《唐明皇游月宫》，也叫提纲戏吧，张云风演的是唐明皇，我演的是杨贵妃，少舫老师演的是李太白。

精　耕：你讲演杨贵妃学到很多身段，可以讲讲吗？

潘璟琍：我们黄梅戏过去没有戴凤冠、穿蟒袍这些戏，都没有这些行头。我们来自于民间，没有这些东西，但是我演的是杨贵妃，必须要戴凤冠、穿蟒袍，还要拿扇子，这个我没学过。少舫老师就把他自己私人的行头凤冠给我戴，给我穿蟒袍。那是小凤冠，是雪老师自己绣的！杨贵妃有很多身段啊，还戴凤冠穗子，我都没搞过的；还有扇子、水袖什么的，还有端带，都不大好学，他就慢慢地、一点点地讲，手把手地教我。

精　耕：那唱呢？

潘璟琍：唱的也是黄梅戏。

精　耕：唱黄梅戏的腔怎么把身段配合好？

潘璟琍：黄梅戏唱腔那时候好像是王文治写的稿子，他跟王少舫老师一起合作创作的，他告诉我哪个地方应该唱慢，唱到哪句后要停下来做身段。比如有一个上桥嘛，上桥后有一个亮相，黄梅戏怎么唱呢？就按照那个身段把黄梅戏要腔用上了，唱腔是加上去的，这就算改革了，但并没有脱离黄梅戏本身。他们设计好了再来教我，就成了黄梅戏杨贵妃的唱腔，观众听呢还可以，也认可。黄梅戏没有戴凤冠的戏，现在回想起来我是第一个穿蟒袍、戴凤冠演黄梅戏的。

精　耕：听说你与王少舫同志演过《梁祝》？

潘璟琍：是的。黄梅戏传统老戏也有《梁山伯与祝英台》，但是不像越剧的本子那么完整。1952 年，有一次去上海观摩，余局长把我们带到上海去看戏，当时我们在大众剧场看的还是袁雪芬演的《梁祝》，看了越剧后就把原来的黄梅

黄梅戏的凤冠和蟒袍（《打金枝》剧照，左一雪寒梅、左二严凤英、右一张云风、右二王少舫）

戏老本《梁祝》改了，改后内容比较集中，这两个人物也突出了，故事情节更精彩。再运用黄梅戏唱腔和表演手段，演出后很受观众欢迎的！我个子矮，演祝英台时还特地穿的厚底鞋，少舫老师就穿稍微矮一点的鞋来配合我。他在排戏过程中就教我，指导我。这个戏当时在安庆演得可红呐！芜湖也请我们去演出，武汉我们也去演出了，都说我们这个戏演得好，红得很哪！甚至还有越剧界同行也来观摩我们的演出。

精　耕：排戏的时候是谁导演？

潘璟琍：导演是少舫老师，是他排的。那个时候不发剧本，搞一个剧本来抄单片，有你台词就抄给你，没你台词就不抄。我呢认不得字，我那时候没文化，没念过书，就靠他们教我，教一句就学一句，学得怪快的。

精　耕：从这个戏开始，你在《梁祝》里是否感到戏提高了，或者你觉得这个戏演了后开了路子，开了窍了？

潘璟琍：《梁祝》这个戏呢，使我在艺术上有了极大的进步和提高，所以讲从那以后戏路打开了。这以前我们还是小孩，哪晓得表演什么东西啊。从这以后我就更喜欢演戏了，也就是说上瘾了！

精　耕：自己要开始创造人物了？

潘璟琍：过去演传统戏，不晓得有人物性格，哪一场是要表现什么人物性格。王老师就带着我们一起想办法。王老师说："你先走，走给我看看，我看行不行。"少舫老师他启发你，那就是逼得演员必须要动脑筋，不能照葫芦画瓢演了。有的时候呢，他说你这点可以，那就把合适的动作留下来；那一点不行，他再告诉你应该怎么演。他一边启发你表演，也一边自己在那创造，创造出来再跟大家商量。这么表演可行呢？在场其他演员有时大声喊"可以！可以……"，这样一个表演的身段就形成了。有时他在这里安排设计了好多身段呢，让我试着去做，自己选择，或听大家评判，那么一个好身段或一个好的表演就定下来了。黄梅戏原来没有身段戏，他一排戏就有了！而且既好看又舒展，有的地方要是舞起来就更好了，带身段连唱带做就漂亮，设计动作以后那人物就演活了！演出来以后，观众特别欢迎！

比如讲那个《红梅惊疯》的戏中，红梅疯了以后出场，打一个腰包，披头散发，少舫老师给设计的身段：走出来那个裙子是个腰包，出来往台中间一站，一屁股往那一坐，两手把裙子这么一拉开，一个瞪眼定神亮相，那个傻劲儿啊一下子就出来了！既表现了人物的形象又有艺术化的美！黄梅戏过去就是在那唱，没什么表演手法，少舫同志加入黄梅戏后，在表演手段上就大大地丰富发展了！他也在剧团里常说，黄梅戏本身就载歌载舞，有舞蹈不用岂不是可惜了嘛。

精　耕：我记得王少舫老师讲的时候，有一个什么拖腔，就是从你们排《梁祝》开始的，传统老戏《梁祝》的那一句行腔他是怎么改的，请给我讲讲。

潘璟琍：黄梅戏唱腔虽然好听，但是它没什么行腔，因为它来自民间，什么耍腔啊、行腔啊少得很！王老师和我们合作以后，创造了一些新唱腔，改了一些老唱腔，举个例子："描药"，梁山伯的母亲到祝英台这边来敲她闺房，叫山伯吃饭，祝英台写了一封信给梁山伯的母亲；梁母走了以后就回过头埋怨她："你不应该女扮男装……"骂了以后都是唱的，骂过以后就走了。祝英台唱词好像是："老伯母临走前将我辱骂，骂的我……"王老师认为这个地方应该耍一下子黄梅戏【女平词】，怎么唱的呢（示唱了这一句）。按黄梅戏原来的老唱腔，这个心情唱不出来，王少舫这么一改动，一耍腔就把她的心情表现出来了。《梁祝》中王少舫老师与王文治老师改革了很多好听的段子，最好听和感动观众的是后面一场《楼台会》中的对唱"梁哥哥来我想你"。

精　耕：到朝鲜战场上跟王少舫演出的情况给介绍介绍。

赴朝慰问演出，王少舫、潘璟琍表演《夫妻观灯》

潘璟琍：那是 1953 年，那时候我们是民众剧团的。我，王少舫，还有丁紫臣，我们三人跟省团的一批年轻的演员一起去朝鲜的，去的时候都是演折子戏，没有大戏，我跟王老师演的是《天仙配》中的“路遇”，还有《夫妻观灯》《打猪草》等。

精　耕：一天演多少场，演出的情况怎样？

潘璟琍：朝鲜战场上啊，那时候战争刚刚结束，战场上到处都还在燃烧，烟火缭绕，没有打炮，暂时停下来，士兵都没有撤。我们到了前线，上了三八线，那时候在战壕里演出，在很宽很宽的地方，战士都在，我们在那里演。

精　耕：战壕里演出的时候看的人不多吧？

潘璟琍：战壕里演出是分批分批地看。

精　耕：那一天演几场？

潘璟琍：演好几场，志愿军不能一下子全来，还有操作机器的，一批一批地看，我们就一批一批地演，一个戏演八场，就来回这么倒，倒过来倒过去，最后大家都累了，战士们行动又快，我们吃不消哎！我们不动他们动，他们来了我们就演，演了八个戏，那时年轻无所谓，一觉睡过来就好了。

精　耕：那时候在朝鲜战场上跟王少舫什么戏演得最多？

潘璟琍：《夫妻观灯》演得最多，这个戏受欢迎，一个呢简单，再一个呢这个戏好玩，载歌载舞。

精　耕：你把《夫妻观灯》原来开始排的情况，讲给我们听听。

潘璟琍：这个戏原来它就是黄梅戏传统小戏，《蓝桥会》跟这个戏都是一拨的。新中国成立后王少舫同志就带着郑立松几个人编排整理这几个传统小戏。《夫妻观灯》原来没有舞蹈，就光是唱。他说璟琍，这个戏我们能不能编排些舞蹈到上面去，我说好嘛，搞舞蹈就搞舞蹈嘛！我说怎么舞呢？他说我们排排嘛，我做你对。他叫我对，因为我也是从小练功的，多少搞得一点动作。他说我先做，我先走路子，你在边上看着嘛。我说好嘛，你做什么动作我在边上配着。

精　耕：你在旁边模仿？

潘璟琍：不是，他这么做，我就这么做，就对上了，他对我看着，我就对他看着，他往左边那样做，我往右边这样做，两个人不就这样对上了嘛，就形成动作了。

精　耕：他先做动作，就跟做对子一样，他做上篇，你做下篇。

潘璟琍：对！就是这个意思。我要是主唱的话呢，我先做，他后做，他要是唱，我就这么陪衬，不就配上了嘛！动作不就这么来了嘛！原来没有动作，就是这么站着唱。后来先粗制滥造地搞一下子，他说我们再加工加工，搞得更好一点，因为王老有的是功底，我嘛，反正从小也练功，后来就精雕细刻了，把那些不需要的动作全部去掉，不合的、不美的把它改一下子，把好的留下来，不够的加一点上去。他在前的时候，我就在后头跟着，就这么搞着，一个《夫妻观灯》载歌载舞的小戏就这么出来了。

精　耕：唱腔有没有什么改动的？

潘璟琍：唱腔是老的，全是老的，《打猪草》《夫妻观灯》都是老唱腔，没动。根据一些实际情况，不健康的词稍微动了一下子。

精　耕：有的调子可稍微润色一点？

潘璟琍：没有，因为传统唱腔比较好，所以一点都没动。

精　耕：再请你谈谈《天仙配》“路遇”的情况，好像拍电影之前，原来是只有“路遇”，你跟王少舫演的？

潘璟琍：先前“路遇”光有这一折子戏，这一折子“路遇”出来是什么样的呢？打个云帚出来唱个【导板】，在台中间一个亮相，完了以后，云帚还在手上挂着，也没什么舞蹈，反正就这么唱。土地公公出来以后，演员就下去换装，换装就把云帚丢掉就行了，没有什么可换的。后来华东汇演的时候，前面唱“驾起云头离仙境”的唱段，后头再出来亮相，“羡慕人间啊”要舞起来了。

精　耕：这个戏也是王少舫排的吧？

潘璟琍：“路遇”这一折是少舫排的，我跟他演的，华东汇演时还灌了唱片呢！

精　耕：这个“路遇”还是在安庆“民众”的时候搞的吧？

潘璟琍：在“民众”搞的，光“路遇”那一折子。

精　耕：一开始土地公公就是丁紫臣吧？

潘璟琍：是他爸爸丁老，丁永泉，一开始是他演的，拍电影是丁紫臣。

精　耕：这个当中唱腔身段也有变化了吧？

潘璟琍：唱腔没什么大变化，是老唱腔。身段有变化，原来没有身段，老戏原来就是站着唱，哪有功底子呢？这里跑跑那里跑跑，没有动作。后来少舫就帮我设计。舞起来不就好了嘛，舞起来有动作不就好看了嘛！

精　耕：你们那时候排戏，是白天排还是晚上排？

潘璟琍：白天排，晚上也排，忙时夜里演完了还排戏。

精　耕：演出完了以后还排啊？

潘璟琍：为什么呢，我们的工作是这样子的：我们小的早上起来练功到中午，这个不能少的。有的时候开个大会啊什么的，休息休息搞运动啊。下午演出，那是雷打不动的。晚上演出，哪有时间排戏啊，就演出以后排戏嘛。

精　耕：下午演出以后还排戏？

潘璟琍：晚上演出以后还排戏哦！下午哪有时间呢，下午没时间的，戏至少要演满三个小时才散。

精　耕：那就晚上散过戏以后还排戏啊？

潘璟琍：晚上散过戏以后排戏，所以我们有时排两次哩。

精　耕：那一般排到几点呢？

潘璟琍：一般就排到一两点吧！第二天还要工作啊。排得时间太长，嗓子搞坏掉了不能演，所以排到一两点就回家睡一觉，第二天早上就稍微晚一点点。早上呢大家都工作，吵闹，人又来不齐。晚上把人集中，情愿晚上搞，晚上人集中就在那排戏，这样效果就比较好一些。

精　耕：王少舫工作作风怎样啊？平时的为人处世这些方面也请介绍一下。

潘璟琍：他这个人哪不怕累，这跟他从小养成的习惯有关系，你再多的工作给他他都接受，从来不讨价还价。比如《罗帕记》吧，那个戏多累啊，他没叫过一声苦，他从没讲过这个戏太累演不动，而是尽自己的能力演好。他演《罗帕记》王科举这个角色从小生演到须生，戏里头分量是比较大的。他从头演到尾，又唱又做又念，身体又不怎么好，戏码子又多，吃不消啊！这个老人家在艺术上是从来不讨价还价的，是认真对待的，而且精益求精，尽量把戏唱好。

精　耕：王少舫在民众剧团平时排戏时，与各个部门配合做得如何？

潘璟琍：他在工作期间和老同志、老演员的合作，和青年演员的合作，和乐队、舞台部门的合作，很和谐很顺当。从来没跟人家搞得别别扭扭的，更没有摆个主要演员架子、名演员架子什么的。他的戏德很好，对待老一辈像丁老啊、我爸爸啊，他很尊重。对我父亲老哥哥长老哥哥短地喊，对丁老更是尊重！对下一辈像我们啊，也很关心。

王少舫与潘璟琍清唱表演

在我的记忆当中他的工作作风是很好的，每个老同志、年轻同志他都照顾到的。我爸爸就讲："少舫呃，我儿子潘忠仁交给你了，交给你你要管哎！"他笑滋滋地说："潘老喂，我管，我管喏！"

精　耕：对舞台乐队，听说在民众剧团他很重视乐队？

潘璟琍：他是个改革派，他京剧出身，对场面上很重视。他与琴师王文治、打鼓佬饶广胜几人合作得很好。开始黄梅戏没什么乐队，是三打七唱，他与王文治、饶广胜就编曲子，编音乐过门，减少锣鼓过门。那时候舞台乐器很紧张，没有几把胡琴，后来我们从芜湖请了几个乐师过来，方集华就是从芜湖过来的，还有一个姓张的。他们是芜湖一个乐器团解散了，少舫把他们吸收过来的。乐队归王文治管，都是老搭档，他有的唱腔，少舫自己的唱腔，文治就给写到谱上，发到场面上，所以他们叫打谱子，就这样合作，一直合作得不错。

（1986 年 8 月 15 日在安徽省立医院病床前采访录音）

文字记录　李雪鸪

文稿整理　精　耕

编　　稿　白露为霜

【口述者简介】潘璟琍，出身黄梅戏世家，著名黄梅戏表演艺术家，擅演花旦、闺门旦、青衣。自幼从父习艺，颖悟好学，7 岁时即崭露头角。后取艺名筱玉琴，随父辗转各地演出。1949 年参加安庆民众剧团，后加入安徽省黄梅戏剧团。1978 年当选为全国政协委员，1979 年当选为安徽省人大常委会委员。1988 年 11 月 23 日在合肥逝世，终年 52 岁。代表作：《女驸马》《夫妻观灯》《梁祝》《西楼会》《小辞店》等。

他一生就一句话，死也死在台板上

丁紫臣

谈起王少舫同志，我们在一起处的时间比较长，都是老朋友了。在抗日战争这段时间里的情况，我简单地说一下，我们是1938年的秋季在安庆的民众剧院认识的，就是现在安庆吴樾街新华书店对门。那时我们都小，少舫同志大一点，18岁，我记得我才11岁，当时我艺名叫“十岁红”。1938年，他全家来到安庆的时候就困在民众剧院，那时候日本人进了城不能演出。当时我们正好短时期内一二十人跑反，跑在这个农村山区里面。我父亲悄悄回到安庆看看究竟怎么样了，这样就跟少舫父亲王明山老先生碰了面，见面一碰头就是在一块研究演戏的事。因为是跑反期间，戏班人跑散了，人都少，黄梅戏人少，京剧人也少，就在一起糊生活吧。我们与少舫同志一家刚接触的时候，他兄妹几个，包括他父亲母亲都还是很热爱黄梅戏的，不然的话后来他全家也不会都转到黄梅戏上来！当时黄梅戏这个剧种虽然是地方小剧种，但他们看得还比较远，认为这个剧种有发展前途，所以他们就一边一起演，一边注意看，结果到最后自己还喜欢唱。再后来我们就合作，怎么合作呢，就是用京剧的剧本，用黄梅戏的唱腔去唱。第一个戏就是《四郎探母》，唱《四郎探母》用黄梅戏唱，这样唱观众比较多。接着就演提纲戏，

王少舫青年时期剧照

当时就是王明山老先生排，若按现在说就是导演！像《秦雪梅游地府》《王清明合同记》这类戏，他兄妹三个都能演，少舫、少梅、少鹃都能演！王大爷（王明山先生）自己也演演花脸。《秦雪梅游地府》中我记得他演秦雪梅的父亲秦钟，演的、唱的都还不错！日本人占领安庆后，艺人们罢演抵制，各戏班子大家就散了。但我们基本上都还是在一起，有时候也分开，我家有时到外面去演几个月又回到安庆，反正安庆是个集中点。像京剧班子，少舫同志他们全家有时候到江西或者到哪里，演几个月回来也还是在安庆。

到了新中国成立前后，1949 年 7 月底 8 月初我们在安庆“民众”演出，少梅同志那时在京剧团里。我父亲丁永泉也是黄梅戏老演员，外人叫他“丁老六”，就是我们上一代黄梅戏艺人的代表人物。一直到 1949 年底，我父亲到合肥来开文代会，跟少舫同志见了面。少舫同志当时在新民大戏院演京剧，他跟少舫同志谈过，他说有机会我们还到一块去，一块演“路遇”。1949 年，我父亲回安庆，王少舫同志他们全家在安庆演出，在前牌楼那个地方演京剧，演过以后就跟我父亲在一起商谈，因为我们比较熟，从小我们吃、住都在一起，他与雪寒梅老师还没结婚时，我们就比较谈得来。结果我父亲就跟他说：“少舫同志干脆就不要走了吧，就在安庆，我们还是跟抗日战争的时候一样，就在一起合作吧！”少舫同志也没推辞，他自己爱好这个，但有一部分演员对这个有些怀疑，这个剧种是不是有发展前途？也有一部分京剧演员，对这个剧种发展前途不看好，他们对这个剧种抱着怀疑态度，他们就不敢来，就不敢真下水，下深水他就不干。少舫同志他有与其他京剧演员不同的考虑，他就来了！就跟我们到现在的安庆市黄梅剧院，前称就是安庆民众黄梅剧团，在一起合作。

他到“民众”来以后，对黄梅戏做了大量的业务建设工作！我可不是因为我们关系好就捧场、吹嘘，这是事实。我不会说假话，也不会捧哪个踩哪个，你就包括严凤英也是！离开罗家岭我们就在一起，她一直住在我家，她当时没有头面，没有服装行头。那时候这些都是私人的东西，少梅同志都晓得的，严凤英一无所有，她连一朵花也没有！她当时只有靠着我家，一直在我家。严凤英人也确实不错，她一直对我们家里人都很好，我们关系也很好的。我们可以讲没有矛盾，她对我父亲、对我姐姐丁翠霞都非常尊重。严凤英第二个师傅就是我姐姐，第一个师傅不是电视上介绍的严云高嘛，第二个师父实际上就是我姐姐。我家住在那个后卫山，当时她就住在我家。所以这两个同志跟我们家关系都好。

少舫同志到“民众”后做了几件重要的事情，在剧目、表演、戏曲改革、培养青年演员方面的工作做得比较突出，为黄梅戏立了一大功。这个凡是像我们这个年龄段的人，或者小一点五十几岁的，包括像周九龄他们都晓得。首先他一来就抓剧目，我们那时也演一些新戏，也是提纲戏，他一来就抓一些现代戏。因为他在合肥，合肥当时比安庆解放早，他接触新的东西比我们早，所以他在我们合作的时候，他抓现代戏。现代戏当时抓京剧比较慢一些，京剧有些东西，改不是那么一个简单的过程就能改得掉的。像黄梅戏它包袱少，他就抓新戏，每逢政治运动当中他都跟上了。这点可以讲，当时有些艺人就想不到，再一个也不敢！胆还比较小，有的不敢演。你比如直接演反霸的这一类的戏，有的演员还不敢演。什么道理不敢演呢？因为才解放，国民党刚刚走，国民党的飞机经常还在城市上空转，有时候拉警报还要躲。有些年龄大的人思想上就要考虑：不能演，演了以后国民党回来我们头就保不住了。现在说起来很可笑，那个时候有阻力，不是没有阻力的呀！有的是不演，有的就不参加排，可是少舫同志一直坚持排宣传党的政策路线的戏。

古装戏《贪官与恶霸》他们都是临时排的；像《仇深似海》这样的戏都是要剧本的，虽然是古装戏，实际上是新的内容。排抗美援朝这一类的戏，那是1953年了。开始是反霸、抓特务的这类戏比较多，但是好多演员不敢演。一开始，少舫同志就找一批青少年来排演，排这些新戏让中青年演员带头，这些人没顾虑。结果有些老演员也慢慢加入进来了，也开始习惯参演现代戏了。

原来演戏，黄梅戏表演方面比较简单一点，从他来以后，要求比较严。他从小是学京剧的，戏路子也比较广，能演花旦、能演小生、能演老生，小丑、老旦也能演演。当时他还年轻，比较好学，在表演方面、身段方面也对黄梅戏做出很大的贡献。还有最特殊的贡献就是培养青年演员方面，这是人人皆知的。比如，潘璟琍最后在安庆唱出了名气，可以讲就是王少舫同志一手培养的。为什么呢？当时还有一些老一点的演员他们在演旦角，后来不提倡男的演了，潘璟琍父亲潘泽海当时也是旦角。

过去黄梅戏艺人全是男的，全部是男的演旦角。我姐姐是第一个黄梅戏女演员。少舫就从那批小的当中挑选比较全面一点的，重点抓潘璟琍来培养花旦。排

王少舫在录音棚录节目

《梁祝》这个戏他让璟琍演祝英台，《白蛇传》让璟琍演白蛇，开始演不行，《水漫金山》武戏她来不了，少舫就让自己的爱人雪寒梅老师上，雪老师是京戏武旦。少舫就这样一步一步地手把手教，慢慢把潘璟琍同志培养成台柱子了！

少舫同志去世那一年，潘璟琍弟弟潘忠仁，那时候也是小鬼，当时也是团里学员，现在是安庆市文化局副局长，也是安徽省黄梅戏校校长。他讲过一句话："没有王少舫的培养就没有潘璟琍的成长。"这个话是事实。

少舫培养的人可多了哩，现在大家比较熟悉的，有省黄梅剧团团长汪琪的爱人周九龄，我的老婆彭玉兰。少舫根据演员不同的特点来培养人，彭玉兰演现代戏比较好，能放得开一点，就多让她演现代戏；古装戏就抓潘璟琍，他有重点地抓，结果就把这帮小的都带出来了！还有陈月环，当时口齿不清，他也耐心地教导，多花一点时间，吃力一点。这一大批青年演员都是"民众"的青年演员，也就是少舫同志一手培养起来的。当然，这当中也离不开一些老艺术家的帮助。他讲只有抓人才才能把剧团带动起来。

用黄梅戏的传统剧目改编新黄梅戏，少舫同志也起了很大作用。如《天仙配》《打猪草》《夫妻观灯》这些折子戏和小戏，我们都亲身参加。我们关系比较好，他会的东西多，当时提纲戏，我有一大摞子，他就直接找我商量。那个提纲一般是不会轻易给人的，那时候艺人在这方面是保守的，你生活上困难赞助你十块八块的都可以，叫他教你一个戏那是不可能的！我愿意出一份钱，我也不教你一个戏。

可是少舫同志他要学黄梅戏传统戏呢，我对他却不保守，给他介绍老的《天仙配》《夫妻观灯》《渔网会母》，这些戏我都给他介绍。我教他，他也教我，我们是互相学，互相不保守的，因为十几岁就在一起。少舫同志不但对我们，对其他一些同志也是这样。当时"民众"剧团搞得那么红火，这与他出色的工作是分不开的！

少舫同志人品好，我从小与他一块长大的，我对他非常了解。他这个人比较老实，很正派。像我们这一辈艺人都晓得，他年轻时专业上站住了脚，演京戏包银就拿得很多。他爱学习，人长得又帅，安庆许多照相馆大橱窗前都挂了他年轻时的照片，那是数一数二的。在生活上他不乱来，我刚才讲的，我那时才 11 岁，为什么少舫同志非要拉着我吃住在一起呢？那时他还没找对象，因为他年轻帅气，找他的小姑娘也比较多，他的老母亲担心这方面，一个男孩子有一个伙伴在一块要好一点。两个妹妹和弟弟都不大，所以就是我常与他在一块，当时他母亲就说："你就跟着少舫，你在这吃在这住。"现在回想我与他同事几十年，少舫同志在生活上，在男女关系这方面作风很好，在文艺界可以说是少见的。

还有一个他不喜欢赌。赌钱不会，牌九、麻将、扑克他没一样会的，连下棋都不会。他一生就一句话，死也死在台板上，这是他的目的，死也死在台板上，就是搞他的专业。所以他戏路子比较宽，又谦虚爱学、尊老爱幼，应该说他在黄梅戏领域有这样高的荣誉，对黄梅戏有那么大的贡献，与他为人的品质是分不开的！

（1989 年 3 月 5 日讲话录音）

文字记录 李雪鸪

文稿整理 精 耕

编 稿 白露为霜

我们是同舟共济

王文治

“胡琴过门”试新路

采访人：王老师您好！新中国成立初期你与王少舫先生在安庆民众剧团，为黄梅戏音乐的改革和创新做了大量有建树的工作，特别是为黄梅戏唱腔发明了“胡琴过门”，请你把这件事给我们介绍介绍吧！

王文治：我与王少舫同志是多年的朋友，在安庆民众剧团那时候，我们是同舟共济啊！想法就是，我们一定要把这个“民众”给搞上去，要搞得比任何剧团都好！在那种历史条件下，在那种新旧交替的艰难环境下，开始迈步创新是不容易的！不像现在，当时的阻力相当大，也不是那么容易改革就能走得下去的。我想起搞“唱腔过门”这个事情呐，是少舫与我协商，是他主动要求搞的！我记得少舫对我说：“一个戏，不管是抒情的也好，诉说的也好，在台上演起来表现这个人物内在的时候，比如说唱悲剧吧，才唱那么一句，锣鼓这么一敲，这么一打，就把我心情给打乱了。在台上演戏时总感觉到呢，不要用锣鼓起唱，要有个‘过门’才好，用‘胡琴过门’起唱！”我们成立民众剧团是新中国成立初期，那时还没有黄梅戏这种叫法，当时叫“黄梅调”。从农村半职业游荡不定的草台班子才进入城市，成为固定的职业班社还不久，还处在“三打七唱”演出形式之中。因为演员都是从民间、农村而来，他们习惯于“三打七唱”，你若在唱腔中取消“锣鼓过门”，是有困难、有阻力的！我举个例子：一个唱戏好佬叫曾胜贵的，他保守得很，他反对得也最厉害！他说：“唱戏不打锣怎么能开口唱呀？玩‘猴戏’的也讲‘猴子不上树还得多敲一槌锣哩’！”少舫要改革是坚定不移的。怎么办？他不动声色，沉得住气，他就召开小型会议与大家协商，讲道理。他就讲，现在我们是在城市戏园子里演戏了，不是在农村田野上演，锣鼓好是好，用太多了也不好，锣鼓打得多了，唱一两句就打几下锣鼓是很吵人的！一场戏锣鼓打下来，搞场面的人（指乐队伴奏人员）耳朵都吃不消，受不了，那就别讲台下的观众了，台下有人就讲：“敲锣鼓的哎，敲轻一点好不好吗？”那烦得很哪！少舫当时还说，我们开始实验“胡琴过门”也不是一刀切，不是全都不要“锣鼓过门”，如果台上的戏是情绪激动的唱腔，后头插“锣鼓过门”那还是可以的，其他唱腔的地方改“锣鼓过门”为“胡琴过门”。再说，各个演员嗓子高低也不一样，各唱各的调门既不统一，又不舒服，好多演员在台上也无所适从。我就与少舫在一块研究、合作，在唱腔中按原来打锣鼓的节奏，我俩就试着“隆格尼格隆”“隆格尼格隆”地加上不同长短的“胡琴过门”。开始大家感到好奇，也很新鲜，不知从何开口。因为少舫原先是京剧演员，他很适应，所以他身先士卒。要改革他也不硬来，他对大家说，觉得“胡琴过门”比较好，能适应的演员就用“胡琴过门”。我们排《仇深似海》是个大悲剧，我记得就从《仇深似海》这个戏开始试用“胡琴过门”，先开始是在男、女【平词】里搞长的、短的“过门”，后来【花腔】【八板】中也加上了“过门”。那么，从少舫带头开始用“胡琴过门”起唱，唱了以后大家伙逐渐熟悉了，等以后呢，带动了头脑灵活的青年演员，像潘璟琍等小字辈们都能接受用“胡琴过门”了！不能适应的老艺人、老前辈还是用原来的“锣鼓过门”，分两步走。这样一来，慢慢、慢慢地，老演员从不接受到接受，后来大家都习惯了。这是一个历史性的大转折呵！如果没有王少舫先生积极出色的工作，那可能是行不通的！

赴朝演出苦亦乐

采访人：王老，听说你与王少舫先生在新中国成立初抗美援朝期间，一同到朝鲜战场去为中国人民志愿军演出。请讲一讲当时的情况好吗？

王文治：好。当时是上级党领导指派由华东地区组成一个赴朝鲜战场为中国人民志愿军演出的慰问团。由上海人艺搞的一个歌舞队，并组织一个合唱队，当时著名演员乔奇同志也参加了合唱队；还有一个就是山东曲艺，再就是我们安徽黄梅戏，三个文艺团体抽调骨干人员组合起来的。赴朝时我跟王少舫是形影不离的，我对他的情况还是比较了解的，我总觉得他是那种干事热情、有一股勇往直前使不完的劲的人！他工作比我忙，在这期间他接触了不少新情况和新任务，他都认真地对待。一句话，他刻苦，也不怕苦，任何困难他都能克服。比如说，因为我们黄梅戏当时比较受欢迎，他就主动要求领导多派我们的节目参加演出。冰天雪地啊，战斗还没有完全停下来，我们在战斗间隙在防空洞和一些隐蔽的地点为志愿军指战员演出，大家都辛苦，他是我们的领导，又是主要演员，比我们更辛苦！那个时候你比如说，我们的驻地不固定，有时候我们住处都是在那个山上，有海拔多少米我搞不清楚，反正相当高，有时在山下演出。他的眼睛不好，白天还可以，若是在晚上演出，演过戏以后哩，我等他下妆一起回驻地，下山的路很不好走，有的山路站不起来只能爬，现在回想起来真不知是怎么走过来的哟！有时候我们同上海人艺和山东的同行同台演出，人艺的乔奇就讲，按队员人数报名、点数后再一齐出发。那个山路又滑又陡，我和他两个总爬不上去。王少舫讲，这下坏了，是报了名点了数的，不按时到达地点定要穿帮，难为情呀！他这一讲，把大家引得哈哈大笑！山确实太高了，就那样我搀着他，他说你不要搀我，我自己上，我不锻炼锻炼，以后到下一个点演出我又吃不消啊。结果他就坚持，你别看他眼睛那么大，其实他眼睛是高度近视还散光，我生怕他摔跤！有一次我们在一个地方演出回来的时候坐大卡车，他跟我们一道坐大卡车，洪昇、王文龙、潘璟琍，还有好多人都在卡车上面，我也在上面。那天下雨，我就呕吐，吃不消，非常吃不消！结果车上的人就把车子喊停了，后来就让我坐在司机台子上。那雨下得很大，车里面都灌了水，司机座底下放着一个坐垫，比较大，他一手放在方向盘上，一手拿坐垫递给我的时候，正好车头撞到一棵树上去了，亏得撞在树上，不然就完了，整个车就会掉到大山底下了！当时，少舫自己也被惊吓得气都喘不过来！当时部队有规定，司机路上只能开 25 码，出了事情那就要接受处罚。我们到地点的时候已经很晚了，向负责人汇报车子路上出了事故。部队领导要处分司机，这时王少舫就主动去跟部队首长解释，他讲你不能怪司机同志，我们有个同志晕车，是司机在关照我们的队员，请求首长不要处罚司机同志。

王少舫在基层演出

赴朝期间他处处带头，吃了不少苦！有一次我们通过一个战壕，去另一个场地演戏，他一定要在战壕里为战士们演出，怎么办呢，就搞个小片段吧，演《夫妻观灯》的片段。他叫我把胡琴拿出来，他就唱了《夫妻观灯》。该我倒霉，头一场演出后胡琴琴弦没换，准备到下一场演出前来换胡琴弦的，结果胡琴弦断了，外弦断了，就剩一根里弦。我硬着头皮用一根弦也把它给拉下来了，他就这样也唱完了！洪昇同志高兴地讲：“‘独弦操’哇！还可以，还可以！”少舫回来就笑死了！

王少舫同志工作处处认真负责，一丝不苟地把戏唱好，他跟上海人艺，跟乔奇他们关系也很融洽，合作得相当密切。到朝鲜，临走前还排了个戏叫《防洪都》，那个剧目还是很受欢迎的。他每到一处，为了给最可爱的人演出，在困难的条件下从不马虎，一丝不苟，戏德好。他的精彩表演得到了广大指战员的热烈欢迎。演出一般都是在露天土台上，最好的也就是在有木柱子结构的大棚做一个礼堂，那是最好的了，其余演出条件都相当差！

（1983 年 4 月 16 日讲话录音）

文字记录　李雪鸪

文稿整理　精　耕

编　　稿　白露为霜

【口述者简介】王文治，国家一级演奏员，安徽省黄梅戏剧院唱腔设计兼主胡演奏。1951 年在安庆民众黄梅戏剧院，先后创作了黄梅戏“平词”“彩腔”等一系列不同板式的弦乐过门，从此替代了黄梅戏长期以来用锣鼓伴唱的表现形式，为后来黄梅戏的音乐发展创设了条件，奠定了基础。次年在排演《白蛇传》一剧时谱写了“西湖山水”“菱花镜”两段新曲，其中“菱花镜”一曲于 1959 年被引用到《女驸马》一剧中即“谁料皇榜中状元”。1954 年担任《天仙配》的唱腔设计，同年参加了华东区戏曲观摩演出大会，同时获“音乐演出奖”和“乐师奖”。1955 年担任电影《天仙配》的唱腔设计，创作了“天宫岁月”、“仙女四赞”、“路遇”全场、“赞绢”以及“龙归大海”等唱段。1956 年，由其编曲（合作）的《告粮官》获“安徽省第一届戏曲会演音乐一等奖”。

谈王少舫表演艺术魅力

王少梅

著名黄梅戏表演艺术家王少舫，艺术成就与贡献卓著，特别是黄梅戏艺术界，对其精湛的表演艺术以及留下的丰富遗产，有口皆碑。下面仅从王少舫扮演的角色、塑造的舞台形象、表现人物性格的情感特色等方面作些探析，以求教于大家。

一

本色派演员以生活中真实感受为依据，表现剧中人物的喜怒哀乐；演技派演员擅长将生活现象概括、提炼、聚焦、升华。王少舫无论是塑造与自身性格相近的人物，还是刻画与自己反差很大的艺术形象，都能做到既掌握本色派演员的优势，在植根于生活的基础上，准确、细致、真实地把握人物个性、心态，又能从理性的角度，深刻揭示人物内心世界，使人物更具有典型性。这就是理论家所提倡的："一个好的演员演人物，要能够钻进去，跳出来。"

纵观王少舫一生，他从艺 59 个春秋，却有 36 年是与黄梅戏形影相伴，直到皓首以终。在有限的36年里，他孜孜以求，不断进取，在50多个大小剧目里，为黄梅戏塑造了十多个栩栩如生、性格鲜明的舞台形象，跨越了小生、老生、花脸三个行当。无论是塑造青年农民形象王小六（《夫妻观灯》）、董永（《天仙配》）、牛大哥（《牛郎织女》），还是古代官吏刘文举（《女驸马》）、包拯（《包公赔情》）、黄丞相（《龙女》）；无论是知识分子型的人物王科举（《罗帕记》）、李梦龙（《春香传》），还是其他人物郭暖（《打金枝》）、魏魁元

1953年《推车赶会》剧照，王少舫（左）、丁紫臣（中）、王少梅（右）

（《蓝桥会》）等等，无一不呼之欲出，光彩照人。这些人物无一不浸渍与饱含着浓郁而鲜艳的情感色彩。这些用心灵画笔描绘的舞台人物的情感色彩，我以为是他表演艺术生命活力与艺术价值的重要载体，也是他“要演出人物内在的东西”这一朴素表演主张与艺术意蕴的特质所在。王少舫表演艺术的总体构架，是用不断实践与总结来提高黄梅戏表演艺术的创造力。在继承黄梅戏前辈艺人宝贵艺术创造经验的基础上，推陈出新，走自己的艺术道路。他的表演注重从人物出发，从生活出发，同时又把自幼学习京剧所获得的深厚功底合理地融化到黄梅戏表演中，以京剧严谨的规范程式去补充黄梅戏的某些先天不足。“在重视内心体验的前提下”，以情感的心理冲突来表现人物感情，以此去完成他提出的“要演出人物内在的东西”的创作主张。因此，他较好地把握了将戏曲形象性与过程性相结合的方法，在充分利用与发挥物质形象的同时，不遗余力地运用演出形象的形体、动作、演唱、道白等手段，展开戏曲冲突，塑造出富有个性化的舞台形象，并同时赋予丰富而炽热的情感内容与烂漫色彩。他将角色人物的喜怒哀乐，通过自己审美感受的“外化”，以“感性的显现”，将戏曲的形式美最大限度地表现出来，让观众观照舞台艺术形象，调动他们的艺术想象，以期产生身临其境的戏曲意境。这样，王少舫就成功地向他所追求的表演艺术境界进行了攀登。这种境界就是演员从生活本质出发，创造出王国维所说的“喜怒哀乐，亦人心中之一境界”的舞台意蕴。王国维把“境界”看作是艺术美的本原，他认为“言气质、言神韵，不如言境界。有境界本也。气质、神韵，末也。有境界而二者随之矣”。我想，这也就是王少舫倾毕生精力去勇敢求索的目标。

二

演员的表演是对剧本角色的再创造。王少舫为了把角色演好、演活、演神，演得有血有肉，突出鲜明个性而有灵气，他从人物出发，在继承黄梅戏优秀传统唱腔基础上，吸收外来音调与京剧唱腔板式，像蜜蜂酿蜜，博采众长为我所用，优化组合变革出新的唱腔板式。如《天仙配》的唱腔，他以【平词】为主调，将有关其他唱腔板式重新设计创新，创造出男【平词迈腔】，现已成为经典式的传统唱腔了。又如《罗帕记》有关唱腔设计，他吸收京剧及二黄的板式和音调，采用【导板】【迈腔】【平词】【落板】【散板】等板式的组合变化，很好地抒发了人物在特定环境下的特殊情感，颇具匠心。王少舫为了利用与发挥戏曲的综合优势，还为一些剧目设计了新颖活泼的舞蹈身段，为唱腔和表演锦上添花。这样，为多侧面、全方位展示人物性格，探幽发微细腻地抒发角色感情，丰富了表现形式和手段。事实证明，这对推动黄梅戏表演艺术的发展与提高，具有开风气之先的示范意义。

三

戏曲是综合艺术，需要配套。表演有“四功五法”规范，其中歌与舞是重点。黄梅戏是以唱为主的剧种，演唱就更显得举足轻重。王少舫在演唱上所表现出来的鲜明感情色彩甚具特点，可谓自成一家。他音域宽阔嘹亮，响遏行云；吐字自然、准确、清新、明晰，犹珠玉落盘；行腔流畅，抑扬顿挫，翻卷自如，如泉水出谷，可见功力深厚。因此，他在表演中根据“诗人未完成的、但具有指令意义的”剧情、人物等创造需要，运用“特殊的诗的表现形式”包括声腔、表演、手段等，以声传情、以情感人，达到令人叫绝的妙境。这在《天仙配》《女驸马》《罗帕记》等剧目的唱段中都有淋漓尽致甚至是入木三分的体现。特别在《女驸马》寥寥几句“臣闻书生李兆廷”唱段中，他运用饱满的激情、娴熟高超的演唱技巧，配以流畅简洁具有形式美的身段与动作，活脱脱表现出了一个利禄熏心、媚上压下、逢迎拍马、自作聪明的封建官僚政客形象，堪为一绝。这样传情的创作表演，跟文人骚客那种“登山则情满于山，观海则情溢于海”的作品，是可以相媲美的。他使人物成为了典型的“这一个”，成为黄梅戏艺术画廊里广为传颂的形象。另外，王少舫的道白与眼法等也有与演唱异曲同工之妙，达到了颦笑顺盼、片言只语也可“造境”地揭示人物心灵秘密的效果。

四

一个好的戏曲演员必须留心观察生活中不同年龄、不同职业、不同教养、不同性格人们的举止神态，细心审视日常生活中人们的言语、行动，捕捉生活动作产生灵感，奠定表演基础，为日后准确、凝练、变形、夸张地创造典型人物形象积累经验。王少舫这种以声传情、情声并茂、以心声呼唤“虚构人物的感情”的充分表演，是在体察虚构人物的感情，细腻入微地体会而后将它们表现出来传达给观众的。因此，从某种意义上说，他的表演艺术就是全力以赴地不断解决“体察”“体会”角色情感的高难度，达到广深度，演出高水平，达到情与理、情与技的和谐统一。试看《天仙配》，王少舫在《路遇》一场戏中的表演，可以说是他在厚实的农村生活基础上，经过认真思考，深入开掘角色的内心世界，将角色内心的深情、心理动态、表情神态巧妙地结合在一起，加以精炼提高后设计出来的。这种深情的演示，形象地传达出审美的高尚情趣，为观众所欣赏。

五

我们探讨艺术家为艺术营造境界，这是因为境界与戏曲效果密不可分。有境界，才能使角色形象生动鲜明，唤起观众美感；有境界，才能在“言有尽而意无穷”的表演上，唤起观众审美的想象。用他自己的体验“思而得之”，达到台上台下互相沟通与默契，完成戏曲审美任务。当然，有意境，须具备精湛的艺术技巧，这技巧既是演员平时练就，又是表演实际创作的本领，还是观众欣赏的要求等等，可见表演艺术的境界创造，是多么难得又多么重要啊！

我们在强调并突出王少舫的“歌”“舞”在表演中营造艺术境界的同时，不可忘却戏曲是综合艺术，具有综合优势与群体效应。光有演员的个人表演艺术才能，即使技艺再精湛无比，没有其他方面配合，也是不能奏效的。总之，王少舫表演艺术以声传情，声情并茂，又能缘情得神，形神兼备。同时，借助形体动作等技巧，充分利用戏曲舞台综合性能，以自己的喜怒哀乐唤醒角色的喜怒哀乐，以“诗的艺术”演出人物内在的东西，从而完成了他一生对黄梅戏表演艺术的诠释与追求。这是多么难能可贵！

王少舫表演艺术的可喜成就与可贵贡献，将会长期为黄梅戏后来耕耘者所珍视和继承，乃至发扬光大。

（原载《严凤英、王少舫的艺术历程》2004.11）

口述　王少梅

整理　王唯唯

【口述者简介】王少梅，安徽省黄梅戏剧院一级演员，中国戏剧家协会会员，王少舫先生胞妹。代表作：《天仙配》大姐、《牛郎织女》王母、《江姐》双枪老太婆等。

《梁山伯与祝英台》的全新演绎

饶庆云

20 世纪 50 年代初，安庆民众黄梅戏剧团移植演出的《梁山伯与祝英台》（以下简称《梁》剧），在许多方面突破了黄梅戏简单的表演手段和艺术生产模式：引进了导演制；用弦乐替代锣鼓伴奏；改变传统的舞台人物造型；运用灯光营造舞台气氛；舞台有了绘制的布景；舞剧语汇与黄梅戏的嫁接；《梁》剧在城市连演数十天，场场爆满等等。在许多方面的突破和提升，为黄梅戏日后的崛起与兴盛作了充分的准备，奠定了坚固的基础。而这项对黄梅戏艺术产生深远影响的基础工程的策划人和指挥者，就是黄梅戏一代宗师王少舫先生。

王少舫幼年坐科，功底扎实，天资聪颖，勤奋好学，扮相俊美，文武昆乱不挡。戏曲界有一句称赞技术全面演员的谚语："生旦净末丑，外带上下手。"意思是说不但能演各个行当的角色，还能演武戏、下手戏。王少舫就是这样一位能够得心应手地在一出戏中"一赶几"地扮演不同行当，甚至是不同性别角色的全才演员。他 13 岁登上京剧舞台，后与黄梅戏相识，被黄梅戏通俗、朴实、柔美、抒情、丰富的唱腔所吸引，从此便与黄梅戏结下不解之缘。王少舫所在的京剧班社经常与黄梅戏同台演出，有了王少舫的加盟，黄梅戏人气大增，王少舫成熟、

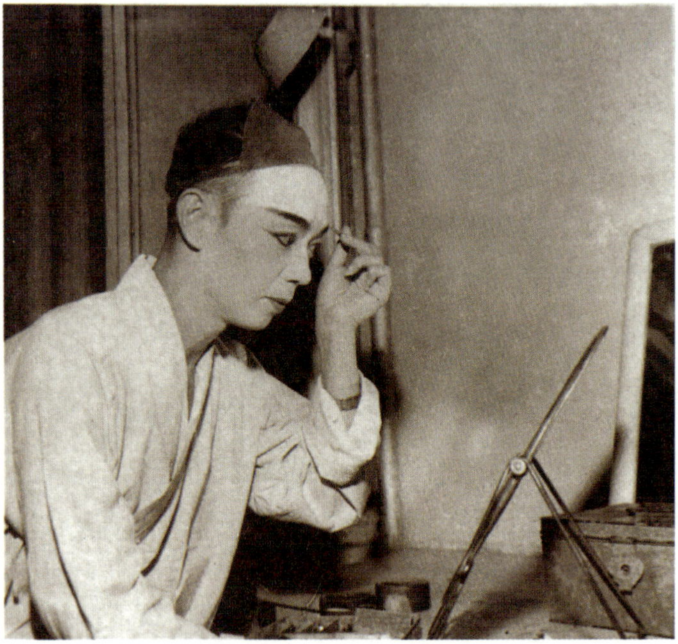

演出前的王少舫在化妆

严谨、规范的表演技巧与舞台作风，熏陶、影响了黄梅戏艺人，在不断磨合的潜移默化中，黄梅戏班社的整体素质也有了提高。

1950年，王少舫被安庆民众黄梅戏剧团真诚挽留，全家义无反顾地投身于黄梅戏的表演。他被推选为艺术委员会主委后，破除了旧戏班的陈规陋习，建立了各种规章制度，培养了一批年轻演员。他思想敏锐，政治热情高涨，积极配合国家颁布的各项政策，移植了话剧、歌剧里的现代戏进行宣传演出。他还拓宽艺术视野，将其他剧种的剧目搬演于黄梅戏舞台，丰富了黄梅戏的舞台演出。一时间，安庆的黄梅戏如山野的春花，姹紫嫣红，竞相绽放。《梁》剧就是移植于越剧，此剧以新颖独特的艺术形象和演出样式，有别于以往传统剧目。演出后，引起前所未有的轰动，出现了万人空巷的景象，取得了巨大的成功。

在《梁》剧中，王少舫既是导演，又是梁山伯的扮演者。排戏伊始，他便严格训练演员的基本功，提高、规范演员的表演。他对化妆、服装、布景、灯光都有全新的设想和具体的规划。他尊重黄梅戏前辈艺人，虚心向他们学习音乐唱腔，与司鼓、琴师、老艺人组成艺术创作集体，共同研究、探讨、改进、提高音乐唱腔和舞台表现形式。在充分挖掘、弘扬黄梅戏传统唱腔韵味和美感的同时，又千方百计地融进新的音乐元素。旋律虽然是传统的，但不是老腔老唱、四平八稳，而有了跌宕起伏、符合人物情绪的音乐变化。王少舫经过反复推敲，对梁山伯一角的唱腔作了精心的改造与处理。黄梅戏音乐以“1”“2”“3”“5”“6”五声音阶为主，较少出现“4”和“7”。在《梁》剧中，王少舫为了强化黄梅戏音乐的表现力，使之更好地为塑造人物服务，他将“4”和“7”与其他音符作了恰到好处的调整。例如【男平词】原旋律是‖6 61̇ 5 1̇ 6 5 5 35‖2 1 0 76 5356 1̇ ‖5. 6 5 1 2 3 5‖6 5 3 5 2 1 2 3‖5 2 3 5 2 1……调整后的旋律是‖6 61̇ 5 1̇ 6 5 4 35‖2 1 0 76 5356 1̇ ‖5. 6 5 1 2 3 5 ‖6 5 4 3 2 1 2 3‖5 2 4 35 2 1……他只将【男平词】上句中第一小节第四拍，下句中第二小节第二拍、第三小节第二拍的“3”换成“4”，旋律色彩和韵味就有了奇异的变化。八板原旋律是‖3 ‖3 ‖6 6‖6 1̇‖3 ‖3 ‖6. 1̇‖5‖，为了表现梁山伯悲愤情绪，他将【八板】的音符和节奏都作了调整：‖3 ‖3 ‖6 6‖6 1̇‖3 ‖5 6‖7 ‖7 ‖6 ‖6 1̇‖5 ‖，将“3”换成“7”，凸显了旋律色彩的差异，又将固定的板式延长近似散板，旋律的节奏有了跌宕，传统唱腔的结构起了变化，为人物特定思想感情创造了新的表现旋律。从旋律的表面看，只是微不足道的局部调整，但这是点睛之笔。如果没有高深的造诣，就有可能弄巧成拙、画蛇添足。剧中有一段戏是表现梁山伯被相思病击倒，重病缠身，接到祝英台柔肠百结、肝肠寸断的信函后，更是万念俱灰、痛不欲生。而此时的梁山伯身体极其虚弱，连长歌当哭的力气也没有了。表现这段复杂的情感戏，在传统旋律中，通常用【男平词】。而【男平词】结构较简单，节奏平缓，表现此时此刻梁山伯的特殊情感，不能尽如人意。如果老腔老唱，也未尝不可，但在王少舫艺术创作字典里，没有陈陈相因、一成不变的语词。他在没有编曲创腔的条件下，与音乐创作人员拓展思路，驰骋艺术想象，通过改变音符的组合和节奏的变化，来塑造音乐形象。他还画龙点睛地在旋律中糅进装饰音，使旋律有了弹性和张力。加之他音域浑厚宽广，气息饱满贯通，又融会了京剧的演唱方法和技巧，甚至将京剧行腔旋律与黄梅戏唱腔进行杂糅，经过这样的艺术加工，剧中一段段平淡无奇的【男平词】，被他唱得勾魂摄魄、荡气回肠、绕梁三日、余韵无穷。

其他板式的唱腔，他也是用这种思维方式予以调整和改造，音乐效果都非常好。《楼台会》一场中，梁山伯与祝英台的一段对唱，唱词内容凄婉哀绝。按一般人的创作思路，会用悲切、缓慢、压抑的旋律来演唱。而王少舫却反其道而行之，他用【花腔对板】来演绎二人悲痛欲绝、互诉衷肠的情节。在黄梅戏音乐中，【花腔对板】是表现两个人物之间你一言我一语抒发情感的专用旋律。它长于抒情，易于改造，音乐形象鲜明，有极强的表现力。然而，它通常是表现人物欢快的情绪，如“树上的鸟儿成双对”，就是表现七女和董永欢天喜地回家的幸福之情。如果在这段【花腔对板】前不作铺垫，那么，旋律色彩与人物感情色彩就会有冲突。为了旋律之间过渡流畅、符合情感，他将【平词迈腔】唱成散板节奏，再融进【哭板】，来表现梁山伯悲伤得泣不成声，又拼命克制自己，才断断续续面对祝英台诉说心曲的情感历程。经过这样的悲情渲染和音乐转换，此时的旋律与人物的情感已融为一体，再转【花腔对板】就水到渠成、顺理成章了。演出后，这段【花腔对板】获得了出人意料的凄美、典雅的悲剧效果。王少舫与潘璟琍诠释的这段【花腔对板】影响深远，后被引用到《天仙配》中。这段对唱，从 20 世纪 50 年代初唱红黄梅戏舞台，直到今日，依然被人们喜爱、传唱。那时，戏每演到这里，剧场里便一片嘤嘤哭泣声，台上生离死别，台下伤心涕零，真应了那句“唱戏的是疯子，看戏的是傻子”的笑谚。为什么同一种旋律，能唱出截然不同的两种情感？这是王少舫深厚的艺术积累和化繁为简艺术智慧的体现。如果对唱腔整体结构进行改造，必然会消解唱腔的传统风格，因此，他只能有限制地进行局部调整。这种固本求新、最大限度地开掘【花腔对板】的内涵和浇注心血的真情演绎，提升了它的艺术品位，使【花腔对板】在以后的舞台演出中，得到了更广泛的运用。现在，人们已将【花腔对板】的旋律视为黄梅戏标志性的音乐。

在《梁》剧的艺术处理上，王少舫标新立异、匠心独运。他将京剧成熟、规范的表现形式融汇到黄梅戏表演中，甚至将舞蹈语汇与浸润着泥土气息和野花芬芳的黄梅戏进行嫁接，拓宽了黄梅戏表演手法，提升了黄梅戏艺术层次。他将排演《梁》剧的艺术实践，作为全面提升黄梅戏整体水平的一次艺术探索。京剧演员出身的他，功底扎实，底蕴深厚，又勤于思考，善于变通，有强烈的变革创新意识。他的表演，在规范精致中不乏松弛随意，在恣意挥洒间又兼容平淡中和。他塑造的梁山伯儒雅、忠厚、朴实、真诚，又透着读书人长期浸染在“经”“史”“子”“集”氛围里所形成的木讷、迂腐的性格特征。他不仅赋予旋律以人性色彩，投入心血、倾注情感在表演程式的运用上，更是追求精美的技巧与真实生活有机的交融。他演梁山伯时，既能把握唱腔的音色和运腔的韵味，又能驾驭情感的收放，还能根据情绪的需要，游刃有余地用多姿多彩的水袖身段，来表现人物复杂多样的情感。《楼台会》中，当梁山伯得知祝英台已许配马文才时，这突然的打击，使他口吐鲜血昏厥过去。别的剧种在演这段戏时，处理得较简单粗糙，梁山伯从知道坏消息到吐血患病，缺少渐进过程，表演因缺少生活依据而不能产生强烈的悲剧效果。王少舫却没有忽视对这个细节的雕刻，他演得真实细腻、详略得当、层次清楚：梁山伯兴高采烈地造访祝英台，意外地发现祝英台竟是他要迎娶的九妹，更是喜不自禁。当他得知祝英台终身另有所属，他从幸福的巅峰跌落绝望、痛苦的深渊。他悔恨交加，悲痛欲绝。悔恨自己在送祝英台回家途中，对祝英台以物喻人的暗示浑然不觉，以至于没能及早差遣媒人前来提亲，酿成无法挽回的终生大错。悔恨、痛苦、绝望、无奈、不甘种种复杂的情感，在他胸中掀起惊涛骇浪。他要宣泄心中的苦闷，低头看见祝英台为他斟满的酒，便失去理智地狂饮不辍。突然而又强烈的精神刺激，急促而又粗暴的饮酒动作，致使酒呛进气管，引起剧烈的咳嗽。食管抑或气管受到强刺激，大量出血，导致短暂的休克。人物思想发展的脉络，人物行动变化的流程，在他真实、精彩的表演中，把握得分寸得当、尺度准确，观众产生强烈的情感共鸣。在《梁》剧中，诸如此类细腻、真实地刻画人物的闪光点，俯拾皆是、不胜枚举。

《祭坟》的规定情景是祝英台的花轿路过梁山伯的坟墓，祝英台下轿拜祭，只几句唱词，戏就进入尾声。王少舫觉得这样结尾过于简单，有虎头蛇尾之感。作为案头之作的文学剧本，故事演绎至此结束，无可厚非。但作为舞台表演，还应该在艺术形式上予以充实升华，让它更具观赏性。音乐和舞蹈是戏曲表演的灵魂与精髓，夸张、写意、虚拟、抒情等要素是戏曲表演的独特风采。表现梁山伯与祝英台浪漫的爱情故事，是戏曲表演的强项，王少舫深谙此理。如果王少舫艺术思维仅停留在为戏的结尾设计一个舞蹈，这就流于一般，不足一提。然而，王少舫是个思维敏捷、艺术视野开阔并有超前意识的艺术家，他不可能只满足于此。在《化蝶》一场中，他为梁山伯与祝英台设计了别具一格的蝴蝶舞蹈。硕大的蝴蝶模型插在服装上，一对美丽绝伦、亲密无间的彩蝶，在蓝天白云下、鸟语花香中翩翩起舞，以此来表现二人忠贞不渝、生死相守的美好纯洁的爱情，洋溢着浓郁的浪漫主义诗情。他在丰富的戏曲身段中，巧妙地融进了舞剧语汇，这样的嫁接与交融，既具意境又富情趣。《梁山伯与祝英台》有东方的《罗密欧与朱丽叶》之称，是中国著名的悲剧。中国的观众素有喜看大团圆结局的心理。这段绚丽多姿、赏心悦目的舞蹈，能给观众压抑、遗憾的心理以温馨愉悦的补偿。王少舫以这种独特新颖、别开生面的艺术形式，给悲剧续上轻松、典雅的结尾，让观众在惊喜、惊叹、大饱眼福的视觉冲击中，获得了审美满足。

王少舫照片

在化妆、服装、布景、灯光等方面，王少舫也进行了黄梅戏历史上颇具影响的改进和提高。在这之前，黄梅戏演出的剧目，大多是反映农村手工业劳动者和城镇小市民生活。剧中人物生活贫困，社会地位低下，穿的都是做工粗糙、式样简朴的衣服，因此，几乎不需要添置特殊服装。演旦角的演员常常在演出前看谁的衣服好看就临时借来穿上，头饰造型也很简单，所以，黄梅戏老艺人很少有人穿过水袖衣，也很少有人会水袖身段。《梁》剧中，人物造型别具一格，在《楼台会》这场戏里，梁山伯上身穿圆领改良褶子，下身穿曳地长裙，腰系丝绦。服装样式既新颖别致，又能表现出梁山伯欣喜若狂、风尘仆仆、远道来访时的激动与匆忙。在这场戏里，梁山伯头上梳坡形抓鬏，抓鬏周围用与服装色彩相协调的绸缎加以修饰。王少舫设计这种造型，并非心血来潮、随心所欲，他是经过历史考证，有资料可循的。《梁山伯与祝英台》是民间传说的故事，据说最早流传于汉代。王少舫参照汉代男人的装束，为梁山伯设计了这样不同于任何剧种的青春靓丽的造型。作为花旦的祝英台，也梳起了漂亮的古装头式，穿了袅娜娉婷、长袖飘逸的古装。这对俊男靓女鲜活的人物形象未曾登场，就已先声夺人。

新中国成立前，黄梅戏的舞台上除了照明灯，没有什么复杂的装置。在《梁》剧的演出中，舞台上有了聚光灯、脚灯、五彩转盘灯，还可根据剧情的需要，进行旋转、强弱明暗的调控。《祭坟》一场中，出现了电闪雷鸣、飞沙走石的音响效果（人工的），还有蓝天白云、雨后彩虹的天幕背景，为悲剧高潮的形成，为梁山伯和祝英台感天动地的伟大爱情，作了气氛上的烘托和情绪上的渲染。美工师制作的轻风明月、小桥流水这些典雅的舞台造型，也堂而皇之地搬上了黄梅戏舞台。

黄梅戏有“三打七唱”的传统，没有弦乐，只有锣鼓伴奏。在《梁》剧演出以前，虽也做过用京胡托腔的尝试，但那有太多的偶然性和随意性。在草台演出，四野空旷，锣鼓伴奏能渲染气氛招徕观众。进入剧场，过多的锣鼓就成了影响观赏的噪音，音乐显得单调缺少品位。《梁》剧排演过程中，王少舫与司鼓饶广胜、琴师王文治，在经过无数次试验、探索后，摒弃了锣鼓伴奏，创作了简洁流畅的弦乐过门，用胡琴伴奏，并将这一音乐形式固定下来。这一改变，丰富了黄梅戏音乐旋律，提升了黄梅戏音乐层次。

作为演员，王少舫成功地塑造了一个鲜活、传神、独特的黄梅戏的梁山伯；作为导演，王少舫大胆创新，为黄梅戏打造、磨砺了一个高品位的浪漫爱情故事；作为管理者，王少舫励精图治，与几位艺委会成员共同将一个缺少秩序、规范的草台班子，治理成行当齐全、上下齐心、步调一致的艺术团体。他与严凤英是黄梅戏舞台上一对天造地设的比翼鸟、双飞蝶，他们共同演绎了黄梅戏的辉煌，他们是戏曲艺术宝库中光芒四射的明珠。

（原载《严凤英、王少舫的艺术历程》2004.11）

口述　饶庆云

整理　吴功敏

【口述者简介】饶庆云，黄梅戏演员，其父饶广胜人称“黄梅戏鼓王”，自幼随父在安庆市民众黄梅戏剧团学艺，是1952年参加华东地区会演年龄最小的演员（当时9岁）。从剧团调入安庆黄梅戏学校执教一直到退休。

王少舫诠释的二孔明

饶庆云

当年，安庆民众黄梅戏剧团为了积极配合国家颁布的婚姻法，将民族歌剧《小二黑结婚》移植于黄梅戏舞台。这在黄梅戏漫长、艰难的发展过程中，是为数不多的几次，剧目演出没有单纯考虑票房进账，而是自觉、有意识地体现着戏曲艺术宣传、教化的社会职能。艺术眼光如此深远、扩边拓疆地表现社会生活的意识如此强烈的大手笔，当然非王少舫莫属。

黄梅戏缺少较成熟的表演程式，演绎底蕴深厚、场面宏大的题材差强人意。但诠释现代生活，却得心应手、轻车熟路。因为现代题材表现的人物思想情感和生活经历，与那时的黄梅戏艺人有太多的相似之处，演员们可以推己及人、举一反三地体验、把握。因此，表演起来生动形象、真实感人也就在情理之中。但任何事物都有两面性，戏曲是个高度综合的艺术，演员要集唱、念、做、打、手、眼、身、法、步于一身，舞台呈现要灯、服、道、效、化默契配合，所以仅有朴素感情和真实体验，而没有精湛的表演技巧，依然不能达到戏曲表演的高境界。当时的黄梅戏还远远达不到这个水平，王少舫清楚地认识到黄梅戏的优势和局限。新戏的排演，必须要扬长避短地彰显黄梅戏的唱腔魅力和演员没有程式束缚的可塑性，将黄梅戏演员本色、质朴、生活化的表演，与举手投足、一颦一笑极具规范的戏曲表演程式有机地统一起来，让生活戏曲化，戏曲生活化。给传统、陈旧的黄梅调注入时代气息，让它英姿勃发，以崭新的艺术形象展现于舞台。

王少舫在《小二黑结婚》一剧中，担任导演和二孔明一角。按王少舫当时在剧团的行当和地位，剧中一号形象小二黑非他莫属。但他为了培养青年演员，刻意将主要角色让他们担纲。加之二孔明又无合适人选，还不到30岁的他，根本没有考虑演这样年已半百、思想落后、造型不雅的人物会给自己日后的演艺事业带来什么样的负面影响，毫不犹豫地选择了这个角色。由此可见，他将艺术事业看得高于一切。

在《小二黑结婚》排演过程中，他要求剧中人物要有典型化的造型、典型化的动作、典型化的音乐形象。正面人物以【平词】类唱腔为主，花腔小调为辅，而丰富的【花腔】类旋律，则成为中间人物和落后人物塑造艺术形象的音乐素材。他借鉴话剧舞台场面的处理、调度，真实地再现社会生活的美学理念。他强调演员扮演角色，要走进人物内心世界，设身处地、身临其境地体验人物的情感，又不能被真实的体验所束缚，忽略了作为人物内心情感外化的戏在技巧上的表现。他将演员本色化、生活化的表演与中规中矩的舞蹈化身段融合起来，还别出心裁地将一些具有动画片特征的夸张动作不露痕迹地糅进人物中，使人物更具幽默讽刺意味。几位初登舞台的年轻演员，基本功和戏曲程式掌握较少，表演较稚嫩，在王少舫的悉心指导、调教下，有了长足进步，为他们日后在剧团挑梁演出打下了扎实的基础。

王少舫对二孔明的造型，可谓精心设计、用心良苦：一头黑白杂呈、参差不齐的头发，一顶旧瓜皮帽，老式的黑布鞋，老式抄腰裤，中式便衣，外罩一件黑背褡，腰系一根带子，手拿一把破芭蕉扇，鼻架一副老花镜，仅此造型，二孔明的典型形象便呼之欲出。剧中，他一改以往塑造的或温文尔雅的文弱书生、或放荡不羁的风流才子、或老实憨厚的乡村农民、或见风转舵的官场小吏等人物形象所运用的演唱方法和表演手段，通过精心设计的唱腔、念白、动作、表情，特别是运用典型化动作——老花镜的特殊处理，来表现二孔明落后、守旧、自私、迷信，抬脚动手都要论一论阴阳八卦、看一看黄道黑道的性格特征。二孔明虽然是配角，却是个具有特色和典型意义的人物形象。他本质上是个迂腐、懦弱、老实、厚道的贫苦农民，既不明白自己受苦的根源，又无力改变自己的生活地位，于是养成了软弱屈从、逆来顺受的思想性格。他深受封建思想的毒害，却又用封建迷信去欺骗、误导别人。他明明是个只认识几个字的测字算卦先生，却举手投足极尽模仿三国中诸葛孔明的做派，装模作样、故作深沉。王少舫抓住这些性格特征，利用一切表演手段来诠释“这一个”二孔明。王少舫在演二孔明替别人算卦时，嘴里叽里咕噜、念念有词，眯着眼睛，摇头晃脑，精神状态似乎进入了一种特殊、神圣的境界。偶尔睁开眼，从眼镜上端斜觑问卦的对象，看那人是否从自己的千篇一律的照本宣科中发现破绽。当他看见问卦者一脸虔诚且深信不疑的神态时，又露出一丝别人难以察觉的得意的笑容。剧中有一场戏，是表现二孔明在党的政策感召和政府干部的教育帮助下，认识到自己落后、自私、封建、迷信、包办婚姻的错误，并陪着区长去做三仙姑的思想转化工作。三仙姑不仅不听劝阻，反而反唇相讥挖苦二孔明，二人你一言我一语地争吵起来。三仙姑可不是省油的灯，她一蹦三丈、装神弄鬼、撒泼耍赖。二孔明刚开始还顾及着区长在旁边不好发作，后来被逼急也气急败坏地对骂起来。为了强化喜剧气氛，王少舫将文学剧本的普通话改为安庆方言，用极具生活化的语言、动作来表现人物性格。扮演三仙姑的王少梅双手拍掌，用地道的安庆话骂着“砍头的”“促寿的”，十足的农村妇女做派。王少舫的二孔明也毫不示弱地学着三仙姑的动作，不停地拍着破芭蕉扇，用安庆小市民吵架时的语言回敬三仙姑。根据情绪的变化，那双炯炯有神的大眼睛，忽而从眼镜上端斜瞟三仙姑琢磨着反击她的语词；忽而眼镜滑落到鼻尖显露出一种好男不与女斗的不屑眼神；忽而慌乱狼狈地扶住即将下坠的眼镜无可奈何地瞪着三仙姑。眼镜何时戴在鼻梁，何时滑落鼻尖，何时掉在地面；眼睛何时眯起，何时斜觑，何时圆睁，何时正视，都经过精心的艺术处理。他将眼镜和眼神的丰富变化，作为表现人物情绪、刻画人物性格、塑造人物形象的重要工具和手段。二孔明与三仙姑由争吵发展到推搡、追逐。如果此时还用写实手法来表演，那么，戏就会平淡无奇、缺少品位。他将戏曲的“圆场”“推磨”“鹞子翻身”“屁股坐”等身段不露痕迹地融入这段戏中，将生活化与戏曲化作了自然和谐的交融。他与王少梅都是京剧演员出身，都有一身的好功夫，又是亲兄妹，演对手戏真可谓灵犀相通、高度默契。这段戏表演得真实、生动、传神、诙谐、幽默，人物演绎极具个性化、典型化，喜剧气氛浓郁，剧场效果强烈，给观众极强的审美冲击，二孔明独特的艺术形象，给人们留下了极其深刻的印象。

有一次，《小二黑结婚》演到二孔明和三仙姑吵架这场戏，王少梅突然忘词，她用眼神暗示王少舫给她提词。王少舫演戏很投入，一时未能记起三仙姑的台词。

晚年王少舫化妆

台上冷场，王少舫一着急紧张，眼镜从鼻梁滑落地面。这突发的事故使王少舫一愣，只一刹那，他马上镇定下来，调整好情绪，即兴发挥，迅速进入角色：似乎是被三仙姑不听劝阻依然我行我素、装神弄鬼所激怒，欲和她辩理，不小心碰落眼镜。由于高度近视，二孔明不得不蹲在地上满地摸索。他表演得既夸张幽默又层次分明，将一个高度近视的人在昏暗的光线里满地找东西时那种洋相百出的神态表演得惟妙惟肖、入木三分，观众被他精彩的即兴发挥逗得笑出了眼泪。

二孔明在剧中只是个戏份不多的配角，但只要他一登台，就满台生辉，处处有戏，给观众带来无尽的审美乐趣。梨园界有一个形容主角与配角关系的生动、贴切的比喻："红花（主角）虽好，还要绿叶（配角）陪衬。"在《小二黑结婚》中，王少舫这片绿叶丰腴、水灵、鲜活，恰到好处地烘托、扶持了红花，使红花绿叶交相辉映、相得益彰。他将二孔明演得如此逼真传神，以至于有人说王少舫的二孔明，比电影中的二孔明演得还要精彩。许多人感到困惑，那时他还未到而立之年，没有多少生活阅历，怎么对这类人物如此熟悉？其实，了解王少舫的人都知道，他不仅聪明好学悟性高，而且善于观察生活、体验生活，善于触类旁通、融会贯通地和角色零距离接触，所以，才具备了得心应手、驾轻就熟成功地创造各种类型人物形象的表演功力。

王少舫不愧是黄梅戏一代宗师，在几十年的艺术生涯中，创造了许许多多不同行当、不同类型、光彩夺目的人物形象。在他塑造的人物形象中，直到今日，还没有几个角色能被后学传承者超越。今天的黄梅戏演员，不仅要认真研究王少舫杰出的表演艺术，更应该学习王少舫热爱黄梅戏、献身黄梅戏的高尚的职业道德。

（原载《严凤英、王少舫的艺术历程》2004.11）

口述　饶庆云

整理　吴功敏

后　　记

由安徽省文史馆编纂、黄山书社出版的安徽省文化强省项目《王少舫与黄梅戏》之第一部分《王少舫与黄梅戏——王少舫谈黄梅戏》一书发行一年多来，黄梅戏乃至全国文艺戏曲界专家、学者、同行和广大爱好黄梅戏的朋友都给予热情的关注与点赞。而今，黄山书社接着又将该项目之第二部分《王少舫与黄梅戏——回望大师王少舫》一书编辑出版，借此新书面世之际说几点心中要说的话。

一个剧种的艺术风格，是否符合时代的美感和广大群众的审美要求，直接影响到这个剧种的兴衰。周总理曾经说过："没有独特风格的艺术就会灭亡。"回想一下黄梅戏所走过的历程，更觉得这句话倍感亲切。为什么黄梅戏从 20 世纪 50 年代直到现在还受广大人民欢迎？为什么一些人总是忘不了《天仙配》《女驸马》等戏中那些脍炙人口、优美动听的唱腔？这说明王少舫、严凤英这些前辈大师所塑造的熠熠如生的艺术形象让人念念不忘，留恋不已；也说明这些艺术大师们的黄梅戏传统根子扎得深，他们与生活联系得紧，他们对群众非常熟悉，他们始终扎根在群众中，他们既视观众为衣食父母，又中肯地把他们视为朋友。我是前辈大师的崇拜与跟随者，多年前在与他们工作与相处中，深感要把他们对黄梅戏的奉献和孜孜不倦的工作作风传递介绍给广大同仁与观众，以便在我们的工作中学习与借鉴、受益。

早在20世纪70年代末期，黄梅戏走出“文革”的阴影获得重生。激情的年代、正确的政策、宽松的环境，使得以王少舫为代表的黄梅戏诸多艺术家恢复和创排了大量的传统和现代黄梅戏，在本省或全国各地的舞台演出。在演出期间，王少舫先生曾受邀为北京、上海、江苏、江西、吉林等省市的文艺团体或大专院校的同仁以及年轻学子传道解惑，谈自己从艺的经验和体会。作为王少舫先生的弟子，每次活动我都很荣幸地参加了。一则，作为先生的助手在先生讲课时我代为在黑板上标写有关文字；二则，我将先生的讲话当场用便携式录音机实况录音。2012年，省政府参事、省剧协副主席侯露得知我收藏了王少舫先生48盒珍贵的录音讲话资料，在她与省文史馆领导的关心与支持下，我与我妻子王依红五姐弟和侯露及其女儿李雪鸪，通过三年多的共同努力，终于拿出了《王少舫与黄梅戏》的初稿。为了使这本书内容更翔实、丰富，在编书的过程中，我们又把在安庆和合肥两地由省、市委宣传部为王少舫先生举办的八十诞辰和九十诞辰纪念会上的有关缅怀、纪念文章选入。因受文章篇幅、结构等因素的影响，编委会经研究认为，《王少舫与黄梅戏》宜根据初稿的具体内容重新进行编排，分两册出版，首册系根据王少舫先生口述录音资料整理而成，故名《王少舫与黄梅戏——王少舫谈黄梅戏》（2017年初出版）；第二册则汇集了王少舫先生的师友、同事、弟子等所写的纪念文章，故取名《王少舫与黄梅戏——回望大师王少舫》。他们本着多年来在共事中亲历、亲见、亲闻的事实，进行了如实记载。力图通过每个人不同的视角，折射出王少舫与黄梅戏结缘并通过编新戏、创新腔丰富完善成套唱腔和板式等经历。他们当中虽然有些人已经离世，如著名黄梅戏表演艺术家潘璟琍，著名黄梅戏导演乔志良，著名黄梅戏剧作家陆洪非、金芝，作曲家王文治、凌祖培，司鼓王文龙，著名黄梅戏演员丁紫臣、潘忠仁等，但他们留下的这些文字情真意切，生动而准确地记录和描述着王少舫先生对黄梅戏所做出的奉献与功绩。

王少舫先生不仅是一位卓越的黄梅戏表演艺术家，而且也是一位卓越的黄梅戏作曲大师。正是因为王少舫先生能正确运用各种艺术手段来丰富和发展黄梅戏的表演和唱腔，他才具有扎实功力和一身的玩意儿，所以才极为成功地塑造了董永、刘大人、王科举、金牛星、黄丞相、王小六、包拯等众多风采多姿、熠熠如生的艺术形象，开创了丰富多彩、脍炙人口的唱腔艺术。他无论是在传统程式的继承与创新上，或在发声方法和演唱技巧上都给我们积累了极其丰富的宝贵经验。通过这两本书的面世，我们似乎有了新的途径与抓手，让我们更好地、更系统地、更全面地深入学习黄梅戏艺术，让黄梅戏艺术进一步地发扬光大，更好地为社会、为人民大众服务！

精　耕

2018.10.20